THE PUPPY BOOK
강아지 도감

전 세계 강아지 105종 등장!

사진 우에키 히로유키 • 후쿠다 도요후미 | 글 나카노 히로미 | 감수 이마이즈미 타다아키 | 번역 김창원

시베리안 허스키

차례

허딩(목축견) *Herding*	8
스포팅(조렵견) *Sporting*	38
하운드(수렵견) *Hound*	64
테리어 *Terrier*	88
한국개 *Korean Dog*	120
토이(애완견) *Toy*	126
워킹(사역견) *Working*	156
논스포팅(비수렵견·실용견) *Non-Sporting*	186
개들의 그룹	2
개의 기원과 역사	6
촬영에 대해서	7
기르는 법과 건강	225
강아지 기르는 법과 길들이기	226
건강하게 기르려면	234
견종별 특유질환 일람표	237
애견 관련 용어	238
찾아보기	239

개들의 그룹

개의 종류에는 개체의 차이를 고려해도 각각 특유의 성질과 외모 등에서 차이를 보인다. 목축에 도움을 주는 견종, 사냥에 뛰어난 소질을 가진 견종 등 대대로 내려오면서 그 일을 맡기기에 손색이 없는 고유의 자질과 외모를 갖추고 있다. 각 애견 단체는 저마다 독자적으로 사람과 개와의 관계에 따라 그룹을 분류하고 있는데, 이 책에서는 다음 8개의 그룹으로 나눴다.

허딩(목축견)
Herding　　　　　　　　　　　　8~37

목축견으로 불리는 그룹. 가축을 무리에서 이탈하지 못하도록 하며 이동시키는 일을 맡는다. 또 가축을 야수들로부터 지키는 일을 돕거나 도맡고 있는 개들이다.
민첩하고 튼튼한 체구, 빼어난 두뇌를 갖추도록 견종 개량이 이루어진 그룹으로, 사람과 호흡이 잘 맞고 판단력이 뛰어나다. 아울러 사회성을 지니고 있는 견종들이 많다.

항목	
벨지안 셰퍼드 독	14
보더 콜리	18
부비에 드 플랑드르	20
비어디드 콜리	12
셰틀랜드 시프독	32
오스트레일리안 셰퍼드	10
오스트레일리안 켈피	8
올드 잉글리시 시프독	30
웰시 코르기 카디건	34
웰시 코르기 펨부르크	36
저먼 셰퍼드 독	24
저패니즈 시바	28
저패니즈 아키타	26
콜리	22

콜리

비어디드 콜리

스포팅(조렵견)
Sporting　　　　　　　　　　　　38~63

엽총으로 도요새, 오리 등을 사냥할 때 사냥꾼의 조수 격으로 활약하는 개들이다. 산과 들, 습지대, 물가 등 활동하는 장소에 따라 그에 맞게 개량되고 추적, 몰이, 회수 등의 분야에서 놀라운 솜씨를 발휘한다.
사냥을 나갈 때 여러 마리로 조를 묶는 일이 많아서 다른 개들과도 호흡을 맞추고, 또 사람의 마음을 잘 이해하도록 사육되어 왔다. 감각이 뛰어나고 사냥감에 대해 민감하게 반응하는 개들이다.

항목	
골든 리트리버	54
노바 스코샤 덕 톨링 리트리버	60
래브라도 리트리버	58
바이마라너	62
브리타니 스패니얼	40
아메리칸 코커 스패니얼	38
아이리시 세터	56
잉글리시 세터	48
잉글리시 스프링거 스패니얼	50
잉글리시 코커 스패니얼	44
잉글리시 포인터	46
클럼버 스패니얼	42
플랫코티드 리트리버	52

잉글리시 스프링거 스패니얼

아이리시 세터

하운드(수렵견)
Hound　　　　　　　　　　　　　　　　　64~87

사냥개는 '조렵견'과 '수렵견' 2가지로 나뉜다. 조렵견은 주로 '스포팅 그룹'에 들고, 테리어를 제외한 수렵견이 '하운드 그룹'을 이룬다. 이들 그룹에는 먼 곳에 있는 사냥감을 발견해서 몰아가는 '시각형 하운드'와 사냥감의 냄새를 예민한 후각으로 짚찍어 내고 추적하는 '후각형 하운드'가 있다. 사냥감을 추적하는 전문가이며, 반응이 빠르고 끈질긴 성질이 이 그룹의 특성이다.

항목

닥스훈트	74
도고 아르젠티노	78
바센지	66
바셋 하운드	68
보르조이	72
비글	70
살루키	84
아이리시 울프하운드	80
아프간 하운드	64
프티 바셋 그리폰 방당	82
휘핏	86

프티 바셋 그리폰 방당

살루키

테리어
Terrier　　　　　　　　　　　　　　　　88~119

테리어 그룹은 사냥개에 속하며, 땅속이나 바위 구멍 등에 숨어 사는 동물들을 사냥하는 데 활약했던 개들이다. 주로 여우나 토끼, 오소리 등 농업과 목축업에 해를 끼치는 동물들이 사냥의 대상이 되었다.
예민한 감각, 민첩한 동작, 투쟁심 그리고 상대하는 동물과의 두뇌 싸움을 할 수 있을 정도로 머리가 좋다. 몸집은 작지만 용감하며, 자기가 생각하고 판단해서 사냥감을 추적하거나 공격하는 견종이다.

항목

노퍽 테리어	106
레이크랜드 테리어	102
미니어처 슈나우저	104
베들링턴 테리어	90
보더 테리어	92
불 테리어	94
소프트코티드 위튼 테리어	112
스코티시 테리어	108
실리햄 테리어	110
에어데일 테리어	88
와이어 폭스 테리어	118
웨스트 하이랜드 화이트 테리어	116
웰시 테리어	114
잭 러셀 테리어	98
케리 블루 테리어	100
케언 테리어	96

웨스트 하이랜드 화이트 테리어

레이크랜드 테리어

한국개
Korean Dog 120~125

우리나라 대표적인 토종개 그룹이다. 이 개들은 공통적으로 처음 주인을 잊지 않는 충직함을 지니고 있어 가정견으로 사랑받고 있다.
진돗개가 남한을 대표한다면, 북한을 대표하는 개로 풍산개를 들 수 있다. 두 견종은 사냥개 출신으로, 타고난 기질을 발휘하며, 탄탄한 체력이 자랑이다. 북실북실한 털로 덮여 이국적인 풍모를 갖춘 삽살개는 한때 궁중에서만 길러진 이력을 가지고 있다.

항목	
삽살개	124
진돗개	120
풍산개	122

토이(애완견)
Toy 126~155

하운드나 스포팅, 테리어 그룹 등에 포함시킬 수도 있는 개들이다. 하지만 토이 그룹의 개들은 특히 몸집이 작고 귀여워서 함께 놀고 싶은 마음을 일게 해 그룹을 따로 분류했다.
이 그룹의 개들은 기본적으로 성격이 온순하고 주인에게 충실하다. 운동량은 그다지 많지 않고, 대개 사람의 보호를 필요로 한다. 사람과 함께 살면서 서로 애정을 주고받으며 좋은 친구가 되어 준다.

항목	
몰티즈	138
미니어처 핀셔	140
브뤼셀 그리폰	126
시 추	150
요크셔 테리어	154
이탈리안 그레이하운드	134
저패니즈 칭	136
차이니즈 크레스티드 독	132
치와와	130
캐벌리어 킹 찰스 스패니얼	128
토이 맨체스터 테리어	152
파피용	142
퍼그	148
페키니즈	144
포메라니안	146

삽살개

진돗개

시 추

치와와

워킹(사역견)
Working
156~185

이 그룹의 개들은 작업견, 번견(경비·경호견), 호위견, 경찰견, 인명구조견 등으로 훈련을 받고 활동하는 일이 많다. 사람의 일을 다방면에서 도와주는 덩치가 큰 대형견들이다. 허딩이나 스포팅 그룹에서 떨어져 나와 이 그룹을 형성하고 있다.

힘이 세고 몸집도 크지만, 기본적으로 주인에게 충실한 개들이다. 그러나 강아지 때부터 말을 잘 듣도록 길들여야 한다.

항목

그레이트 데인	168
그레이트 피레니즈	170
뉴펀들랜드	174
도베르만	164
레온버거	172
로트바일러	176
버니즈 마운틴 독	158
복서	160
불마스티프	162
사모예드	178
세인트 버나드	182
스탠더드 슈나우저	184
시베리안 허스키	180
알래스칸 맬러뮤트	156
자이언트 슈나우저	166

세인트 버나드

레온버거

논스포팅(비수렵견·실용견)
Non-Sporting
186~223

이 그룹의 개들은 크기나 형태가 다양하다. 다른 그룹에 넣기에는 적당하지 않은 개들을 한데 묶은 것이다. 하지만 그 중에는 다른 그룹의 특성을 지닌 개들도 있다. 미니어처 푸들이나 라사 압소, 프렌치 불독, 보스턴 테리어 등이 바로 그것인데, 이들은 토이 그룹에 속할 수도 있다.

그렇다고 논스포팅 그룹의 개들이 다른 그룹에 비해 질이 낮다는 것은 아니다. 오히려 특별한 성질을 지닌 '특수견'으로 생각하면 좋을 것이다.

항목

달마티안	194
라사 압소	208
보스턴 테리어	188
불독	190
비숑 프리제	186
샤페이	216
스키퍼키	214
알래스칸 허스키	220
울프 독	222
저패니즈 스피츠	206
저패니즈 시코쿠	204
저패니즈 카이	200
저패니즈 키슈	202
저패니즈 홋카이도	198
차우 차우	192
티베탄 스패니얼	218
푸들	210
프렌치 불독	196

라사 압소

불독

개의 기원과 역사

이마이즈미 타다아키(동물학자)

강아지를 보면 거무스름한 녀석이 많고 어느 품종이나 대개 비슷해 보인다. 거무스름한 색깔은 개과 동물의 공통된 특징이며, 너구리나 여우 그리고 늑대도 새끼는 모두 거무죽죽하다.

얼마 전에 너구리의 새끼가 어느 산속에서 발견됐을 때, 사람들이 늑대의 새끼라며 법석을 떤 일이 있었는데, 그처럼 동물의 새끼들은 서로 비슷해 보인다.

개과의 동물은 땅구덩이를 파고 거기에서 새끼를 낳는다. 땅속에서 태어나기 때문에 어두운 털색은 눈에 잘 띄지 않고 다른 짐승에게 잡아먹히지 않도록 보호색 역할을 한다. 개는 사람에게 사육되어 온 오랜 역사를 통해 흰색이나 얼룩무늬도 있지만, 야생의 상태에서는 모든 새끼가 검은빛을 띠었다.

개는 동물 중에서 인류의 가장 오래된 친구다. 그런데 그 조상이 어떤 동물이었으며, 언제부터 사람과 함께 살게 됐는지는 매우 흥미로운 문제다.

개의 조상에 관해서는 여러 설이 있다. 그 중 '회색 늑대'가 조상이라는 설이 가장 유력하다. 그것은 개와 늑대는 교배가 가능하고, 그래서 번식력 있는 새끼, 즉 잡종이 태어날 수 있는 점에 근거를 두고 있다. 그러나 개와 늑대의 교배는 자연 상태에서는 거의 이뤄지지 않는다고 단언할 수 있을 정도로 흔하지 않는 일이다.

또 최근 스웨덴과 중국에서 여러 품종의 개와 늑대의 DNA를 분석한 바, 개의 뿌리는 '동아시아의 늑대'라고 보고한 일이 있었다. 그에 따르면 "거의 대부분의 개가 몇 세대에 걸쳐 이어져 온 공통의 유전자 영역을 가지고 있으며, 초기의 개는 적어도 네 계통의 늑대의 피가 섞여 있는 것을 알아냈다. 또 여러 지역의 개의 유전자형이 갈라져서 내려온 과정을 추적해 본 결과, 약 1만 5천 년 전에 동아시아에서 이들 계통의 늑대가 가축화되어 유럽 지역으로 퍼져 나갔을 가능성이 크다."라고 밝혔다. 그러나 늑대는 하나의 종(種)이므로 '네 계통의 늑대'라는 뜻이 애매해서 이 설이 믿을 수 있는지 의문이 남는다.

한편 동물행동학 등의 연구 분야에서는 개의 조상이 늑대가 아니라 다른 동물이라는 설도 제기했다. 예를 들면 독일의 치멘은 늑대와 대형 푸들을 사육하며 자세히 관찰한 결과를 가지고 "다 자란 푸들은 많은 점에서 어린 늑대같이 행동한다. 그리고 늑대와 대형 푸들은 둘 다 쉽게 훈련시킬 수 있지만, 늑대의 경우는 다 자라고 나면 훈련시키기가 어렵다. 늑대는 개와 달리 성장하면서 무리 속에서의 우열 순위를 확립하려고 하며 거기에 따라 공격적이 되어 가는데, 사육의 경우는 사육인도 그 무리의 구성원에 포함되기 때문에 갑자기 공격을 받아 다치기는 일도 있다. 또 늑대는 2세 이상이 되면 낯선 자를 무리로부터 배제하려는 습성이 나타난다."고 하면서 늑대와 개는 혈통이 다른 동물이라고 주장했다.

개를 키워 본 사람이면 다 아는 일이지만 개는 여우나 늑대 등의 개과 동물과는 다른 점이 많다. 개는 매우 순한 짐승에 속한다. 사람의 말을 잘 듣고 입 속에 손가락을 넣어도 약간 아플 정도로 물기는 하지만, 결코 큰 상처를 주는 일은 없다. 하지만 여우나 늑대는 아무리 오래 사귄 사이라 해도 개에게 대하듯이 했다가는 큰 상처를 입기 쉽다.

영국의 동물학자 폭스는 "개와 늑대, 늑대와 맬러뮤트(에스키모개)의 잡종에 관한 행동을 비교연구 중인데, 개의 특징인 어떤 종류의 행동 패턴을 늑대나 코요테(미국 이리) 같은 야생의 개과 동물에서는 전혀 찾아볼 수 없다는 것을 알게 됐다. 아마도 오늘날의 개는 늑대의 먼 친척이기는 하지만 늑대와는 많이 다른, 어떤 조상으로부터 생겨난 것 같다. 이 조상은 사람이 개를 가축화하기 훨씬 이전에 늑대로부터 분화된 야생견(野生犬)일 거라고 보여진다."고 말했다.

또 그는 조상의 종명(種名)을 확실히 밝히지는 않았지만, 형태학적으로도 개는 늑대와는 다른, 아마도 오스트레일리아에 야생하고 있는 딩고(Dingo, 들개의 일종)나 인도 등 남아시아 지역에서 방랑 생활을 하고 있는 파리어 독(Pariah Dog)과 비슷한 것이 개의 조상이었을 것이라고 말했다. 그리고 이들 개는 수십 만 년 전에 늑대로부터 나온 야생견의 자손일 거라고 덧붙였다.

야생에서 무리를 이루는 개과의 동물 분포를 보면 아시아 대부분의 지역에 회색 늑대가 살고 있었다. 스웨덴 왕립기술연구소에 따르면 전 세계 5백 종 이상의 개의 DNA를 분석한 결과, 동아시아의 개가 유전적인 다양성이 풍부하다는 것을 밝혔다. 이는 이 지역의 개가 오래 전에 가축화 됐음을 의미하는 것이다. 이를 바탕으로 1만 5천 년 전에 동아시아에서 길들여진 회색 늑대가 개의 조상임을 추정했다.

10년 전쯤에는 도쿄대학의 고고학 조사팀이 3만 5천 년 전의 남서아시아 시리아의 파르미라 유적에서 개의 화석을 발굴한 일이 있었다. 전문가는 골격 표본을 조사해 보면 가축화한 개와 늑대의 그것이 분명히 다르다는 것을 알 수 있다고 했다. 오스트레일리아의 원주민 야영지 터에서 발굴된 야생견의 화석은 탄소 연대 측정 결과, 지금부터 30만 년 전의 것이라는 판정이 나왔다. 이들은 분명히 현재 '딩고'라고 불리고 있는 동물과 같은 타입의 개라고 한다.

한편 핀란드의 고척추동물학자인 구르텐은 개의 가축화 시기에 대해서는 약 3만 5천 년 전이라고 말하고, 아프리카에서 남아시아, 오스트레일리아 등을 방랑하고 있던 크로마뇽(현대인의 조상)의 부족이 유럽에 들어갈 때 아마도 그들은 개를 키우고 있었을 거라고 말했다. 유럽에서부터 아시아의 대부분 지역에 살고 있던 건장한 체구를 한 네안데르탈인은 약 3만 년 전에 돌연 지구에서 없어졌는데, 개와 함께 살던 크로마뇽인에 의해 멸망된 것으로 추측하고 있다.

개와 친한 사이가 된 현대인은 개의 빼어난 능력 덕분에 풍요로울 수 있었다. 개는 숲 속에 숨어 있는 사냥감을 찾아내고, 사람의 눈앞에서 멀리 달아난 큰 사냥감도 끝까지 추적해서 찾아낸다. 그런 개의 덕택으로 인류는 사냥을 통해 살아남은 것이 아닐까? 개는 으레 사람과 함께 있는 동물이라고 생각하기 때문에 우리는 이처럼 오랜 세월 사람에게 도움을 주며 함께 해 온 개의 고마움을 자칫 잊기가 쉽다.

울프 독

촬영에 대해서

우에키 히로유키, 후쿠다 도요후미

검은 물새 새끼를 보고 곧바로 백조의 새끼라는 걸 알 수 있는 사람은 몇 명이나 될까? 새에 대해 많이 알거나 동물과 관련 있는 직업을 가진 사람, 혹은 동화 《미운 오리 새끼》를 읽은 사람이라면 모를까, 새까만 새끼가 커서 우아한 흰 깃털의 백조가 된다는 생각은 쉽게 하지 못한.

실은 개의 세계에도 이와 비슷한 일이 일어난다. 새까만 털의 강아지가 성견이 되자, 흰 개가 되거나 노르스름한 귀여운 개가 되는 것을 보고 놀라지 않을 사람은 없다. 이러한 신기한 일이 벌어진다는 것은 직접 집에서 새끼를 낳게 하고 기르는 동안 비로소 알 수 있으며, 남의 말만 듣고서는 쉽게 믿어지지 않는다.

이 한 가지 예만 보아도 성견이 아닌 '강아지'를 주인공으로 삼은 본 도감의 기획 의도를 짐작할 수 있을 것이다. 눈앞에 있으면 무조건 볼에 갖다 대고 싶은 귀여운 강아지의 시기는 태어나서 3개월 정도의 짧은 기간이며, 그 뒤 성장해서 15~16년은 성견으로 살게 된다.

어미개가 강아지에게 젖을 빨게 하는 모습을 가까이에서 보고 싶어하는 사람은 많다. 특히 종류가 귀한 개일 때는 더 말할 것도 없다. 하지만 이 시기의 어미개는 신경이 매우 날카로워 있기 때문에 낯선 사람에게 그것을 허락하지 않는다. 이 도감에서는 개를 기르고 있는 견주들의 도움으로 강아지들의 귀여운 모습을 카메라에 담을 수 있었다. 또 어미개의 표정은 매우 부드럽다. 강아지도 어미개에게 보호받고 있다는 안도감 때문인지 장난치고, 뒹굴고, 달리고, 또 어떤 때는 시치미를 뚝 떼는 등 갖가지 재미있는 표정을 보여 주고 있다.

기획 단계에서 도감의 효과를 생각해서 강아지를 흰 배경에서 촬영하기로 했다. 그러나 너무 느긋하게 생각한 나머지 사진을 찍는 데만 무려 8년이라는 시간이 걸렸다. 성견만 담은 도감이었다면 시간이 그렇게 오래 걸리지 않았을 것이다. 그러나 강아지는 우선 태어나야 하고, 또 시기를 놓치면 다시 연출할 수 없는 일이고 보니, 다음 기회를 기다릴 수밖에 없었다. 처음 촬영한 강아지들이 벌써 8, 9세의 성견이 됐다는 것을 생각하면 빠른 세월을 실감하게 된다. 그리고 그 철없던(?) 녀석들이 우리를 기억하는지, 꼬리를 흔들며 반기는 것을 보면 그저 반가울 따름이다.

이 도감에는 여러 종류의 개들, 성견뿐만 아니라 강아지 시절의 흥미로운 이야기들이 간결하게 쓰여져 있다. 그리고 사진을 가능한 크게 실어 도감이라기보다 사진집 같은 인상을 갖게 했다. 원래 도감이라고 하면 어떤 의문이 생겼을 때 그것에 대해 알아보고 의문이 풀리면 다시 책꽂이에 꽂히는 신세가 되기 마련이다. 그러나 이 도감은 사진집처럼 가끔 펼쳐 보고 싶은 마음이 일도록 기획했다. 설명 또한 간략하게 서술하여 읽고 나서 머릿속에 남도록 하는 등 새로운 도감을 만들려고 애썼다.

사람들은 요즘 세상을 '디지털 세계'라고 하며 무엇이든 속속결로 해결하려는 듯 보인다. 기술은 진보하는 것이 당연하고, 사람의 욕망도 가속화하는 것을 막을 수야 없지만 그 속도가 너무 급한 것 같다. 편리해진다는 것은 사람의 노력을 줄이는 일이다. 그래서 사람들은 여러 해를 거쳐서 쌓은 전문적인 기술마저도 간단한 PC 조작만으로 손쉽게 목적을 달성할 수 있는 세상을 사람들은 꿈꾼다.

그러나 인터넷을 통해 어떤 것을 알아냈다고 해도 그것을 활용하려면 결국 프린트를 해서 종이에 남길 수밖에 없다. 이렇게 할 수밖에 없다는 사실은, 즉 책의 유용함을 우리에게 다시금 일깨워 주는 일이라 하겠다. 어떤 내용에 대해 하나의 사실만 알고 그것으로 끝내는 것이 아니라, 그것과 관련된 내용이 담긴 페이지에 눈이 가고, 그래서 처음에 알고 싶었던 것에서 주변의 일까지 관심이 미치는 것, 이것이 바로 지식의 참모습이라고 생각한다. 지식의 보배는 주변의 여러 부차적인 지식 속에 묻혀 있는 것이 아닐까? 그런 뜻에서도 이 도감이 많은 이들 곁에 있을 자격이 충분하다고 자부한다.

■ 이 책에 대해서

이 책은 강아지 때의 모습을 중심으로 성장한 개의 모습을 함께 소개한 도감이다. 귀여운 강아지가 어떤 모습으로 커서 씩씩한 큰 개로 자라는지를 알게 했다. 또 사진에 담기 어려운, 어미와 새끼가 함께 있는 모습의 사진을 많이 실었다. 사진 옆에 기재된 캡션(예 : 50 days)은 새끼가 출생한 날부터 경과한 날을 나타내고 있다.

해설문은 다음과 같은 기준으로 표기했으며, 여러 애견단체가 그 표준을 정한 것이며, 세계적으로 공통된 통일 기준은 없다.

각 견종의 데이터

그룹 – KKC, AKC의 데이터를 참고했다.
견종명 – JKC를 참고로 하고, 일반적으로 불리고 있거나 부르기 쉬운 이름으로 표기했다. 공인되지 않은 경우 KKC와 AKC, KC의 데이터를 참고했다.
원산지 – 그 종류가 사육되던 나라 또는 혈통이 관리되던 나라로, JKC의 데이터를 참고했다.
키 – '체고'를 일컫는 말로, 섰을 때 지면에서 목이 붙어 있는 부분까지의 높이. 각 단체의 표준 수치를 기본으로 하여 참고할 수 있는 크기를 표기했다. 한국개에 관해서는 한국애견협회(KKC)의 것을 기준으로 했다.
무게 – KKC, AKC, KC, JKC, FCI의 모든 수치를 기본으로 해서 참고할 수 있는 무게를 표기했다.
털색 – JKC의 것을 기본으로 삼고, JKC의 미공인종에 대해서는 KKC, AKC, KC의 데이터를 참고했다. 규정 색이 많아서 대표적인 색깔을 밝혔고, 색깔 이름은 KKC, AKC, KC도 참고했다.
비고 – 그 밖에 참고가 되는 정보를 서술했다.
별칭 – KKC, AKC, KC, JKC, FCI에서 불리고 있는 이름, 원산국에서의 이름, 속명(俗名) 등을 표기했다.
마크의 뜻 – 🐕 대형견(키 60cm 이상), 🐕 중형견(키 30~60cm), 🐕 소형견(키 30cm 이하). 잘 짖는 견종과 그다지 짖지 않지만 경계심이 강하고 이상한 사람을 보면 짖는 견종. 🐾 운동을 많은 시간 시켜야 하는 견종. 🪮 털 손질이 중요한 견종.

JKC의 그룹 이름

이 책에서는 KKC, AKC, KC, FCI의 그룹명을 영어로 표기했다. JKC의 그룹명은 다음과 같다.

제1그룹 – 시프독과 캐틀 독(스위스 캐틀 독 제외)
제2그룹 – 핀셔, 슈나우저, 몰로시안 타입과 스위스 캐틀 독
제3그룹 – 테리어
제4그룹 – 닥스훈트
제5그룹 – 스피츠와 프리미티브 타입
제6그룹 – 센트 하운드
제7그룹 – 포인팅 독
제8그룹 – 리트리버, 플러싱 독과 워터 독
제9그룹 – 컴패니언과 토이
제10그룹 – 사이트 하운드

일반 용어

순혈종 – 사람이 혈통을 관리해서 만든 품종으로 각 애견단체에서 공인한 것.
잡종 – 순혈종 이외의 것. 혈통서가 없는 것.
혈통서 – 개의 양친 조부모 등 3~5세대에 걸쳐 그 혈통이 명기되고 순혈종임을 증명하는 것.
애견단체 – 순혈종의 혈통 보전과 애견과 사람과의 보다 좋은 관계를 목적으로 조직된 단체. 한 견종만을 취급하는 단체와 전체 견종을 취급하는 단체 등이 있다. 혈통서의 발행, 도그쇼 등 각종 행사를 개최한다.
KKC(Korean Kennel Club) – 한국애견협회
JKC(Japan Kennel Club) – 일본애견협회
AKC(American Kennel Club) – 미국애견협회. 세계에서 회원 수가 제일 많다.
KC(Kennel Club) – 영국애견협회. 가장 오랜 역사를 가지고 있다.
FCI(Federation Cynologique International) – 세계애견연맹
견종 – 개의 품종. 각 단체에 따라 이름이 다른 것이 있고, 또 공인하고 있는 품종에도 차이가 있다.
스탠더드(견종표준) – 도그쇼(Dog Show)의 심사기준. 품종의 이상적인 내용을 기재한 것. 이 책의 데이터도 스탠더드를 참고하고 있으나, 이것이 없다고 해서 견종으로 인정할 수 없는 것은 아니다.

Australian Kelpie

오스트레일리안 켈피 오스트레일리아 원산

어미를 그대로 축소한 듯한 모습으로 태어나는 켈피의 강아지는
눈을 뜨는 것부터 젖 떼는 것, 귀 서는 것 모두 다른 견종에 비해 빠르다.
생후 4일이면 눈을 뜨고, 2주 만에 젖을 떼는 강아지도 있다.

29 days

오스트레일리안 켈피 데이터

크기	♂ 키 46~51cm, 무게 11~14kg ♀ 키 43~48cm, 무게 9~11kg
털·털색	짧고 매끈한 털이 촘촘히 난다. 털색은 검정색, 황갈색, 붉은색, 초콜릿색, 청회색 등
별칭	켈피, 오스트레일리안 시프독

KKC·AKC/Miscellaneous JKC/제1그룹 KC/미공인

85 days

■ 바빠서 행복한 개

하루 종일 움직이며, 자고 있는 시간은 적다. 착실하고 부르면 꼭 돌아다본다. 활발한 성격으로 머리가 좋고 일하는 것을 좋아하는 개. 광대한 호주 대륙이 원산지다. 체력이 좋고 높은 사회성, 우수한 작업 능력을 갖춰 목양견으로서 높이 평가받고 있다.

이름의 유래는 확실하지 않으나, 스코틀랜드의 전설에 나오는 말 모습을 한 물의 요정의 이름이라는 설, 양치기 개의 콘테스트에서 우승한 개의 이름이 '켈피'였다는 등 여러 설이 있다. 기원이나 혈통에 대해서도 정확한 것은 알려져 있지 않다.

■ 머리 좋고 눈치가 빠르다

양떼를 몰 때 상황 판단이 정확하며, 행동하는 것이 빠르다. 한번 맡긴 일은 분명히 해낸다. 주인뿐만 아니라 모든 사람을 좋아하고, 지루한 것과 운동 부족을 싫어한다. 그래서 이 개에게는 일을 줌으로써 머리와 몸을 바쁘게 만들어 주는 것이 중요하다.

■ 놀랄 정도로 억세다

양을 쫓아 하루에 50km를 달릴 정도. 운동량도 어중간한 것은 싫어한다. 산책은 물론이고 마음껏 달릴 수 있는 장소가 필요하다. 여러 가지 게임을 가르쳐 줄 수 있는데, 개썰매 끌기도 가르쳐 주면 곧잘 한다. 집중력이 높고 정해진 규칙을 잘 지키므로 함께 놀기에 좋은 개다.

■ 전천후형 털

짧지만 조밀하게 난 두툼한 털은 더위나 추위 그리고 비바람에도 끄떡없는 전천후형이다. 손도 많이 가지 않는다. 간혹 물을 싫어하는 경우도 있으니 샴푸는 어려서부터 습관을 들이는 것이 좋다.

29 days

Australian Shepherd
오스트레일리안 셰퍼드 미국 원산

머리가 동글동글한 강아지들이 잘 달리며 논다.
짧고 굵직한 다리로 새끼 사슴처럼 깡총깡총 달리는데,
수평으로 움직이는 동작보다 수직으로 움직이는 것을
더 좋아하는 것 같다. 애칭은 '오우시(Aussie)'.

38 days

38 days

38 days

■ MADE IN U.S.A

이름이 '오스트레일리안'으로 되어 있으나, 미국에서 만들어져서 주로 미국에서 활약하고 있다.
유럽에서 이주민들과 함께 신대륙으로 건너온 개와 오스트레일리아에서 온 양치기 개를 교배시켰다는 설, 오스트레일리아를 거쳐 미국으로 온 개가 조상이라는 설 등이 있다. 오스트레일리아의 들개인 딩고의 피가 섞였다고 하는데 확실한 것은 아니다.
애칭 'Aussie'는 호주에서는 '오우지'로 부르고, 미국에서는 '오우시'로 부른다.

■ 우수한 양치기 개

셰퍼드라고 하면 경찰견으로 알려진 저먼 셰퍼드 독을 떠올리는 사람이 대부분이겠

오스트레일리안 셰퍼드 데이터	
크기	♂ 키 51~58cm, 무게 16~32kg ♀ 키 46~53cm가 이상적
털·털색	곧은 털이나 물결 모양의 털. 속털은 계절에 따라 증감한다. 앞다리, 목, 가슴의 장식털은 수컷이 뚜렷. 털색은 붉은색, 검정색과 이들 색에 흰 반점이 있는 것, 황갈색의 점이 있는 것이 있다.
비고	꼬리는 단발형 꼬리 또는 단미한다.

KKC·AKC/Herding JKC/제1그룹 KC/Pastoral

38 days

38 days

38 days

지만, 실은 셰퍼드란 '양치는 사람'이라는 뜻이다. 오우시는 일을 잘하기로 정평이 나 있는 목축견으로, 겉모습은 보더 콜리와 비슷하다.

이 개는 주인이 무엇을 바라는가를 언제나 주시하고 있다. 사람을 아주 좋아하는 성격이며 주인 가족에 대해서도 충성을 다한다. 헛짖지는 않지만 '수다를 좋아하는 개'도 꽤 있는 것 같다.

■ 생후 2개월이면 장래가 보인다
태어났을 때는 얼굴이 동글동글하고 귀도 머리에 잘싹 붙어 있다. 귀는 생후 1~2개월이면 일어서는데, 이른바 3분의 1만 늘어진 오스트레일리안 셰퍼드다운 귀가 된다. 태어났을 때의 짙은 보랏빛 눈은 연해져서 청색이나 투명한 누른빛이 된다. 그리고 생후 2개월이 되면 개구쟁이가 될지 온순한 개가 될지 용모와 성격까지 결정된다.

■ 튼튼한 체력으로 달리기 즐겨
몸을 옆으로 움직이기보다 수직으로 움직이기를 좋아하는 듯 깡충깡충 뛰어오르며 달린다. 성견이 되면 더 말할 것도 없다. 말과 함께 달려도 뒤지지 않을 정도. 운동 능력은 물론 훈련 능력도 뛰어나 여러 스포츠 경기를 가르칠 수 있다.

■ 얌전하게 있는 것을 가르쳐야
억세고 힘이 넘치는 개이므로 운동을 충분히 시켜야 한다. 한가하면 안절부절못하므로 강아지 때부터 얌전하게 있는 것을 가르칠 필요가 있다.
털은 약간 딱딱한 브러시로 빗어 준다. 털갈이 시기에 털이 무더기로 빠지는데, 이것을 먹어 버리는 수가 있으니 주의한다. 유전적으로 시청각 장애가 생기는 경우가 있으므로 적절치 않은 교배는 시키지 말도록.

Bearded Collie
비어디드 콜리 영국 원산

강아지 때는 털색의 강약이 뚜렷하지만 차차 연해지고 털이 길어져 큰 눈도 가려지고 만다. 애칭은 '비어디'. 강아지는 물론 성견도 가족의 일원으로서 서로 의지가 되는 가정견이다.

54 days

54 days

■ 스코틀랜드의 털보 아저씨
턱수염(Beard)이 나 있는 목양견이어서 이런 이름이 붙여졌다. 비어디의 고향은 춥고 안개가 짙으며 비가 많이 오는 광야 지대인, 스코틀랜드의 하이랜드 지방이다. 2천 년 전부터 목양견으로 사육되었는데, 기원과 혈통에 대해서는 여러 가지 설이 있다. 한때는 '하이랜드 콜리'라고 불리기도 했다.

■ 한발 앞을 읽는 개
옛날에는 목양견과 목우견으로, 지금은 애정 넘치는 가정견으로 인기가 높다. 가족과 함께 산책을 갔을 때 누군가 한 사람이라도 보이지 않으면 비어디가 제일 먼저 안절부절못한다.
기본적으로 사람을 좋아하며 공격적이지 않고 온화한 성격을 지녔다. 달라붙어 응석을 부리지는 않지만, 주인의 기분을 민감하게 읽고 적당한 거리를 두고 애정 표시를 한다. 한마디로 성가시지 않은 개다.

■ 강아지 때 길들이기와 스킨십이 중요
생후 3개월쯤부터 좋고 나쁜 것을 가르치며 그때그때 칭찬하거나 꾸짖으면서 길들여야 한다. 또 될 수 있는 대로 어미개와 형제들이 함께 지내는 기간을 늘여서 사회성이 몸에 붙도록 한다.
강아지 때의 교육이 중요하며, 또 스킨십을 유지하면서 길을 들이면 말을 안 듣거나 잘 토라지는 개가 되지 않는다. 집 밖에서보다 실내에서 기를 때 본래 가지고 있는 좋은 성격이 많이 나타난다.

■ 털색이 계속 바뀐다
태어나서 6개월 정도면 털색이 연해지고, 1년 반 정도까지 그것이 계속된다(털색이 검정색의 단색일 때는 예외).
생후 1년에서 1년 반 정도 된 강아지 털은 부드럽고, 비어디다운 뻣뻣한 털이 되는 것은 3세경이다. 강아지 털은 엉키기 쉬우니 꼼꼼하게 손질해야 한다.

비어디드 콜리 데이터

크기	♂ 키 53.5~56cm, 무게 약 22kg ♀ 키 51~53.5cm, 무게 약 22kg
털·털색	겉털은 굵고 뻣뻣하며, 속털은 부드럽고 촘촘히 난다. 콧수염과 턱수염이 있다. 털색은 짙은 회색, 연한 황갈색, 흰색에 검정색 또는 오렌지색 반점. 블레이즈와 목털이 있는 것도 있다.

KKC · AKC/Herding JKC/제1그룹 KC/Pastoral

27 days

Belgian Shepherd Dog

벨지안 셰퍼드 독 <small>벨기에 원산</small>
(그루넌달, 말리노이스, 터뷰런)

저먼 셰퍼드 독과 콜리를 교배시킨 개처럼 보이지만, 실은 그루넌달, 말리노이스, 터뷰런 그리고 이 책에서는 소개하지 않은 라케노이스를 포함해 4가지 타입이 있는 벨기에 목양견이다.

27 days(그루넌달)

27 days(그루넌달)

벨기에의 우수한 목양견

벨기에의 목양견이 우수하다는 건 옛날부터 잘 알려져 있다. 1891년 벨기에 수의학교의 레울 교수가 이 견종을 털색과 털의 질 등으로 분류했는데, 현재는 주로 4가지 타입으로 나누고 있다. 견종표준은 털을 제외하면 모두 같다.

견종단체에 따라 4가지 견종으로 각각 인정하고 있는 경우와 하나의 견종에서 4가지 타입으로 분류하는 경우가 있다. 옛날에는 다른 타입과의 교배가 허용됐지만, 지금은 금지되어 있다.

운동은 충분히

모든 타입이 충분한 운동을 필요로 한다. 그리고 털이 긴 타입은 털이 많이 빠지므로 털갈이 시기의 손질이 만만치 않다.

그루넌달

검고 긴 털의 타입. 이름은 수도 브뤼셀 교외에 있는 지역명에서 유래되었다. 날쌔고 경계심이 강하다. 어려운 훈련을 거쳐 목양견, 썰매개, 경찰견으로 활약하고 있다. AKC에서는 그루넌달을 '벨지안 시프독'이라 부른다.

27 days(그루넌달)

27 days(그루넌달)

■ 말리노이스

털이 짧고 색은 연한 황갈색이며, 털끝이 검다. 얼굴은 검은 마스크를 쓴 것 같고 귀도 검다. 이름은 이 견종이 많이 사육되던 지방의 이름에서 유래됐다. 목양견, 번견(경비·경호견)뿐만 아니라 썰매개, 구조견으로도 뛰어난 능력을 발휘한다.

■ 터뷰런

원산국 벨기에에서는 'Chien de Berger Belge(벨기에의 목양견이라는 뜻)'로 불린다. 검은 긴 털이나 짧은 털도 아니고 말린 털도 아닌 타입. 털이 약간 긴 셰퍼드 같은 모습이다. 터뷰런 역시 브뤼셀 교외에 있는 지역명에서 따온 이름이다. 목양견, 경찰견으로 활약하고 있다.

털색은 연한 황갈색에서 연한 적갈색까지 여러 층이 있는데, 모두 털끝이 검다. 거칠어 보이지만 만져 보면 부드럽다. 털이 완성되어 본래의 아름다운 모습을 갖추기까지는 수년이 걸린다.

(말리노이스)

80 days(말리노이스)

(말리노이스) 80 days(말리노이스)

벨지안 셰퍼드 독 데이터

크기	♂ 키 61~66cm, 무게 32~36kg ♀ 키 56~61cm, 무게 32~36kg
털·털색	그루넌달은 검정색. 말리노이스는 연한 황갈색이고, 털끝이 검다. 또 블랙 마스크에, 목은 짧은 털. 터뷰런은 길고 곧은 털, 속털은 매우 촘촘히 난다. 털색은 연한 황갈색에서부터 연한 적갈색까지 있고, 털끝이 검다. 블랙 마스크에 귀도 검다.
별칭	JKC에서는 벨지안 셰퍼드 독 그루넌달, 벨지안 셰퍼드 독 말리노이스, 벨지안 셰퍼드 독 터뷰런의 3견종. AKC에서는 벨지안 시프독, 벨지안 말리노이스, 벨지안 터뷰런

KKC·AKC/Herding KC/제1그룹 KC/Pastoral

(터뷰런)

140 days(터뷰런)

Border Collie
보더 콜리 영국 원산

이 강아지의 재능과 가능성은 어떻게 길러 줘야 할까?
IQ가 높은 아이를 가진 부모의 마음을 보더 콜리를 통해서 느낄 수 있는데,
어떻게 기르느냐에 따라서 결과는 여러 가지로 나타난다.
개의 자질과 성격을 이해한 후 길러야 할 견종이다.

40 days

40 days

보더 콜리 데이터

크기	♂ 키 50~55cm, 무게 18~23kg ♀ 키 48~53cm, 무게 16~20kg
털·털색	겉털은 길고 두터우며, 속털은 부드럽고 촘촘히 난다. 물결 모양의 털. 털색은 검정색, 황갈색 & 흰색, 블루 멀 등 제한이 없다. 단, 흰색이 우세해서는 안 된다.

KKC · AKC/Herding　JKC/제1그룹　KC/Pastoral

■ '일 중독자'로 불리는 개

가만히 있지 못하며 언제나 바쁜 개다. '일 중독자(Workaholic)'라 놀림을 받을 정도로 어떤 일을 맡아 하기 좋아한다. 또 하고 있는 일에 장시간 집중할 수 있다. 영국에서 일을 제일 많이 하는 목양견으로 손꼽힌다. 양을 몰아 가는 천부적인 재능이 있어서 말을 탄 양치기 몇 사람 분의 일을 해낼 수 있다. 옛날에는 '스코티시 콜리' 또는 '콜리'로도 불렸다.

■ 재능이 돋보이는 강아지

강아지는 처음부터 성견과 같은 색깔로 태어난다. 생후 45~60일경에 털이 자라 보더 콜리다운 모습이 되고, 특징도 분명히 나타난다. 강아지는 장난꾸러기인데, 1세 정도 되면 한결 침착해진다. 강아지 때부터 타고난 재능이 번뜩여 일찍부터 여러 가지 훈련을 시작할 수 있다.

한편 보더 콜리는 주인의 기대에 부응하려고 무리를 하는 경우가 가끔 있다. 성장기의 과도한 운동으로 다치기 쉬우므로 주의가 필요하다. 그리고 움직이는 것에 민감하게 반응하고 쫓아가는 특성 때문에 자칫 교통사고를 당하기 쉬우니 역시 주의할 것. 어릴 때부터 해서 안 되는 것을 강하게 인지시켜 줘야 한다.

■ 무한대의 가능성은 주인의 노력에 좌우

재능이 풍부하고 가능성을 지니고 있는 개에게 노는 것은 곧 과제를 완수하는 일로 이어진다. 프리스비 경기(Frisbee, 원반 물어 오기), 어질리티 경기(Agility, 장애물 통과하기) 등의 목표를 가지고 기르기에는 최고의 개.

머리가 좋아서 길들이기는 '주인과 개와의 머리싸움'이 된다. 칭찬과 꾸지람을 적절하게 쓰면서 길들여야 하고, 중간에 그만두면 게을러져 다시 훈련 전의 상태로 되돌아간다. 한마디로 이 개의 재능이 발휘되는 것은 주인의 노력 여하에 달렸다.

80 days

Bouvier Des Flandres
부비에 드 플랑드르 플랑드르(벨기에 및 프랑스) 원산

강아지들은 공놀이를 좋아하며, 느긋하고 자기 생활 리듬에 맞춰 논다.
저마다 그런 식이어서 형제들끼리의 싸움도 거의 없다.
한가롭게 그리고 천천히 커 가므로 성숙하기까지 2년 이상 걸린다.

30 days

■ 부비에란 '소치기'라는 뜻
프랑스와 벨기에의 국경 지대에 있는 플랑드르 지방에서 사육되고 목우견과 운반견으로 활약했던 개다.
'플랑드르'는 프랑스어, '플랜더스'는 영어식 발음이다. 일찍이 'Vuilbaad(지저분한 턱수염)', 'Boeuf(소몰이 개)'라고도 불렸다.
용감하고 훈련 능력이 우수해 군용견, 스파이견 등으로도 활동했다고 한다. 지금도 경찰견과 맹도견으로 활약 중이다.

■ 《플랜더스의 개》
프랑스 작가 위더의 《플랜더스의 개》에 나오는 주인공 네로의 애견, 파트라슈가 바로 이 견종이다.

■ 믿음직스러운 사나이
듬직한 체형의 믿음직스러운 개다. 침착하고 주인에게 충실하며, 주인 아닌 다른 사람에게는 무뚝뚝하다. 경계심은 강하지만 헛짖지 않는다. 사람한테 알랑거리지 않고 달라붙거나 얼굴을 핥으려고 하지도 않는다. 마치 덩치 큰 고양이 같다. 머리가 좋아서 가르쳐 준 것은 정확히 해낸다. 운동 능력이 좋기는 한데, 훈련을 시킬 때는 어디까지나 신뢰 관계를 바탕으로 해야 한다. 잘했을 때 먹을 것을 주는 등의 포상 방법은 그다지 효과가 없다. 강아지

부비에 드 플랑드르 데이터

크기	♂ 키 62.5~70cm, 무게 34~43kg ♀ 키 60~67cm, 무게 34~43kg
털·털색	온몸에 뻣뻣하고 굵은 털이 촘촘히 난다. 눈썹털, 콧수염, 턱수염이 있다. 털색은 검정색에서 연한 황갈색까지. 솔트 & 페퍼 등
비고	성견이 된 후 단미한다. 꼬리가 없어도 허용된다. 단이한다.
별칭	벨지안 캐틀 독, 플랑드르 캐틀 독

KKC · AKC/Herding   JKC/제1그룹   KC/Working

30 days

30 days

30 days

때부터 철저히 복종 관계를 가르쳐야 가족의 일원이 될 수 있다.

■ **독립심 강한 강아지들**

강아지를 많이 낳고 쉽게 낳는다. 어미개는 강아지들의 시중을 잘 든다. 독립심이 강해서 어미개가 옆에 없어도 저마다 따로 헤어져서 잔다.

강아지와 성견은 모두 공놀이를 무척 좋아한다. 그리고 신경질과는 담을 쌓고 사는 듯 언제나 느긋하다. 형제들끼리도 잘 싸우지 않고, 용변도 일찍 가려서 기르기 쉽다.

■ **텁수룩한 털은 매일 손질해야**

털 손질을 소홀히 해서는 안 된다. 털이 뭉치지 않도록 금속 브러시와 빗으로 매일 빗어 준다. 체온이 높은 편이어서 귀 손질을 게을리 하면 문제가 생긴다. 정기적인 점검을 잊지 말 것.

Collie
콜리 영국 원산

강아지 때부터 기품 있는 아가씨나 도련님의 얼굴을 하고 있다. 자라면서 콧날이 길어지고 콜리다워진다. 털색은 하루하루 짙어지며 선명해진다.

40 days

■ **개의 세계에서 인기 스타**
미국의 텔레비전 프로그램 《돌아온 래시 (Lassie come home)》에서 인기를 모은 핸섬한 견종. 호리호리한 몸매에, 우아한 긴 털과 영리하고 밝은 성격을 지녔다. 가족을 무척 사랑하는 가정견으로 전 세계에 그 이름이 알려져 있다. 번견(경비·경호견)으로서도 우수함을 인정받았다.

■ **콜리의 역사**
옛날부터 스코틀랜드에서 길러 온 목양견으로 기원과 혈통에 대해서는 수수께끼에 싸여 있다.
콜리는 '검다'는 뜻으로 얼굴과 다리가 검은색인 양을 '콜리', 이 양을 지키는 목양견을 '콜리 독'이라고 했다. 당시에는 양과 마찬가지로 검은 목양견이 많았으며, 그 후에 트라이컬러가 주류를 이루고 블루 멀도 많아졌다.
1860년 빅토리아 여왕이 스코틀랜드를 방문하고 세이블 & 흰색의 콜리를 데리고 온 뒤 인기가 높아졌다.

■ **러프 콜리와 스므드 콜리**
콜리에는 털이 긴 '러프 콜리'와 털이 짧은 '스므드 콜리'가 있는데, 둘 모두 역사

40 days

콜리 데이터	
크기	♂ 키 60~66cm, 무게 27~34kg ♀ 키 56~61cm, 무게 23~30kg
털·털색	러프 콜리는 털이 길고, 스므드 콜리는 털이 짧다. 털색은 세이블 & 흰색, 트라이컬러(검정색이 주체), 블루 멀, 흰색(흰색 바탕에 세이블 또는 트라이컬러의 반점)의 4종류가 있다.
별칭	스코티 콜리, 러프코티드 콜리

KKC·AKC/Herding KC/제1그룹 KC/Pastoral

가 오래된 목양견이다. 한편 인기는 러프 콜리 쪽이 압도적이다.

■ 길을 잘 들여야 이상적인 가정견

신경질적인 면이 약간 있고, 낯가림이 심하다. 그러나 가족에게는 순종한다. 처음부터 길을 잘 들이면 아이들의 좋은 친구로서 이상적인 가정견이 된다.
재능이 많아서 어질리티 경기 등에 도전

시킬 수 있다. 짖기를 잘하는 개로 스트레스가 쌓이지 않게 하는 것이 요령이다.

■ 털 손질과 운동

러프 콜리의 경우 털갈이 시기에 손질을 자주 해 줘야 한다. 마음껏 달릴 수 있는 넓은 뜰이 이상적이다. 여의치 않으면 걷게만 하지 말고, 긴 거리를 뛰게 하는 등의 산책으로 대신한다.

German Shepherd Dog
저먼 셰퍼드 독 독일 원산

독일명은 '도이체 셰퍼훈트' 또는 '셰퍼훈트'.
도그쇼의 세계에서는 '저먼 셰퍼드 독'으로 통하고,
유럽에서는 '앨세이션'이라 부른다. 우수한 개를
독일산으로 인정하고 싶지 않은 사람들의
복잡한 감정이 엿보이는 이름이다.

75 days

38 days

■ 각종 '임무'를 맡고 있는 개
지적이고 여러 가지 훈련을 해낼 수 있어서 현재는 경찰견, 군용견, 마약탐지견, 재해구조견, 맹도견 등 각종 중요한 임무를 맡고 있는 영리한 견종이다.

■ '셰퍼드'라는 이름의 뜻
셰퍼드란 '양치는 사람'이라는 뜻. 원래는 독일의 산악 지대에서 양을 모는 목양견이었는데, 늑대를 닮은 목양견을 골라서 교배시켰다고 한다.
이 우수한 목양견을 독일군이 개량해서 제1차세계대전 때 의료품과 군용물자의 운반, 포로의 감시, 전령, 부상병의 발견 등의 일을 맡겨 일약 유명해졌는데, 히틀러의 애견도 이 견종이었다.
이런 역사 때문에 유럽 사회에서는 독일이라는 이미지를 꺼리는 듯 이 개를 '양치는 앨세이션'이라 부른다. 앨세이션(Alsatian)이란 프랑스 동북부 알사스의 옛이름인 앨세이셔(Alsatia)에서 유래된 것이다.

■ 훈련을 통해 비로소 셰퍼드다워진다
용감하고 냉정·침착한 개로 주인에게 매우 충실하다. 맡은 일을 책임감 있게 해내기 때문에 훈련 여부에 따라 가능성은 무한하다.
그러나 태어나면서부터 우등생 개일 수는 없다. 훈련을 통해 비로소 우수한 셰퍼드로 완성된다. 강아지 때부터 사람, 동물 등과 친숙해지도록 하고, 복종 훈련도 일찌감치 시켜야 한다.
그리고 래브라도 리트리버나 골든 리트리버보다 섬세한 성격으로, 낯선 장소에 데리고 가면 한동안 기운이 없어 보이기도 한다.

■ 태어났을 때는 깜둥이
깜둥이였던 강아지도 생후 2, 3주 동안에 황갈색으로 바뀌고, 그 뒤 계속 털색이 바뀐다. 다만 검정색일 경우는 그대로다.
누워 있던 귀는 생후 1개월 반쯤에 곧게 선다. 길들이기는 강아지 때부터 한다.

■ 운동량은 골든 리트리버보다 많다
운동량이 많아서 충분히 달릴 수 있는 넓은 공간이 필요하다. 그렇지 않으면 리드줄을 매고 장시간 산책을 시킨다.
몸이나 기분 상태가 무뎌지면 행동과 성격에 문제가 생기기도 하므로 충분한 운동을 시켜야 한다. 털이 많이 빠지니 가끔 브러싱을 해 줄 것.

저먼 셰퍼드 독 데이터

크기	♂ 키 61~66cm, 무게 30~41kg ♀ 키 56~61cm, 무게 26~35kg
털·털색	겉털은 곧고 매끈하며, 속털은 부드럽고 촘촘히 난다. 털색은 검정색 & 황갈색, 다갈색, 검정색, 은쇄색(모근보다 털끝이 짙은색). 진한 색이 좋다.
별칭	KC에서는 저먼 셰퍼드 독 (앨세이션)

KKC·AKC/Herding　KC/제1그룹　KC/Pastoral

Japanese Akita
저패니즈 아키타 <small>일본 원산</small>

어떤 일이 벌어져도 허둥대지 않고 상황을 먼저 살핀다. 침착한 개로 강아지 때부터 그런 성향을 보인다. 생후 3, 4개월에 귀가 서는데, 다른 일본개에 비해서 귀가 늦게 일어서는 편이다. 귀는 일어섰다 늘어졌다를 몇 번 반복하다가 마침내 고정된다.

55 days

■ **위풍당당**
볼륨이 있는 귀족풍의 견종. 일어선 귀, 말아 올린 꼬리의 일본이 자랑하는 대형견이다. 외모와 마찬가지로 성격도 듬직하다. 어떤 일이 벌어지면 곧 형편을 살핀다. 강아지 때부터 그런 침착성이 느껴진다.

■ **곰 사냥개, 투견**
일본 도호쿠 지방에 사는 사냥꾼이 기르던 개가 조상견이라고 한다. 이들 사냥꾼이 기르던 개는 흑곰, 멧돼지, 영양 등을 사냥하는 데 쓰이던 중형 사냥개였다. 그것을 에도시대에 투견을 장려하던 봉건 영주들이 그 고장의 개나 토사 투견 등과 교배시켜 대형견으로 개량한 것이다.
그 후에도 토사 투견이나 마스티프 등 서양개의 피를 섞어 가는 과정에서 본래의 저패니즈 아키타는 감소 추세를 보였는데, 뒤늦게 저패니즈 아키타 보존 운동이 일어나 서양개의 피를 배제하면서 지금의 모습으로 고정되었다.

■ **충견의 심벌 '충견 하치공'의 주인공**
'충견 하치공'을 모르는 일본 사람은 아마 없을 것이다. 기르는 주인의 목숨을 살렸다는 이야기의 주인공이 바로 이 저패

저패니즈 아키타 데이터	
크기	♂ 키 약 67cm, 무게 약 48kg ♀ 키 약 61cm, 무게 약 40kg
털·털색	겉털은 뻣뻣하고, 속털은 부드럽고 촘촘히 난다. 털색은 붉은색, 브린들, 후추색, 흰색
비고	말린 꼬리. 삼각형의 일어선 귀. 1931년에 아키타 이누로 일본 천연기념물로 지정
별칭	JKC에서는 아키타

KKC·AKC/Working JKC/제5그룹 KC/Utility

55 days

55 days

니즈 아키타다.
이 견종은 주인에게만 복종하는 유형으로 성격이 침착하고 냉정하다. 주인이 없는 데서는 약간 냉담한 편이고, 자기 마음을 겉으로 표시하는 타입의 개다. 그래서 기르는 사람은 개와의 신뢰 관계에 특히 유의해야 하며, 한 번 그 관계가 깨지면 다시 회복하기가 쉽지 않다.

■ 원반을 이용한 놀이도 가능
일본개는 골격이 튼튼해서 디스크(원반을 이용한 프리스비 등) 놀이를 가르칠 수 있다. 생후 4개월 정도부터 훈련이 가능하다. 시기가 늦으면 흥미를 보이지 않는다.

■ 견고한 더블 코트
2중 구조로 된 두터운 털은 틈틈이 손질을 해 줘야 한다. 운동은 충분히 시킬 것.

55 days

Japanese Shiba
저패니즈 시바 일본 원산

태어났을 때는 털색이 짙어서 너구리나 여우 새끼 같다. 그러다가 점점 연해지면서 제 색깔이 나타난다. 생후 1개월이면 귀가 일어서고, 꼬리도 등에 올라붙는다.

50 days

■ 야무진 꼬마

소박한 기품을 지녔고, 남에게 아첨하는 일이 없다. 주인에게는 애정과 헌신을 다 하는 작고 똑똑하며 용기 있는 개다.
현관에는 개, 툇마루 옆에 고양이. 이런 배치가 일본의 일상적인 풍경이다. 저패니즈 시바는 일본에서 제일 많이 기르고 있는 개이며, 날카로운 감각과 재능을 자랑한다. 옛날부터 사랑받아 온 소형 사냥개로, 일본 풍토에 잘 어울리는 개다. 모습은 저패니즈 아키타와 닮았지만, 털색이 아키타만큼 화려하지 않고 크기도 작다.
'시바' 라는 이름의 유래에 대해서 여러 설이 있지만, 확실한 것은 일본 중부 지방의 산골에서 기르던 소형 사냥개의 속칭이라는 것이다. 비유하자면 우리나라의 개 이름 중에 '검둥이' 라든가, '누렁이' 같은 그런 어감의 이름이다.

■ 저패니즈 시바의 두 얼굴

토실토실한 타입은 '천연기념물일본견보존회' 의 저패니즈 시바. 또 하나 약간 날씬한 인상의 저패니즈 시바가 있다. 선사 시대의 유적에서 발견된 머리뼈와 비슷한 특징을 가진 일본 옛날의 개를 보존하려는 '시바견보존회' 의 개가 그것이다.

■ 상하 관계를 분명히

감각이 예민하고 경계심이 강하다. 활발

저패니즈 시바 데이터

크기	♂ 키 38.5~41.5cm, 무게 약 9kg ♀ 키 35.5~38.5cm, 무게 약 8kg
털·털색	겉털은 곧고 꼿꼿하며, 속털은 부드럽고 촘촘히 난다. 털색은 붉은색, 참깨색, 후추색, 검정색, 갈색 등. 주둥이의 목둘레가 두드러지게 하얗다.
비고	말린 꼬리 또는 낫 모양의 꽃힌 꼬리. 삼각형의 선 귀. 몸길이와 키의 비율은 100대 110. 1937년 일본 천연기념물로 지정
별칭	JKC에서는 시바 KC에서는 저패니즈 시바 이누

KKC·AKC/Working   JKC/제5그룹
KC/Utility

42 days

42 days

42 days

50 days

한 성격으로, 주인에게는 충성하는 타입의 견종이다. 강아지 때부터 실컷 놀아 주면서 상하 관계를 분명히 알게 한다. 예상외로 성격이 일찍 형성되므로 훈련은 생후 3개월 정도부터 해야 한다. 귀여워만 하면 사람을 얕보게 된다.
또 단단한 체구의 활동적인 개이기 때문에 충분한 시간을 할애해 운동을 시켜야 한다.

Old English Sheepdog
올드 잉글리시 시프독 영국 원산

태어났을 때의 무게는 350~400g으로 보통 개와 다르지 않다.
그러다가 점점 자라서 생후 1년이면 처음의 1백 배 정도의 무게가 된다.
안아 줄 수 있는 시기는 고작 생후 3개월 정도까지로,
소중한 강아지 시절이라 할 수 있다.

30 days

■ 아직 덮이지 않은 동그란 눈
큰 머리에 새까만 코, 아직 가려지지 않은 동그란 눈. 태어나 반년이 지나면 털이 자라서 올드 잉글리시 시프독다워진다.
강아지는 달리기, 쫓아가기, 물고 당기기, 프로레슬링 놀이를 좋아한다. 기운이 넘치던 강아지도 성견이 되면 침착해진다.
덩치 큰 성견은 컨트롤하기 힘들어서 강아지 때부터 제대로 길들여야 한다. 같이 놀면서 '기다려', '이리 와', '엎드려' 등의 기본적인 동작을 가르친다. 머리가 좋아서 잘 기억하며, 주인이 리더십을 쥐고 있어야 한다.

■ '보브 테일'의 목우견
이름 그대로 옛날부터 가축을 돌보는 일을 해 온 영국 태생의 큰 개다. 소를 장터까지 몰고 가는 일을 주로 맡아 했다. 애칭은 '보브 테일' 또는 '보브'. 보브테일(Bob tail, 짧게 자른 꼬리)은 세금을 면제받는 개라는 것을 나타내는 표시였다.

■ 온몸으로 기쁨을 나타낸다
밝고 정이 많다. 가족과 새끼는 물론 다른 강아지도 잘 돌본다. 가족에 대한 두터운 애정은 목양견의 본능인 것 같다. 머리가

30 days

30 days

올드 잉글리시 시프독 데이터

크기	♂ 키 60~61cm, 무게 29.5~41kg ♀ 키 53~58cm, 무게 29.5~41kg
털·털색	겉털은 거칠며 텁수룩하고, 속털은 방수성이다. 털색은 청색, 회색, 블루 멀에 흰 얼룩 또는 그 반대
비고	여름에는 인위적으로 털갈이를 시킨다. 꼬리는 짧을수록 좋다. 원래 짧은 꼬리가 아닌 것은 단미한다.
별칭	보브 테일, 보브 테일드 시프독

KKC·AKC/Herding   JKC/제1그룹   KC/Pastoral

좋고, 강아지 때부터 주위의 분위기를 살핀다. 그래서 가족들이 바쁜 것 같으면 조용히 있다가, 함께 놀 수 있을 때라고 판단되면 좋아하며 가까이 온다.

느긋하고 온순하며 애정 표현이 풍부하다. 좋을 때는 꼬리 없는 엉덩이를 분주하게 흔든다. 응석을 부릴 때도 있는데, 덩치가 워낙 크다 보니 주의가 필요하다.

짖는 소리는 낮고 크지만 헛짖는 일은 없다. 주둥이가 나온 개는 짖는 소리가 높다.

■ 털 손질은 힘들지만
생후 1세 전후로 부드러운 강아지 털은 뻣뻣한 더블 코트의 성견 털로 바뀐다. 털의 길이와 질이 바뀌는 이 시기에는 털 손질에 특히 신경을 써야 한다. 털이 뭉치지 않도록 꼼꼼한 손질이 필요.

30 days

Shetland Sheepdog
셰틀랜드 시프독 영국 원산

모습은 콜리를 꼭 닮았는데, 덩치는 훨씬 작다. 콜리를 가정견으로 소형화시킨 개가 아니다. 잉글랜드 최북단의 섬 셰틀랜드에서 태어난, 작지만 우수한 목양견이다. 애칭은 '셸티'.

35 days

35 days

■ 셰틀랜드 태생의 목양견

스코틀랜드 북단, 오크니제도의 동북쪽에 있는 잉글랜드 최북단의 섬 셰틀랜드가 고향이다. 제틀랜드(Zetland)라고도 불리며, 크고 작은 1백여 개의 섬으로 이루어진 불모의 땅으로, 거주할 수 있는 섬은 불과 20개 정도뿐이다.

여름에 백야가 되는 이 섬은 메마른 자연환경 때문에 말이나 양의 몸통이 왜소하며, 식물마저 소형화되고 있는 곳으로 유명하다. 동물원에서 아이들에게 인기 있는 셰틀랜드 포니도 이 섬 출신이다.

양도 작고, 그 양을 지키는 목양견도 작다. 셰틀랜드에서는 셰틀랜드 시프독을 '투니 독(Toonie Dog, 소작인의 개)' 또는 '피어리(Peerie, 요정 같은 개)'라 부른다.

■ 콜리의 동생뻘

콜리를 닮았으나, 셰틀랜드 목양견의 역사는 스코틀랜드 목양견의 역사에 필적할 만큼 길다. 셸티는 아득한 옛날에 콜리와는 별도의 역사를 가지고 오랜 세월에 거쳐 소형화된 견종이다.

몸은 작지만 튼튼하다. 일을 잘 해내며, 목양견으로서의 재능이 뛰어나다. 양의 발끝을 깨물며 양떼를 몰아 간다고 한다.

35 days

■ 주인의 마음을 읽는다

둥근 형의 얼굴은 생후 1년이면 주둥이가 앞으로 나오고 얼굴이 길어진다. 늘어졌던 귀도 반쯤 일어서는데, 아주 빳빳이 설 때는 추를 달아 교정하기도 한다.

강아지 때는 형제들끼리 놀다가, 함께 자고 깨어서 장난도 곧잘 친다. 성견이 되면 머리가 영리해지고 장난도 치지 않는다. 주인의 마음을 민감하게 읽고 마음에 들도록 노력한다. 한 가지 흠이라면 헛짖기를 가끔 하는데, 미리 길들여야 한다.

■ 털 손질과 운동

털이 길어서 브러싱을 자주 해 줘야 한다. 특히 털갈이를 할 때는 더욱 꼼꼼하게. 운동은 충분히 시킨다.

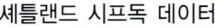

35 days

셰틀랜드 시프독 데이터

크기	♂♀ 키 33~41cm, 무게 약 9kg
털·털색	겉털은 길고 거칠며, 속털은 짧고 부드러우며 촘촘히 난다. 목둘레와 가슴, 다리, 꼬리에 장식털. 털색은 세이블 & 흰색, 트라이 컬러, 검정색 & 흰색
별칭	투니 독, 피어리 JKC에서는 셰틀랜드 시프독

KKC · AKC/Herding JKC/제1그룹 KC/Pastoral

Welsh Corgi Cardigan
웰시 코르기 카디건 영국 원산

같은 코르기족이라 해도 꼬리가 있는 것을 '카디건',
꼬리가 없는 것을 '펨부르크'라고 한다.
가끔 꼬리와 짧은 다리를 앞뒤로 쭉 뻗고
'코르기 덮개'가 된 듯 꼼짝 않고 엎드려 있다.

70 days

70 days

70 days

■ 꼬리가 긴 코르기
허리는 길고 다리는 짧은 '웰시 코르기 펨부르크'를 닮았는데, 카디건은 꼬리가 있어서 금방 구별된다.
꼬리는 푹신푹신한 털에 싸여 있다. 꼬리가 있어도 걸을 때는 엉덩이를 좌우로 흔들며 걷는데, 폼이 펨부르크 같다. 꼬리를 엉덩이 박자에 맞춰 크게 흔드는 모습이 재미있고 귀엽다.

■ 땅딸보이지만 일꾼
3천 년 이상 오래 전에 중앙 유럽에서 켈트족과 함께 웨일스의 카디건 지방으로 건너온 개라고 한다.
키는 작지만 용감하고 날쌔다. 소의 발굽 사이를 빠져나가면서 밟히지 않고 소떼를 우리 안으로 몰아넣거나, 장터까지 몰고 가는 일을 맡아 했다.
또 쥐잡기, 집 지키기와 오소리나 여우 등을 몰아내고 추적하는 일도 훌륭히 해냈다. 펨부르크와 비슷하지만 조상은 다르다.
코르기는 '작은 개'라는 뜻. 예전에는 영문을 'Korgi'로도 썼다. 웨일스어로 이 개를 'Ci Llathaid', 즉 코끝에서 꼬리 끝까지 '1야드(옛 웨일스의 1야드는 102㎝)의 개'라고 해서 붙여진 이름 같다. 그 후 조지 6세가 궁정에서 이 개를 기르면서 널리 알려졌다.

웰시 코르기 카디건 데이터	
크기	♂ 키 26.5~32cm, 무게 13.5~17.5kg ♀ 키 26.5~32cm, 무게 11~15.5kg
털·털색	겉털은 길고 거칠며, 속털은 부드럽고 촘촘히 난다. 털색은 붉은색, 세이블, 연한 황갈색, 검정색 & 황갈색, 블루 멀 등. 다리, 가슴, 목에 흰 반점
별칭	AKC에서는 카디건 웰시 코르기 KC에서는 웰시 코르기 (카디건)

KKC · AKC/Herding JKC/제1그룹 KC/Pastoral

70 days

■ 사람을 좋아하는 개

짧은 다리에, 몸집도 작지만 탄탄하고 에너지가 넘치는 개다. 성미가 사나운 소의 감시역으로 활약해 온 개답게 용감하고 대담하며, 크기에 어울리지 않게 대형견의 분위기를 풍긴다.
기본적으로 사람을 잘 따르며 사람 곁에 있는 것을 좋아한다. 영리하고 놀기를 좋아해서 자칫 응석꾸러기로 자라기 쉽다.

강아지 때부터 복종 훈련은 철저히 시켜야 한다. 한가한 것을 아주 싫어해서 이 견종을 키울 때는 일을 시켜서 스트레스가 쌓이지 않도록 하는 배려가 필요하다.

■ 운동을 많이 시켜야

뛰어다니는 것을 좋아해서 운동량을 충족시키려면 많은 시간을 할애해야 한다.
털 손질은 그다지 힘들지 않다. 가끔 브러싱을 해 주는 정도면 된다.

Welsh Corgi Pembroke
웰시 코르기 펨부르크 영국 원산

있는 듯 없는 듯한 짧은 꼬리가 이 견종의 매력 포인트.
꼬리 대신 엉덩이를 흔들며 걷는다. 흰 양말을
신은 것 같은 짧은 다리를 재빠르게 놀리며
달리는 모습도 귀엽다.

31 days

28 days

28 days

웰시 코르기 펨부르크 데이터

크기	♂ 키 25.5~30.5cm, 무게 11~13.5kg ♀ 키 25.5~30.5cm, 무게 10~12.5kg
털·털색	겉털은 거칠고, 속털은 부드럽고 촘촘히 난다. 털색은 붉은색, 세이블, 검정색 & 황갈색, 연한 황갈색 등. 다리, 가슴, 목둘레에 흰 반점
비고	꼬리는 짧고 자연 그대로가 좋다.
별칭	AKC에서는 펨부르크 웰시 코르기 KC에서는 웰시 코르기 (펨부르크)

KKC·AKC/Herding JKC/제1그룹 KC/Pastoral

■ 꼬리 없는 엉덩이
꼬리로 웰시 코르기 카디건과 구별한다. 개는 보통 꼬리로 균형을 잡는데, 웰시 코르기 펨부르크는 엉덩이로 균형을 잡는다. 엉덩이를 흔들며 걷는 모습은 아무리 봐도 웃음이 난다. 허리가 길고 다리는 짧지만, 달리기를 무척 좋아한다.

■ 뾰족한 삼각형의 귀
곧게 선 삼각형의 귀는 카디건보다 약간 더 뾰족해 보인다. 태어났을 때는 귀가 늘어져 있는데, 생후 1개월이면 귀가 커지고 두툼해지면서 4, 5개월이면 완전히 일어선다.

■ 웨일스의 목우견 출신
옛날에는 주로 웨일스의 펨브로크 지방에서 농장의 소몰이 개로 길렀다. 소의 발굽 사이를 지나다니며 소를 몰았는데, 카디건과는 조상이 다르다. 영국 왕실에서 기르면서 각광을 받게 되었으며, 화려한 도그쇼에도 나가 세계적인 명성을 얻었다.

■ 성격의 명암이 분명하다
일반적으로 밝은 성격의 개가 많은데, 자라면서 성격의 명암이 분명해진다. 겁이 많다거나, 공격적이거나, 무는 등의 좀 골치 아픈 성격도 생후 7개월경까지 기르는 사람의 길들이는 방법에 따라 고쳐진다. 한편 너그럽게 기르면 밝은 성격이 되고, 지나치게 간섭을 하면 신경질적이 되는 경향이 있다. 한마디로 약간 무간섭주의로 기르는 것이 오히려 탈이 없다.

■ 기분은 대형견
몸집은 작지만 영리하고 독립심이 강하다. 망을 보는 것이 이 개의 타고난 성격. 강아지 때부터 주종 관계를 분명히 하여 길들이지 않으면 애를 먹기도 한다. 길들이기의 성패는 인내력에 좌우된다. 비교적 잘 짖지 않지만 짖을 때의 소리는 의외로 굵고 크다.

■ 간편한 털 손질
털 손질이 그다지 어렵지 않다. 브러싱을 하는 정도면 깔끔하게 유지시킬 수 있다. 다리는 짧지만 운동량은 많아서 운동을 충분히 시켜야 한다.

95 days

스포팅 (조렵견) Sporting

American Cocker Spaniel
아메리칸 코커 스패니얼 미국 원산

이 개를 유명하게 만든 것은 디즈니 영화 《멍멍 이야기》로, 여기에 주인공으로 출연하면서 많은 사랑을 받기 시작했다. 태어났을 때는 150~200g으로 가벼워 인형처럼 귀엽다.

40 days

■ 영국 태생으로 미국에서 자람

이민자들과 함께 영국에서 신대륙으로 건너온 잉글리시 코커 스패니얼이 미국화된 견종이다. 원종인 잉글리시 코커 스패니얼에 비해서 몸이 작다. 머리는 약간 둥그스름하며 이마는 튀어나왔고 주둥이도 약간 짧다. 털은 두툼하고 털색은 풍부하다. 원래는 사냥개였는데, 실제로 사냥터에 나가는 경우는 드물고 대부분 가정견으로서 귀여움을 받아 왔다. 원산국 미국에서 이 견종의 인기는 압도적이다.

■ 미국과 영국의 '코커 스패니얼'

'코커 스패니얼' 하면 미국(AKC)에서는 이 견종을, 영국(KC)에서는 잉글리시 코커 스패니얼을 가리킨다. 동성동명의 별견종이 되는 셈인데 나라의 사정이랄까, 프라이드랄까? 어쨌든 서로 그렇게 우기고 있어 제3자로서는 난감할 뿐이다. JKC나 FCI에서는 각각 나라 이름을 그 앞에 붙여서 부르고 있다.

■ 밝은 성격의 강아지는 놀기 대장

밝고 명랑하고 순종형이며, 부드러운 성격을 지니고 있다. 강아지 때부터 무슨 일이든지 잘 기억하며, 한 번 기억한 것은 좀처럼 잊지 않는 개가 많다. 주인의 눈을 주의 깊게 바라보며 눈동자로 마음을 전하는 모습이 귀여워 보인다.
출산은 쉽게 하며, 어미개는 새끼들을 잘 돌본다. 강아지들은 공놀이를 즐기는데, 놀고 싶을 때 주인에게 몸을 쿵 부딪쳐서 자기 마음을 알리기도 한다고.

■ 풍성한 털의 손질과 체중 관리

아메리칸 코커 스패니얼의 매력은 아름다

아메리칸 코커 스패니얼 데이터

크기	♂ 키 약 38cm, 무게 약 13kg ♀ 키 약 36cm, 무게 약 12kg
털·털색	머리 쪽 털은 짧고, 몸통은 중간 정도의 길이. 귀, 가슴, 아랫배, 다리에 장식털. 털색은 검정색 아스코브(검정색 이외의 단색모), 파티컬러(무늬 있는 2색 이상), 황갈색의 반점
비고	단미한다.
별칭	AKC에서는 코커 스패니얼 KC에서는 스패니얼 (아메리칸 코커)

KKC · AKC/Sporting   JKC/제8그룹   KC/Gundog

40 days
54 days
87 days

운 털에 있다. 호화로운 털은 관리가 쉽지 않아 신경을 써야 하지만, 고생한 만큼 보기 좋다. 털 손질에 무엇이 필요한지도 미리 알아 두어야 한다.

늘어진 귀 손질도 잊지 말 것. 귀는 주로 식사 때 더러워지므로 음식을 한 단 높은 곳에 놔 준다거나, 귀를 동여매 주는 등 세심한 주의가 필요하다.

귀염둥이지만 먹보이기 때문에 자칫 체중이 불기 쉬우니 체중과 털, 피부 등의 상태를 계속 체크해야 한다.

Brittany Spaniel
브리타니 스패니얼 프랑스 원산

머리가 좋고 생기 발랄한 브리타니의 강아지.
발걸음도 빠르고 후각도 잘 발달해 있다. '보더 콜리' 보다
한 수 위가 아닌가 말하는 사람도 있을 정도다.

52 days

52 days

■ 작은 포인팅 독(Pointing Dog)
스패니얼 중 유일한 포인팅 독으로, 사냥감을 쫓고 위치를 알리는 능력이 뛰어나다. 포인터나 세터보다도 훨씬 작지만, 후각도 예민하고 그들 못지않은 추적력을 자랑한다.
특히 미국에서 인기가 높다. 스프링거 스패니얼과 비슷해 보이는데, 스패니얼 중에서 다리가 가장 늘씬하다.

■ 훌륭한 사냥 친구, 훌륭한 가족의 일원
몸집이 작고 성격이 좋으며 사냥 솜씨도 뛰어나다. 사냥 때는 좋은 동반자가 되고, 사냥철이 아닐 때는 명랑한 가족의 일원이 된다. 이처럼 현대의 라이프 스타일에 꼭 맞는 견종은 그리 많지 않을 것이다.

■ 프랑스 태생으로 미국에서 자람
사냥개로서의 역사는 길고, 램브란트 등 17세기에 활약한 프랑스와 네덜란드의 화가들이 브리타니의 모습을 그림으로 남겼다. 스패니얼은 영국 원산이 많은데, 이 견종만은 드물게 프랑스 태생이다.
프랑스에서의 이름은 '에파뉴엘 브리튼

52 days

'Épagneul Breton)'이라 불린다. 기원에 대해서는 확실치 않으나, 켈트에서 태어나 프랑스에서 만들어지고, 미국에서 인정받는 견종이다.

■ **검정색 & 흰색의 브리타니**

애견단체에 따라 견종표준이 조금씩 다르다. 예를 들어서 AKC나 JKC에서는 검정색 & 흰색의 털색을 인정하지 않지만, KC나 FCI에서는 인정한다. 트라이컬러도 인정된다.

한편 원산국인 프랑스에서는 털색의 규제는 거의 없으며, 검정색 단색 이외의 색은 모두 허용한다.

그렇지만 이것은 견종표준에 관한 이야기. 사냥개로서 활약하고 있는 검정색 & 흰색의 브리타니는 그 털색을 실격으로 치고 있는 미국에서도 능력을 인정받고 있다.

■ **운동은 충분히**

덩치는 작지만 운동량이 많다. 운동을 못하면 침착성을 잃는다. 털은 가끔 브러싱을 하는 정도면 충분하며, 특별한 때가 아니면 샴푸는 하지 않아도 된다.

브리타니 스패니얼 데이터

크기	♂ 키 48~50cm, 무게 약 15kg ♀ 키 47~49cm, 무게 약 13kg
털·털색	곧거나 물결 모양의 털. 다른 스패니얼처럼 비단실 같지 않다. 털색은 짙은 오렌지색 & 흰색, 검붉은색 & 흰색
비고	원래 꼬리가 없다. 꼬리가 있어도 성견이 10cm 이상이면 안 된다.
별칭	프랑스 브리튼. AKC에서는 브리타니 FCI에서는 브리타니 스패니얼 (에퍼뉴엘 브리튼)

KKC · AKC/Sporting   JKC/제7그룹   KC/Gundog

Clumber Spaniel
클럼버 스패니얼 영국 원산

좀 둔한 성격의 강아지인 줄 알았더니, 보기와는 딴판이다.
명랑하고 밝은 성격의 개구쟁이다. 두툼한 다리로
어디든지 잘 돌아다닌다.

■ 좀처럼 좌절하지 않는 성격
다른 강아지와 놀 때 뒤쫓기보다는 쫓기기를 좋아한다. 공을 물고 '나 잡아 봐라!' 하는 듯 쫓아오기를 기다리기도 한다. 밉지 않은 녀석이다.
성격은 순하고 명랑하다. 실패해도 좌절하지 않고, 몇 번이고 같은 것을 되풀이한다. 짖는 소리가 낮고 함부로 헛짖지 않는다. 성견은 코를 골기도 한다.

■ 한발 늦는 귀염둥이
후각이 예민한 사냥개로 만들어진 견종. 날쌔지는 않지만, 움직임이 많고 착실하며 사냥감을 뒤쫓아서 틀림없이 물어 온다. 그래서인지 공놀이를 해도 타이밍이 한발 늦을 때가 많다. 이런 점이 오히려 사람에게 호감을 주는 것 같다.

■ 스패니얼계의 대부
눈을 끄는 독특한 모습과 안정감 있는 중후한 몸매는 다른 스패니얼과는 판이하다. 알파인 스패니얼과 바셋 하운드의 피가 흐르고, 영국 왕실 등에서 총애를 받았던 고전적인 기품이 흐르는 스패니얼이다.
견종명은 영국의 뉴캐슬에 있는 클럼버 파크에서 유래됐는데, 그 경위에 대해서는 여러 설이 있고, 원산지가 프랑스라고 하는 이도 있다.

■ 더위는 질색
기본적으로 먹는 것을 좋아해서 이물질을 잘못 먹을 수 있으니 주의가 필요하다. 운동은 지루하지 않게 배려하면서 시킨다.
1년 내내 털이 빠져 털 손질이 만만치 않다. 사냥하면서 풀숲을 헤매도 다치지 않을 정도로 털이 두툼해서 더위에 약하다.

110 days

110 days

110 days

클럼버 스패니얼 데이터

크기	♂ 키 약 45cm, 무게 약 34kg ♀ 키 약 40cm, 무게 약 29.5kg
털·털색	비단실 같은 곧은 털이 촘촘히 난다. 털색은 흰색 & 레몬색, 흰색 & 오렌지색. 머리, 주둥이, 다리에 작은 반점
비고	AKC, KC에서는 단미한다.
별칭	KC에서는 스패니얼 (클럼버)

KKC · AKC/Sporting　JKC/제8그룹　KC/Gundog

English Cocker Spaniel
잉글리시 코커 스패니얼 영국 원산

축 늘어진 귀가 어쩌면 이토록 멋있을까 싶을 정도로 귀여운 강아지들. 태어나서 2~3개월이면 완전히 코커 스패니얼다운 모습이 된다. 축구의 발상지인 영국의 개답게 강아지들도 공놀이를 좋아한다.

35 days

43 days

잉글리시 코커 스패니얼 데이터

크기	♂ 키 39~41cm, 무게 11~15kg ♀ 키 38~39cm, 무게 11~15kg
털·털색	비단실 같은 털이 머리 부분에 짧게 나고, 몸 전체에는 부드러운 털이 촘촘히 난다. 털색은 모든 색이 허용된다.
비고	단미한다.
별칭	KC에서는 스패니얼 (코커)

KKC·AKC/Sporting JKC/제8그룹 KC/Gundog

■ 영국 태생의 뼈대 있는 스패니얼

영국의 '코커 스패니얼' 하면 이 견종을 가리킨다. 17세기에 도욧과의 새인 누른 도요의 사냥에 쓰이면서 '코커'라고 불리게 됐다. 아메리칸 코커 스패니얼의 조상견이기도 한데, 이 견종이 덩치가 더 크고 얼굴도 매끈하다. 털색은 다양하고, 아메리칸 코커 스패니얼에는 미치지 못하지만 비단 같은 털에 기품이 흐른다.

옛날에는 잉글리시 스프링거 스패니얼과 함께 랜드 스패니얼(지상에 서식하는 새의 사냥개)로 인정됐었다. 다만 대형 견종은 사냥감 몰이의 '스프링거'로, 소형 견종은 도요새 사냥 전문의 '코커'로서 각각 다른 역사를 거치게 됐다.

■ 에너지가 넘치고 일은 꼼꼼형

몸집이 작지만, 튼튼하고 원기 왕성하다. 우아하면서도 야성미를 느끼게 하는 견종이다. 가르친 것을 제대로 해내며, 주인과의 관계도 자연스럽고 무난하다. 가정견으로는 더 이상 바랄 게 없을 정도.

지금도 현역 사냥개로서 사냥꾼의 오른팔이 되어 주고 있다. 우수한 능력을 인정받아 마약탐지견이나 위험물 수사견 등의 임무를 맡기도 한다.

■ 눈을 바라보며 이야기를 듣는다

주인의 눈을 쳐다보며 조용히 이야기를 듣고, 또릿또릿한 눈동자로 대답을 대신한다. 늘 솔직한데, 뭔가 불만이 있을 때는 '으-응, 으-응' 하는 표정으로 자기 생각을 알리려 한다.

기쁠 때는 잘린 꼬리를 열심히 흔들어 대고, 흥분하면 엉덩이째 흔들며 좋아한다. 별것 아닌 듯한 시늉을 하는 표정이 아주 귀엽다.

43 days

■ 잘 돌봐 줄수록 잘 따른다

잘 돌봐 주면 그만큼 잘 따르며, 대하는 시간이 길수록 그 관계가 깊어져서 품 안으로 기어 들어온다. 트리밍이나 놀이 등을 하며 많은 시간을 함께 보내는 것을 좋아한다. 얌전하고 말을 잘 듣는다고 내팽개쳐 두면 안 된다. 산책과 운동을 충분히 시키도록.

도그쇼를 목표로 삼지 않는다면 털 손질은 매일 브러싱 정도면 된다. 특히 늘어진 귀 관리는 꼼꼼하게. 식욕이 왕성하므로 과식하지 않도록 잘 살펴야 한다. 몸의 상태와 체중을 견주어 가며 식사량을 조절하도록.

35 days

35 days

English Pointer
잉글리시 포인터 영국 원산

성견을 빚어서 작게 만든 것 같은 강아지인데, 커 가면서 얼굴과 다리가 조금씩 펴지고 털색도 진해진다. 사냥개계의 명문 출신. 노는 것부터 사냥개답다.

29 days

■ 포인팅(Pointing)의 전문가

강아지들도 뒤쫓아 가기를 좋아하는 등 어려서부터 사냥개의 재능이 번뜩인다. 잉글리시 포인터가 하는 일은 바람을 타고 풍겨 오는 사냥감의 냄새를 쫓아 풀숲에 숨어 있는 사냥감을 찾아낸 후, 한 다리를 쳐들어 포인팅(Poingting, 사냥감 위치 알려 주기)한다. 그리고 주인의 신호와 함께 뛰어들어 사냥감을 날게 만들면, 이때 주인은 사냥감을 맞혀서 떨어뜨린다.

■ 사냥개계의 걸작

강아지다운 토실토실한 몸집은 수개월이 지나면 균형 잡힌 늘씬한 체구가 된다. 늘어진 귀, 쭉 뻗은 꼬리, 온몸이 근육으로 다듬어진 듯한 풍모는 더욱 세련되어진다. 예민한 감각, 추적력, 집중력, 인내력, 경쟁력 등이 뛰어나서 오직 사냥개가 되기 위해 태어난 듯한 견종이다.

마음만 먹으면 놀랄 만큼 빠른 속도로 달린다. 건장한 심폐 기능을 가졌고, 그 왕

29 days

잉글리시 포인터 데이터

크기	♂ 키 63~69cm, 무게 22.5~25kg ♀ 키 61~66cm, 무게 20~22.5kg
털·털색	매끈하고 짧은 털. 털색은 흰 바탕에 적갈색, 오렌지색, 검붉은색의 반점. AKC에서는 단색만 인정한다.
별칭	AKC, KC에서는 포인터

KKC · AKC/Sporting JKC/제7그룹 KC/Gundog

성한 기력을 따를 만한 개가 많지 않다. 이에 걸맞은 충분한 운동이 필요하다.
유럽에는 포인터로 불리는 견종이 많이 있는데, 제일 유명한 개가 바로 잉글리시 포인터다. 잉글리시 세터와 더불어 도그쇼에 나간 견종으로서는 최고참. 그러나 견종으로서의 역사는 비교적 짧고, 18세기 초에 조류 사냥개로서 알려졌다.

■ **매끈하고 짧은 털, 간단한 털 손질**
같은 사냥개인 잉글리시 세터에 비해서 털 손질이 쉽다. 털이 지저분해지면 헝겊으로 쓱쓱 문질러 주는 정도면 된다. 그러나 털이 짧아서 추위를 잘 탄다. 강아지도 마찬가지로, 형제들은 서로 붙어서 잔다.

■ **되돌아오게 하는 훈련을 철저히**
사냥감을 따라가며 달릴 때는 제동이 잘 걸리지 않아 불러도 되돌아오지 못하고 행방불명되기도 한다. 주인이 부르면 곧 되돌아오는 훈련을 철저히 시켜야 한다. 재능이 넘치며, 고집이 센 개, 덜렁대는 개, 천진난만한 개 등 개성이 뚜렷하다. 강아지 때부터 사람과 같이 지내게 해서 얼굴을 익히게 하고, 또 복종 훈련도 철저히 시켜야 가정견으로 기르기 쉽다.

English Setter
잉글리시 세터 영국 원산

태어났을 때는 몸에 흰 바탕색뿐인데, 차차 무늬가 생겨서 생후 2, 3개월이면 빛깔과 무늬가 고정된다. 움직이는 물건에 민감하게 반응해서 숨겨져 있는 사냥개의 피를 느끼게 한다.

38 days

38 days

■ 사냥개계의 귀부인

천진난만하며 게을러 보이는 강아지의 얼굴도 수개월이 지나면서 또렷해진다. 다리도 늘씬하게 자라서 비단털로 된 솔을 두른 영국 귀부인 같은 우아한 분위기로 변신한다.

우수한 사냥개로서 옛날부터 영국에서 활약하고 있는 인기가 높은 세터. 새 사냥에 엽총을 쓰게 되면서 이 개의 평가가 높아졌다.

스패니얼계의 사냥개가 기본견이고, 현재의 견종은 19세기에 에드워드 라베락 경이 확립시켰다고 한다.

■ 타고난 사냥 능력

성격은 온순하지만 뛰어난 사냥 능력을 지니고 있으며, 왕성한 기력으로 정평이 나 있다. 사냥개로 키우려면 생후 4개월 정도부터 훈련을 시작해야 한다. 새에 흥미를 가지게 되면 우선 사냥감을 눈으로 계속 쫓게 하고, 8개월까지는 냄새로 탐색하는 훈련을 시킨다. 그리고 새와 가까운 위치에서 자세를 갖추면 '좋아!' 하는 명령을 내린다.

사냥감의 냄새가 날 때 거기에 정신이 팔려서 좀체 명령을 듣지 않는 것이 사냥개의 일반적인 특성. 그래서 강아지 때부터 불러들이는 버릇을 철저하게 들여야 한다. 사냥개로서의 자질에는 개체 차가 꽤 있다. 그래서 사냥개로서 사용할 개와 경주용으로 쓸 개는 자질과 체형은 물론 훈련 방법에도 차이가 있다.

■ 포인터보다 추위에 강하다

약간 물결치는 우아한 털은 정성껏 손질을 하지 않으면 털 뭉치가 생긴다. 매일 브러싱을 하고 다듬어 줘야 한다. 털 손질이 까다롭지만, 털 때문에 잉글리시 포인터보다 추위에 강하고 눈 속에서도 잘 견딘다.

■ 운동이 부족할 때는 안절부절

집 안에서 쉬고 있는 모습도 맵시가 나며 가정견으로서 자랑할 만하다. 식구들에게 기대고 있기를 좋아하는데, 일단 밖에 나가면 활발하게 움직인다. 사냥개의 피를 가지고 있어서 충분한 시간 동안 뛰놀게 해야 한다.

잉글리시 세터 데이터

크기	♂ 키 64~68cm, 무게 약 32kg ♀ 키 61~65cm, 무게 약 29kg
털·털색	매끈한 비단실 모양의 길고 곧은 털. 귀, 가슴, 다리, 꼬리에 장식털. 털색은 흰 바탕에 검정색, 갈색 반점이 산재, 트라이컬러 (청회색의 작은 반점에 황갈색이 섞여 있다) 등
비고	AKC의 견종표준은 JKC, KC보다 약간 키가 작은 편이다.
별칭	라베락 세터. JKC에서는 잉글리시 세터

KKC · AKC/Sporting JKC/제7그룹 KC/Gundog

38 days

English Springer Spaniel
잉글리시 스프링거 스패니얼 영국 원산

대형견의 강아지답게 큰 다리를 쭉 뻗고 데려온 날부터
배를 드러내고 코를 골며 잔다. 그만큼 배짱이 두둑한 녀석이다.
밋밋하던 얼굴은 점차 펴지고 주둥이도 조금씩 나온다.

잉글리시 스프링거 스패니얼 데이터

크기	♂♀ 키 50~51cm, 무게 약 22kg
털·털색	비단실 모양의 곧은 털. 털색은 검정색 & 흰색, 검붉은색 & 흰색, 검정색 & 황갈색 & 흰색, 검붉은색 & 황갈색 & 흰색, 로안
비고	단미한다.
별칭	노포크 스패니얼 KC에서 스패니얼 (잉글리시 스프링거)

AKC/Sporting   JKC/제8그룹   KC/Gundog

■ 사냥감을 날아오르게 하는 키다리

영국에서 인기가 높은 사냥개다. 스패니얼 중에서는 제일 다리가 길며, 묵직한 다리로 힘있게 달린다.

스프링(Spring)은 '새를 날아오르게 하는 것'을 말하는데, 뛰어난 도약력으로 사냥감인 새들을 날아오르게 하는 일을 해서 '스프링거'라는 이름이 붙었다.

지금은 총에 맞아떨어진 새의 낙하 지점을 예측해서 회수하는 일을 한다. 사냥개와 도그쇼에 나가는 개와는 구분된다.

■ 코커 스패니얼의 형님뻘

원종은 영국에서 오래 전부터 알려져 있는 스패니얼이다. 1800년대 잉글리시 코커 스패니얼과는 크기만 다를 뿐 그 밖의 모습은 같다. 1902년 독립된 견종으로서 KC에서 공인된 후, 견종표준에 따라 새로운 역사를 걷게 되었다.

■ 명랑하고 사람을 잘 따른다

강아지 때는 꽤 장난꾸러기이며, 야단을 맞아도 그때뿐 곧 잊어버린다. 공놀이에 열중하다가도 금방 싫증을 내기도 한다. 성견도 온순하고 충실하며 부드러운 성격을 지녔다. 어린이들과 같이 있기를 무척 좋아해서 아이들이 아무리 못살게 굴어도 함께 놀고 싶어 한다.

성견이 된 뒤에도 텃세를 부리지 않고 다

61 days

61 days

61 days

61 days

른 개들과 친하게 지낸다. 기쁠 때는 잘린 꼬리를 마구 흔들어 대는데, 이런 모습은 스패니얼계의 특징이다.

■ 반들거리는 털은 노력의 결과
털은 많이 가꿔 줄수록 아름다워진다. 털 갈이를 심하게 하며 부드러운 속털은 자주 엉킨다. 등에 난 속털은 뽑아 줘야 한다. 늘어진 귀도 바람이 잘 통하도록 정기적인 손질이 필요하다.

■ 체력이 뛰어나 피로를 모른다
30분 정도를 뛰고도 거뜬할 정도로 체력이 뛰어나다. 에너지가 넘치는 개이며, 산책도 짧은 시간으로는 부족하다. 다만 여름에는 되도록 서늘한 시간에 시원한 코스를 택할 필요가 있다.
피부 알레르기가 있어서 샴푸나 식사도 특별히 신경을 써야 하고, 그에 따른 비용도 각오해야 한다.

Flat-Coated Retriever
플랫코티드 리트리버 영국 원산

새까만 털 뭉치 속에 호기심 가득한 눈을 반짝이고 있다.
강아지들은 여럿이 어울려 놀기를 좋아하는데, 서로 엉겨서
뭔가 물고 당기는 모습이 마치 꼬마 갱단 같다.

■ 우아한 검둥이
눈이 번쩍 뜨일 정도로 새까만 털이 플랫코티드 리트리버의 매력. 수많은 리트리버 중에서 몸집이 가장 작은 종이다. 부드러운 검은 털이 날씬한 몸매에 잘 어울려 우아한 인상을 자아낸다.

■ 물이나 육지에서도 다재다능
래브라도 리트리버나 뉴펀들랜드의 피를 이어 받은 사냥개이지만 그 기원은 분명하지 않다. 1859년에 도그쇼에 등장했을 때는 물결치는 털로 래브라도와 그다지 차이가 없었다. 그 뒤에 지금과 같은 스타일이 되었고, 1864년의 도그쇼부터 독립된 견종으로서 다른 리트리버와 구별하였다. 영리한 머리와 불굴의 성격으로 여러 가지 훈련을 쉽게 해내 주인을 기쁘게 한다.

37 days

37 days

37 days

플랫코티드 리트리버 데이터	
크기	♂ 키 58~61cm, 무게 25~35kg ♀ 키 56~59cm, 무게 22~32kg
털·털색	털색은 검정색, 검붉은색
비고	AKC에서는 키의 규정이 있고 무게의 규정은 없다. KC, FCI에서는 무게의 규정만 있다.
별칭	KC에서는 리트리버 (플랫코티드)

KKC · AKC/Sporting JKC/제8그룹 KC/Gundog

검은색의 털은 강한 인상을 주지만 보기와는 달리 성격은 그다지 사납지 않다. 의외로 응석꾸러기에 순종형인데, 가끔 자기 마음에 들지 않으면 그 마음을 드러내 보이기도 한다.
이 개는 기본적으로 밝고 온순한 성격이며, 강아지 때부터 복종 훈련을 시키면 가족과 좋은 관계를 맺을 수 있다.

지상에서의 사냥뿐 아니라 수중에서도 재능을 발휘한다. 매끈하고 방수성이 강한 검은 털은 물 속에서 몸의 온도를 유지해 주는 수영복 구실을 한다.

■ 운동은 충분히, 가끔 물놀이도
원래 에너지가 넘치는 사냥개여서 지루한 것과 운동 부족은 질색. 억센 몸을 만족시킬 만한 공간과 시간이 필요하다. 운동을 충분히 시키도록.
그리고 성견이 되고서도 물놀이를 좋아한다. 가끔 바다나 강에서 놀게 해 주면 훌륭한 헤엄 솜씨도 뽐낸다.

■ 윤기 나는 털의 손질
가끔 브러싱을 해 줘야 윤기 나는 털을 유지시킬 수 있다. 털갈이 시기에는 털이 많아진다. 늘어진 귀의 손질도 잊지 말 것.

Golden Retriever
골든 리트리버 영국 원산

털이 약간 긴 래브라도 리트리버인가 했더니, 반들거리는 금색 털이
나오기 시작한다. 혼자 있는 것을 싫어하고,
형제들과 뒤엉겨서 놀기 좋아한다.

45 days

50 days

■ '래브'와 꼭 닮은 강아지
태어났을 때는 털 색깔이 연하고 래브라도 리트리버와 똑같다. 그러나 얼마 후면 반짝거리는 황금색 털이 온몸을 덮는다. 생후 4, 5개월경 몸은 하루가 다르게 커가는데, 털이 자라는 속도가 미처 따라가는 시기가 있다. 그때는 몸의 크기와 털 길이의 균형이 안 잡혀서 전체적인 모습이 어색해 보이기도 하지만, 곧 털이 제대로 자라고 귀여운 골든 리트리버가 된다.

■ 재색 겸비의 리트리버
지금은 가정견으로 인기가 높은 견종이지만, 원래는 사냥꾼이 맞혀서 떨어뜨린 새를 찾아서 물어오는(Retrieve, 사냥개가 잡은 짐승을 찾아 가지고 오다) 사냥개였다. 차가운 물속에서도 헤엄을 잘 치고, 풀숲을 헤치고 용감하게 달린다. 맹도견, 개호견으로도 활약하고 있다.

기원에 대해서는 분명하지 않으나 19세기 영국의 트위드마우스 경이 이 견종을 만드는 데 크게 공헌했다고 한다.
현재 JKC, AKC에서는 골든 리트리버의 황금색 털만을 인정하고, KC와 FCI에서는 미색 털도 인정하고 있다.

45 days

45 days

41 days

■ 화려한 황금색 털
부드럽고 화려한 황금색 털처럼 성격이 밝고 애정이 깊다. 샴푸를 하는 등 털 손질을 자주 해 주면 반들거리는 황금색 털을 아름답게 유지시킬 수 있다.

■ 미끄러운 바닥을 주의
생후 2개월 정도부터 훈련을 시키면 잘 배운다. 잘 미끄러지고 넘어지는데, 강아지는 정신없이 달리다가 다리가 벌어져서 찢어지기도 한다고(경미한 상처). 골든 리트리버에는 가끔 유전적으로 고관절(사타구니 관절)을 다치는 경우가 있어서 조심히 다뤄야 한다.
그리고 나이가 많아지면 다른 견종에 비해서 암에 걸릴 확률이 높다고 한다. 미리 검사를 받는 것이 현명하다.

골든 리트리버 데이터

크기	♂ 키 56~61cm, 무게 29~34kg ♀ 키 55~57cm, 무게 25~29kg
털·털색	방수성이 뛰어난 편평한 털. 가슴, 다리, 꼬리에 장식털. 털색은 광택 나는 황금색
별칭	KC에서는 리트리버 (골든)

KKC·AKC/Sporting JKC/제8그룹 KC/Gundog

Irish Setter
아이리시 세터 아일랜드 원산

여러 대에 걸쳐 선택된 타는 듯한 붉은색 계통의 털을 가진 강아지들.
어른스러운 얼굴인데, 다른 견종에 비해서 더디게 자란다.
태어날 때부터 붉은색 털이며, 자라면서 더욱 붉은빛을 더한다.

■ 붉은색의 가문
윤기 도는 진한 적갈색 또는 붉은 밤색의 털로 언제 어디서나 사람의 눈을 끄는 견종이다. 물결치는 비단털은 바람이 불면 가볍게 퍼덕이는데, 저녁놀에 비쳐 타는 듯한 붉은빛이 유난히 아름답다.
기품 있는 붉은색 털의 혈통이 소중히 간직되어 오는 견종이며, 검정색이 섞이는 것을 인정하지 않는다. 이것은 골든 세터의 피가 섞이지 않게 하기 위해서다. 연한 흰색 반점이 목, 다리 끝 등에 있는 것은 없는 것보다는 못하지만 허용하고 있다.

■ 또 하나의 아이리시 세터
세터 중에서는 가장 오래된 견종인데, 그 역사는 15세기까지 거슬러 올라간다. 기원에 대해서 여러 설이 있으나 여러 종의 스패니얼, 세터, 포인터를 교배시켜 만든 것으로 보고 있다.
조상견의 털은 단색이 아니고, 붉은색과 흰색의 것이 많았을 것이다. 붉은 밤색 일색의 세터가 소개된 것은 19세기에 들어서다.

아일랜드 원산의 세터에는 '아이리시 레드 앤드 화이트 세터'라는 또 하나의 견종이 있는데, 이것과 구별하기 위해서 원종을 '아이리시 레드 세터'로도 부른다.

■ 더디 자란다
어른스러운 분위기를 지닌 강아지인데, 육체적, 정신적인 성장 속도는 느리다. 생후 2~3년이 되어서야 겨우 성견이 된다.

■ 명랑한 예술가 타입
원래 밝고 명랑하다. 떠들썩대고 주목받기를 바라는 성격. 감정 표현도 풍부하다. 털색뿐만 아니라 성격도 약간 화려한 것을 좋아하는 견종이다.
호기심과 자아의식이 왕성하고 성견이 되고 나서도 장난치기를 즐기는 예술가 타입. 이 개의 주인은 포용력과 인내심이 필요하다.

65 days

아이리시 세터 데이터

크기	♂ 키 약 65cm, 무게 약 25kg ♀ 키 약 60cm, 무게 약 23kg
털·털색	귀, 가슴, 다리, 꼬리에 장식털. 털색은 연한 적갈색, 붉은색, 진한 적갈색, 붉은 밤색
별칭	JKC에서는 아이리시 세터. FCI에서는 아이리시 레드 세터. 기타에서는 레드 세터

KKC · AKC/Sporting　JKC/제7그룹　KC/Gundog

■ 우수한 사냥개 출신

화려한 외모 때문에 도회 생활에 어울리는 멋쟁이 개로 오해하기 쉽지만, 원래는 에너지가 넘치는 사냥개였다. 보도블록 위를 걷는 것보다 사냥감을 쫓아 달릴 때의 모습이 아이리시 세터답다.

활동적인 견종이므로 충분한 운동을 시켜 줘야 하며, 그렇게 할 수 있는 시간과 장소의 확보가 중요하다. 다만 강아지 때는 골격이 튼튼한지를 확인하고 심한 운동은 피해야 한다.

65 days

Labrador Retriever
래브라도 리트리버 영국 원산

커서 무엇이 될래? 사냥개, 맹도견, 개호견?
할 마음만 있으면 무엇이든 다 할 수 있는 강아지들이다.
다른 견종에 비해 성격이 정리되는 시기가 빠르다.

48 days

38 days

48 days

■ 물에 익숙한 개

래브라도 리트리버의 방수성이 뛰어난 짧은 털과 수달 같은 꼬리, 물갈퀴가 달린 발끝 등은 모두 수중 작업용이다. 강아지 때부터 물에서 놀기를 좋아하는 것은 이 견종에 흐르는 피 때문이다.
조상견은 뉴펀들랜드 섬에서 그물에서 흘러내린 생선을 물어서 줍거나, 떠내려가는 그물을 회수하는 등 어부의 오른팔 구실을 톡톡히 해낸 개였다. 그때는 지금보다 몸집이 작았는데, 영국으로 옮겨진 후

래브라도 리트리버 데이터

크기	♂ 키 56~62cm, 무게 27~34kg ♀ 키 54~59cm, 무게 25~32kg
털·털색	짧고 곧은 털이 촘촘히 난다. 털색은 검정색, 노란색, 초콜릿색의 단색
별칭	KC에서는 리트리버 (래브라도)

KKC · AKC/Sporting JKC/제8그룹 KC/Gundog

38 days

마침내 물새 사냥의 리트리버로 재능을 인정받아 현재의 견종이 완성됐다고 한다.

■ 순하고 끈기 있는 성격

기본적으로 순하고 머리가 좋다. 또 끈기 있는 성격이다. 맡은 일에 충실하고 철저하기 때문에 경찰견, 맹도견, 개호견, 마약탐지견 등으로 활약한다.

혼자보다 여럿이 있기를 좋아한다. 강아지 때부터 사람이나 다른 동물들과 얼굴을 익히도록 해 주면 사교성 있는 가족의 일원으로 자란다.

■ 미끄러운 바닥을 주의

강아지 때는 여러 형제들이 모두 비슷비슷하고 별 차이점이 없다가 성견이 되면서 얼굴의 크기, 주둥이의 모습 등에서 개성을 나타낸다.

강아지 때는 쫓아 달리기를 좋아하는데, 미끄러운 바닥에서 가랑이를 다치기 쉽다. 교배의 결과로서 유전적으로 가랑이 부분에 문제가 있는 개도 있다고 한다.

■ 집 안에서 기를 때는

강아지 때부터 체중 관리를 해서 비만이 되지 않게 해야 한다. 털 손질은 간단하다. 마른수건 등으로 문질러 닦아 주고, 가끔 브러싱을 해 주면 털의 광택을 아름답게 유지시킬 수 있다.

집 안에서 기를 때 문제가 되는 것은 운동을 좋아하는 개의 성격. 공놀이, 프리스비 등을 좋아한다. 규칙적으로 충분한 양의 운동을 시키도록

발톱을 자주 깎아 줘도 가구나 바닥을 긁어서 흠집을 낸다. 아무리 잘 길들여도 이 정도는 감수해야 한다.

Nova Scotia Duck Tolling Retriever
노바 스코샤 덕 톨링 리트리버 캐나다 원산

사냥감을 유인해서 잡는 색다른 사냥개. 이 견종의 트레이드마크인 붉은색 털도 강아지 때는 연한 색이었다가 점점 짙어진다. 강아지 때는 말할 것도 없고, 성견이 되고 나서도 공놀이와 물놀이를 즐겨 한다.

55 days

55 days

■ 오리를 유인하는 연기파 사냥개

'오리를 유인하는 리트리버'라는 뜻의 이름을 가진 노바 스코샤 덕 톨링 리트리버. 몸을 숨긴 사냥꾼이 물가에 막대기를 던지면, 막대기를 주우러 간 개는 소리도 안 내고 물가에서 놀거나 점프를 해서 오리를 유인한다.

몸통의 흰 부분이 플래시 효과를 내서 오리를 유인하는 것이다. 이것을 여러 번 되풀이해서 오리가 사정거리 안에 들어오도록 하는데, 여우가 이런 수를 잘 쓰는 데서 힌트를 얻은 사냥법이다.

솜씨 좋은 개는 꼬리를 맵시 있게 흔들어 대며 오리를 가까이 오게 만들기도 한다. 사냥꾼이 쏘아서 떨어뜨린 오리를 물어 오는 일도 이 개의 임무.

캐나다애견협회(CKC)에서는 일찍이 공인되어 지금도 톨링의 경연대회가 개최되고 있다. KC에서는 1980년대에 공인됐으며, AKC, JKC에서는 미공인. 견종명은 캐나다의 노바스코티아 반도에서 유래한다.

■ 한 주인을 섬기는 개

연기파답게 머리가 좋다. 명령받은 일은 틀림없이 해내고, 많은 일을 시켜도 충실히 수행한다. 성격도 좋아서 가정견으로 인기가 높다.

같은 리트리버라고 해도 래브라도나 골든에 비해 성격이 온순한 편이다. 그러나 짖는 소리는 약간 높고 날카롭다.

한 주인을 섬기는 개이므로 주인에게는 응석을 부리는 경향이 있어서 개가 여러 마리일 때는 애정 분배가 좀 힘들다.

■ 물놀이를 좋아하고 헤엄도 잘 친다

원래 오리나 기러기 등 물새를 사냥하는 개였기 때문에 물놀이는 물론 차가운 물에서도 헤엄을 잘 친다. 운동량이 많으므로 그에 적합한 환경을 만들어 줘야 한다.

털 손질은 보통 브러싱 정도면 되는데, 털갈이 시기에는 털이 많이 빠져서 손질에 특히 신경을 써야 한다.

55 days

노바 스코샤 덕 톨링 리트리버 데이터

크기	♂♀ 키 약 51㎝, 무게 약 23㎏
털·털색	부드러운 곧은 털. 속털은 더 부드럽고 촘촘히 난다. 털색은 붉은색, 오렌지색. 흰 반점은 가슴, 꼬리 끝, 다리, 얼굴에 있어도 좋다(KC).
별칭	아메리칸 덕 리트리버, 리틀 리버 덕 독

KKC·AKC/미공인　JKC/미공인　KC/Gundog

Weimaraner
바이마라너 독일 원산

태어났을 때는 래브라도를 닮은 둥근 얼굴인데,
얼굴과 몸매가 정돈되어 날씬해지는 것은 생후 5개월 정도.
그때쯤이면 파랗던 눈동자도 투명한 누른빛이 된다.

50 days

50 days

50 days

50 days

■ 금속으로 된 것 같은 몸
어미개처럼 금속을 입힌 것 같은 털을 가진 강아지. 그 눈동자는 고급 애완용 고양이 눈처럼 투명한 푸른색이다. 그러던 것이 생후 3개월부터 조금씩 달라져서 5개월이면 성견의 눈 색깔이 된다.
에너지가 넘치고 강아지 때부터 달리기를 좋아하며, 뭔가 깨무는 것도 즐긴다.

■ 끈질기게 사냥감을 쫓는 회색 유령
회색의 털은 보는 방향과 빛의 양에 따라 미묘하게 색깔이 달라져서 신비한 분위기를 자아낸다.
독일 바이마르 지방의 귀족들에게 사랑을 받으며 오랫동안 귀족들이 독점하여 기르던 사냥개였다. 원래는 멧돼지나 사슴을 잡는 사냥개인데, 작은 동물과 새 사냥에

50 days

도 재능을 발휘해서 회색 유령(Gray Ghost)이라는 이름으로 인기를 얻었다.

■ **대담한 기질의 개**

보통 잘 짖지 않으며, 소리에 민감하게 반응한다. 짖는 소리가 분명하고 또렷하다. 누구에게나 애교를 떠는 개가 아니므로 쉽게 친해질 수 있는 견종은 아니다. 강아지 때부터 사람은 물론 다른 동물과도 어울리게 하고, 복종 훈련을 철저히 시켜야 한다.

■ **간편한 털 손질, 운동은 충분히**

짧은 털은 가끔 브러싱 정도면 아름답게 가꿀 수 있다. 늘어진 귀의 손질도 잊지 말 것. 의외로 비만이 되기 쉬우니 체중 관리가 필요하다. 운동량이 많기 때문에 운동을 충분히 시켜야 한다.

바이마라너 데이터

크기	♂ 키 61~70cm, 무게 26~35kg ♀ 키 56~65cm, 무게 25~32kg
털·털색	광택 나는 짧은 털. 털색은 암청회색에서 은회색까지. 머리와 귀는 약간 밝은색
비고	단미한다.
별칭	바이마르 포인터

KKC·AKC/Sporting   JKC/제7그룹   KC/Gundog

Afghan Hound
아프간 하운드 <small>아프가니스탄 원산</small>

막 태어났을 때는 정말 아프간 하운드의 강아지일까 싶을 정도로 어미개와 다른 모습이다. 하지만 콧날이 서기 시작하고 다리가 길어지면서 생후 3, 4개월이 되면 기품 있는 왕자와 공주로 변신한다.

65 days
40 days
40 days
40 days

■ **화려한 이력의 사냥꾼**

바람에 나부끼는 명주실 같은 털과 멋진 몸매로 어디에 있으나 사람들의 시선을 끄는 타고난 스타다.

외모뿐만 아니라 잠재적인 능력도 눈길을 끈다. 원래는 날쌘 짐승인 가젤(아프리카 영양의 일종)을 쫓으며 사막과 바위산을 달리던 시각형 하운드였다. 타고난 우수한 시력과 빠른 다리를 갖춘 사냥개다. 기원전 4천 년경 이미 시나이반도에 있었다는 기록이 있고, 고대 이집트와 아프가니스탄 왕실에서 사냥개로 사육된 화려한 역사도 가졌다. 또 '노아의 방주'에 실린 개가 이 견종이라는 이야기도 전해진다.

■ **달리는 능력, 쫓아가는 본능**

강아지 때부터 달리고 쫓아가기를 좋아하며 사냥꾼으로서의 본능이 번뜩인다. 허리가 높은 체구는 무한궤도식 달리기에서 그 실력을 발휘하는데, 급선회도 거뜬히 해낸다.

무엇인가 쫓아 달리기를 시작한 다음에는

40 days

아프간 하운드 데이터	
크기	♂ 키 71~86cm, 무게 34~48kg ♀ 키 약 66cm, 무게 27~39kg
털·털색	비단실 모양의 긴 털. 털색은 황갈색, 황금색, 미색, 붉은색, 청색, 흰색, 회색 등의 단색. 브린들, 트라이컬러 등 온갖 하운드컬러가 허용된다.
별칭	아프간 그레이하운드, 약칭은 아피(Affie) 독일에서는 아프가니셰 빈트훈트

AKC/Hound JKC/제10그룹 KC/Hound

불러도 되돌아서지 않고 멀리 가 버리는 수도 있으므로 주의가 필요하다.

■ 담담한 성격

일반적으로 담담한 성격으로, 주인에게 놀아 달라고 조르거나 귀찮게 하는 법이 없다. 주인이 받아 주지 않으면 이를 알고서 곧 다른 데로 가서 혼자서 논다. 함께 살아도 별로 부담스럽지 않은 개다. 어미 개와 강아지의 관계도 담담한 편으로, 생후 6개월부터 그런 성향을 보인다.

■ 털 손질은 즐겁게

비단실 같은 긴 털은 많은 손질을 필요로 하지만, 털 손질을 귀찮아 하지 않으면 개 기르기가 즐겁다. 즉 화려한 털 손질이 개 주인에게 둘도 없는 삶의 즐거움이 될 것이다. 게으른 사람은 처음부터 기르지 말기를 권한다.

장식털에 뒤덮인 귀는 통풍이 잘 되지 않으므로 자주 손질을 해 줘야 한다. 강아지 때부터 개가 몸치장을 귀찮아하지 않도록 길들일 것.

Basenji
바센지 콩고 원산

가죽이 약간 쭈글거리고 미간의 주름이 어미개보다 깊지만, 태어날 때부터 어미개의 복사판. 언제나 '난처한 얼굴'이 특징인데, 마치 고양이처럼 달라붙고 엉긴다.

60 days

49 days

60 days

49 days

60 days

■ 아프리카 태생의 걱정스러운 얼굴

짖지 않는 개로 유명하다. 뾰족한 얼굴, 빳빳이 선 귀, 영리해 보이는 눈, 반질거리는 짧은 털, 둥글게 한 바퀴 말아 올린 꼬리가 특징이다. '난처해 하는 얼굴'을 연출하는 미간의 주름이 이 개의 트레이드마크.

원시성이 강한 개로 그 역사는 고대 이집트까지 거슬러 올라간다. 영국의 탐험대가 중앙 아프리카의 오지에서 데려와 본국에서 번식시켰으며, '숲의 개'로 알려졌다. 바센지란 스와힐리어로 '숲 속의 작은 짐승'의 뜻이다. 현지명으로는 M' bwa M' kubwa M' bwa Wanwitu(뛰어오르는 개). 뛰어난 후각과 시력을 지녔으며, 한 마리가 리트리버와 포인터의 역할을 동시에 해내는 만능 사냥개로 알려져 있다.

■ 짖지 않는 개의 수다

심심할 때, 좋을 때, 화가 났을 때 등의 자신의 감정을 독특한 울음소리로 상대에게 알린다. 짖지 않는 대신 표정과 몸 전체로 의사 표현을 한다.

다른 개를 흉내내서 며칠에 한 번씩 평소와 달리 짖는 경우가 있는데, 이런 경우는 예외적이며 어디까지나 짖는 것과는 담을 쌓은 개다.

■ 냄새를 풍기지 않는 깔끔이

몸에서 냄새가 나지 않는 타입. 어미개는 강아지의 입이 지저분하면 핥아 주고, 항문이 더러워도 보자마자 핥아 준다. 다른 개의 똥 같은 것이 앞에 있으면 가까이 가지 않고 그 난처한 얼굴로 건너 뛴다. 발이 물에 젖는 것을 싫어하는 개도 많다.

■ 새끼 걱정을 많이 하는 개

발정은 1년에 한 번. 출산은 쉽게 하고 새끼를 잘 기르는 편. 사람에게 의지하지 않고 알랑거리지도 않는다.

자기가 좋아하는 사람이면 바로 뒤를 한 걸음 떨어져서 따라간다. 스승의 그림자를 밟지 않는 군자 타입. 다만 개성이 강한 편이어서 어느 가정에나 어울리는 그런 견종은 아니다. 운동도 충분히 시켜야 한다.

바센지 데이터

크기	♂ 키 약 43cm, 무게 약 11kg ♀ 키 약 41cm, 무게 약 10kg
털·털색	매끈한 짧은 털. 털색은 적갈색, 흑갈색. 꼬리, 다리, 가슴, 목에 흰 반점이 있는 것이 좋다.
별칭	콩고 독, 콩고 부시 독, 콩고 헌팅 독 아프리칸 바클리스 독

KKC·AKC/Hound JKC/제5그룹 KC/Hound

Basset Hound

바셋 하운드 프랑스 원산

굵직한 다리, 몸에 맞지 않는 외투처럼 늘어진 가죽, 처진 귀, 졸린 듯 풀어진 눈. 강아지다운 데는 없지만 밉지 않은 모습이다. 강아지 때는 가끔 자기 귀를 밟으며 걷기도 한다.

■ **프랑스 태생의 후각형 하운드**
프랑스의 철학자 같은 풍모를 지녔다. 짧고 묵직한 다리와 속이 꽉 찬 듯한 기다란 허리가 트레이드마크. 순발력은 없으나 지구력은 뛰어나다.
바셋은 프랑스어의 '바세(Basse, 낮다든지 짧다는 뜻)'에서 유래했다. 사냥감인 작은 동물을 냄새로 쫓아가서 꼼짝 못하게 만드는 능력이 있다. 강아지 때부터 냄새라면 가만히 있지 못하고 코를 땅에 박고 계속 킁킁댄다. '웡' 하고 낮은 소리로 짖는다.

■ **명랑한 평화주의자**
까다로워 보이는 얼굴과는 다르게 성격이 아주 명랑하고 온순하다. 개구쟁이 시절인 강아지 때도 장난은 잘 치지 않는다. 감정의 기복이 심하지 않고 애정이 넘친다.

45 days

45 days

사람과 같이 있기를 좋아하며, 혼자 있으면 시무룩해진다. 한편 완고한 면도 있으므로 길들이기를 강요하지 말고, 그때그때 융통성 있게 대해야 한다.

■ **한가한 산책을 즐길 수 있다**
걸음걸이가 느려 함께 한가한 산책을 즐길 수 있어서 좋다. 또 태어날 때부터 어미개를 닮은 강아지인데, 걸음걸이도 강아지답지 않게 느긋하다. 어미개와의 관계가 원만해서 일찍 떼어 놓지 않는 것이 좋다.

■ **긴 귀에 대한 배려**
산책에서 돌아오면 늘어진 귀 끝이 더러워져 있는 경우가 많아 웃음이 나는데, 귀는 통풍이 나빠서 자주 신경을 써야 한다. 식사 때도 음식을 한 단 높은 곳에 놔 주고, 스누드(긴 귀를 묶어 주는 밴드)도 필요하다.

45 days

바셋 하운드 데이터

크기	♂ 키 약 36cm, 무게 약 28kg ♀ 키 약 34cm, 무게 약 26kg
털·털색	거칠고 매끄러운 짧은 털이 촘촘히 난다. 털색은 흰색 & 검정색 & 황갈색의 3모색. 황갈색 & 흰색, 검정색 & 황갈색, 은회색의 얼룩무늬 등 모든 하운드컬러가 인정된다.

AKC/Hound　JKC/제6그룹　KC/Hound

Beagle

비글 영국 원산

기분이 아주 좋을 때는 꼬리를 프로펠러처럼 돌린다.
조금 기쁠 때는 수평 또는 십자 모양으로, 약간 기쁠 때는
꼬리 끝만 살랑살랑댄다. 강아지의 매력은
들썩이는 귀와 꼬리 흔들기.

■ 영국제의 작은 하운드

예민한 감각을 살려 사냥감을 추적하는 후각형 하운드. 항상 코를 땅에 대고 냄새를 맡는 버릇이 있다.
개의 무리를 달리게 해서 사냥하는 영국제 하운드 중에서는 가장 작은 개. 이름의 유래에 대해서는 여러 가지 설이 있는데, 작

38 days

42 days

42 days

다는 뜻의 켈트어 'Beag'가 변했다고도 하고, 프랑스어에서 온 것이라고도 한다. AKC에서는 귀에 의해서 2가지 타입으로 나누고 있다. AKC의 견종표준은 KC, FCI보다 약간 작다.

■ 한 번 짖는 소리가 우렁차다

사냥감을 찾으면 꽤 날카롭게 짖어서 알린다. 사냥개의 경우는 그 소리가 우렁차다고 하지만, 가정견인 경우는 오히려 그것이 문제가 되기도 한다. 강아지 때부터 짖지 않도록 길을 들여야 한다.

■ 너구리 새끼에서 스누피로

태어났을 때는 까만 덩어리인데, 여러 주가 지나면 비글다운 흰색, 검정색, 황갈색의 하운드컬러로 바뀐다. 눈을 치켜뜨고 쳐다보는 모습이 웃음을 자아낸다. 털이 짧고 별로 빠지지도 않아 손질은 간단하다. 단, 귀가 늘어져 있어서 정기적으로 손질을 해 줘야 한다. 일반적으로 먹보가 많아서 배가 스누피처럼 되지 않도록 음식 조절이 필요하다. 비글은 건강하고 성장이 빨라서 의학 실험용으로 많이 번식되고 있기도 하다.

■ 나는 나, 너는 너

우수한 사냥개의 자질을 갖춘 이 개는 좋은 뜻에서도, 나쁜 뜻에서도 '자기'가 생각한 대로 행동을 한다. 가끔 자신이 하기 싫으면 상대를 노골적으로 무시하기도 한다고. 명랑하고 응석꾸러기인데, 어느 때는 사람의 마음을 끌려고 하지 않는다. 그런데도 밉지 않는 것이 비글이다.

42 days

비글 데이터

크기	♂ 키 33~38cm, 무게 8~9kg ♀ 키 30~35cm, 무게 6~7kg
털·털색	뻣뻣하고 매끈한 짧은 털이 촘촘히 난다. 털색은 흰색 & 검정색 & 황갈색의 하운드 컬러
별칭	젤리 독

KKC·AKC/Hound　JKC/제6그룹　KC/Hound

42 days

Borzoi
보르조이 러시아 원산

사람에게 아양을 떨지 않는 개다. 좋아라 하며 달려들지도 않는다.
가까이 와서 기대는 정도로 애정을 나타내는 귀족풍의 개.
물론 강아지 때는 장난도 치고 응석도 부린다.

■ 호화로운 털, 초연한 눈매
강아지 때는 천진난만한 얼굴이지만, 자라서 수개월만 지나면 함부로 대하기 어려운 기품 있는 개가 된다.
초연한 눈매, 물결치는 긴 털, 아름다운 아치 모양의 등이 눈길을 끈다. 가슴은 깊고 다리는 늘씬하다. 홀쭉한 몸집은 바람의 저항을 줄여 줘 빨리 달릴 수 있다. 아름다운 기품과 스피드, 총명함, 날카로운 감수성 등이 귀족적인 면모를 보여 준다.

■ 톨스토이가 사랑한 사냥개
원래는 러시아의 숲에서 이리를 사냥하던 날쌘 시각형 하운드였다. 러시아 혁명까지 이 개는 귀족이 아니면 기를 수 없었다. 귀족이던 톨스토이도 이 개를 사랑하던 사람중의 하나였다.
그의 소설 《전쟁과 평화》에서도 이리 사냥을 떠나는 보르조이가 등장한다. 혁명이 일어난 후 러시아 국내에서는 볼 수 없게 되었고, 유럽과 미국에서 사육되던 보르조이에 의해 그 혈통이 이어졌다.

■ 경주마 같은 달리기
이름은 '다리가 빠르다'는 뜻의 러시아어에서 유래되었다. 이름대로 다리가 빠른 보르조이가 긴 꼬리를 날리며 초원을 달리는 모습은 개라기보다 경주마처럼 보인다. 강아지 때부터 뒤쫓기를 좋아하며, 힘차게 일직선으로 달리기를 좋아하는, 이른바 질주형이다. 1세까지는 자유 운동을 시키되, 카펫이나 마루가 아닌 흙 위를 마음껏 달릴 수 있도록 해 주면 좋다.

■ 노력과 시간, 돈도 많이 든다
비단 같은 긴 털을 아름답게 유지하려면 그만한 노력이 필요하다. 매일 브러싱을 해 주고 마음껏 달릴 수 있는 시간과 공간 그리고 기르는 사람의 노력도 필요한 견종이다.

40 days

보르조이 데이터	
크기	♂ 키 71~86cm, 무게 34~48kg ♀ 키 약 66cm, 무게 27~39kg 균형이 깨지지 않는 한 큰 것이 좋다.
털·털색	비단실 모양의 긴 털. 털색에 제한이 없다.
별칭	러시안 그레이하운드, 시베리안 울프하운드

KKC · AKC/Hound   JKC/제10그룹   KC/Hound

40 days

Dachshund (Miniature)
닥스훈트 (미니어처) 독일 원산

점점 허리가 길어져서 닥스훈트다워지는 것은 생후 3, 4주경.
태어날 때부터 허리가 길고 다리가 짧은 것은 아니다.
강아지 때부터 운동을 좋아하며, 짧은 다리를 항상 흔들어 대며 달린다.

37 days
(롱헤어드)

■ 미니어처판 닥스훈트

닥스란 독일어로 '오소리'를 말하며, 훈트는 '개'를 뜻한다. 예민한 후각으로 사냥감을 찾아내고, 짧은 다리를 이용해서 구멍에 들어가 오소리를 추적한다.
크기에 따라 스탠더드와 미니어처로 나누고, 여기에 털의 형태에 따라 각각 털이 긴 롱헤어드(Long-haired), 털이 짧은 스무드헤어드(Smooth-haired), 털이 뻣뻣한 와이어헤어드(Wire-haired)의 3가지 타입으로 나눈다.
미니어처 닥스훈트는 오소리보다 더 작은 토끼를 굴에서 몰아내기 위해서 만들어졌지만, 지금은 대개 가정견으로 기른다. 원산지인 독일에서는 닥스훈트는 '테켈(Teckel)', 미니어처 닥스훈트는 '츠베르크테켈(Zwergteckel)'이라 부른다.

■ 이상적인 긴 허리와 짧은 다리

키가 몸길이의 절반. 이것이 닥스훈트의 이상형이다. 즉 닥스훈트 체격의 황금비인 셈이다. 실용성을 위해 개량된 긴 허리와 짧은 다리의 개인데, 기다란 소시지를 닮았다 해서 '소시지 하운드'라는 애칭도 얻었다.

■ 털의 형태에 따라 성격도 다르다?

일반적으로 밝은 애교꾼이지만 고집이 약간 세다. 몸은 작은데 무서운 것을 모르는 견종이다. 스무드헤어드에 비해서 롱헤어드는 응석꾸러기이고, 와이어헤어드는 고집쟁이라고.
이것은 털의 형태가 다른 품종을 만들 때, 롱헤어드에는 스패니얼의 피가, 와이어헤어드에는 슈나우저와 테리어의 피가 섞였기 때문인 것 같다. 다만 개체 차가 커서 일률적으로 말하기는 어렵다.

31 days(롱헤어드)

85 days(롱헤어드)

42 days(롱헤어드)

66 days(와이어헤어드)

53 days(롱헤어드)

■ 털색이 바뀔 때도 있다

검정색 & 황갈색의 경우는 태어날 때부터 대체로 같은 색이다. 하지만 다른 털색은 태어날 때와 성견의 털색이 다른 경우가 많다. 털색에 따라 연해지는 것도 있고, 진해지는 것도 있다. 붉은색이 연해지거나, 미색이 황금색이나 붉은색으로 달라지기도 한다. 생후 2개월 정도가 되면 털색의 변화도 고정되는 것 같다.

한편 KC나 AKC에서는 기본적으로 어떤 색이든 인정하는데, FCI나 JKC에서는 털의 형태에 따라 허용되는 털색이 조금씩 다르다. 특히 미색은 환영받지 못한다.

■ 몸집에 비해 요란하게 짖는다

작은 개이고 보니 '캥캥' 짖을 것 같은데, 예상외로 짖는 소리가 굵다. 다른 개에 비해 좀 시끄러운 편이므로 헛짖지 않게 길들여야 한다. 짖는 것도 개체마다 차이가 있어서 과민한 개는 문에서 떨어진 자리로 옮기는 등 자극을 적게 받는 환경을 만들어 줄 필요가 있다.

■ 운동은 충분히

원래 튼튼하고 기르기 쉬운 견종이지만, 흐르는 피가 사냥개이고 보니 움직이는 것을 보면 가만히 있지 못한다. 같은 크기의 견종에 비해서 운동을 충분히 시켜야 한다. 짧은 다리지만 잘 돌아다니며, 마음만 먹으면 멋진 점프도 보여 준다. 단, 땅을 파는 버릇이 심하므로 그 대책을 세워야 한다.

■ 무엇이든 먹어치우는 먹보

냄새를 잘 맡는 개다. 그래서 감춰 둔 음식을 귀신같이 찾아내서 감쪽같이 빈 그릇으로 만든다. 장난감을 물고 흔들어 대서 망가뜨리고, 그 속에 든 섬유질을 먹어치우기도 한다. 자기 뱃속에서 나온 것을 다시 먹는 일도 있다고 하니 잘 살피도록 한다. 위험한 것은 절대로 개 곁에 두지 않도록.

닥스훈트 (미니어처) 데이터

크기	♂ 키 20~24cm, 무게 4.8kg 이하 ♀ 키 18~20cm, 무게 4.8kg 이하
털·털색	스무드헤어드, 롱헤어드, 와이어헤어드가 있다. 털색은 붉은색, 진한 적갈색. 2모색인 경우는 검정색 & 황갈색, 초콜릿색 & 황갈색. 기타 얼룩, 브린들 등. 와이어헤어드에서는 와일드보어 컬러(멧돼지 털색), 솔트 & 페퍼도 허용된다.
별칭	츠베르크테켈. JKC에서는 닥스훈트 AKC, KC에서는 닥스훈트 (미니어처)

KKC·AKC/Hound   JKC/제4그룹   KC/Hound

45 days(롱헤어드)

52 days(스무드헤어드)

52 days (스무드헤어드)

45 days(롱헤어드)

Dogo Argentino
도고 아르젠티노 아르헨티나 원산

멀리서 보면 흰 래브라도 리트리버처럼 보이기도 한다.
하지만 가까이에서 보면 전혀 다른, 아르헨티나 태생의 진귀한 개다.
태어났을 때는 순백인데, 자라면서 서서히 피부에 무늬가 나타난다.
도고는 아르헨티나어로 '개'라는 뜻.

35 days

■ 아르헨티나 태생의 큰 사냥개

새끼들에 둘러싸인 어미개의 인상은 한없이 마음씨 좋고 우둔해 보이기까지 하다. 하지만 원래는 퓨마나 재규어, 멧돼지 등을 잡기 위해 만들어진 대형 사냥개였다. 사냥개로 활약할 때는 '흰 비단 같은 털, 강철의 체구, 황금의 심장' 등 화려한 수식어가 따라다녔다.

당시 학생이었던 안토니오 노레스 마르티네즈와 그의 동생 어거스틴이 만든 사냥개 코르도바 독이 그 기본 견종이다.
그들은 계속 이상적인 대형 사냥개를 만들기 위해서 포인터 같은 후각, 아이리시 울프하운드의 재능, 불 테리어의 배짱, 스페니쉬 마스티프의 힘, 그레이트 데인의 큰 덩치, 그레이트 피레니즈의 흰 털 등 각종 견종이 가지고 있는 장점을 염두하고 복잡하게 교배시켜 이 견종을 만들어 냈다고 한다.

■ 충실한 지킴이

주인에게는 순종하고 아이들에게는 좋은 친구가 되어 주는 가정견. 대담하고 경계심이 강하다. 평소에는 전혀 짖지 않는, 더 바랄 게 없는 번견이다.

35 days

도고 아르젠티노 데이터

크기	♂♀ 키 61~69cm, 무게 36~45kg
털·털색	짧고 매끄러운 털. 털색은 흰색
비고	피부색은 분홍빛. 어두운 살갗은 좋지 않다.
별칭	아르젠티니안 마스티프, 아르젠틴 독 JKC에서는 도고 아르젠티노

KKC·AKC/미공인 JKC/제2그룹 KC/미공인

35 days

■ **강아지 때부터 철저한 교육을**
강아지는 사람을 잘 따르고 기억력이 좋다. 다만 가르치지 않고 그대로 기르면 감당할 수 없는 개가 되므로 강아지 때의 교육이 중요하다. 누구에게나 마음을 주는 개가 아니므로 이 개를 기르려면 기술과 체력 그리고 각오가 필요하다.
형제들끼리 놀 때도 과격하다. 놀면서 사냥개로서의 노하우를 배운다. 구두나 슬리퍼 등을 물어 찢는 것은 기본이고, 가구까지 그 대상이 되므로 이에 대한 대책이 필요하다. 일찍 자립하는 견종으로 생후 2개월만 되면 어미개가 새끼를 뗀다.

■ **더위에는 강하지만 추위에는 약해**
더위에 강해서 여름에도 잘 뛰놀지만, 추위에는 약하다.

Irish Wolfhound
아이리시 울프하운드 <small>아일랜드 원산</small>

큰 어미개를 보면 상상이 안될 만큼 자그마한 강아지의 몸무게는 600~850g.
얼굴이 동그랗고 다리도 인형같이 예쁘다. 그러다가 쑥쑥 자라서
생후 1개월이면 3.4kg, 2개월에 10kg, 3개월에는 30kg이 된다.

48 days

■ **아일랜드가 자랑하는 대형 사냥개**
아일랜드의 국견이다. 강아지는 아주 작은데 비해 성견은 위풍당당하고 놀랄 만큼 크다. 체중은 세인트 버나드보다 떨어지지만 키는 세계 제일.

조상은 아일랜드에서 가축을 지키고 이리나 사슴 사냥에 쓰이던 용감한 개였다. 18세기 아일랜드의 이리 멸종과 함께 이 견종도 쇠퇴했고, 19세기 중엽 후 아주 적은 수만이 남았다.

그 후 스코틀랜드의 육군 장교 조지 그레니엄 대위가 보존에 앞장서서 스코티시 디어하운드, 보르조이, 그레이트 데인, 그레이트 피레니즈, 티베탄 마스티프 등을 섞어서 현대판 아이리시 울프하운드라 할 수 있는 대형 견종을 만들었다. 그 뒤로 대형화를 꾀하여 지금은 세계에서 체격이 가장 큰 견종이 되었다.

■ **세계에서 제일 큰 개, 작은 강아지**
태어나서 최초 2주간은 얼굴도 몸도 동글동글하고 회색빛이다. 생후 2개월이면 얼

48 days

48 days

아이리시 울프하운드 데이터

크기	♂ 키 81~86cm, 무게 약 56kg
	♀ 키 약 76cm, 무게 약 48kg
털·털색	깔깔한 털. 눈 위와 턱 밑의 억센 털은 길다. 털색은 회색 브린들, 붉은색, 검정색, 연한 황갈색, 흰색 등

KKC·AKC/Hound JKC/제10그룹 KC/Hound

털이 거무죽죽하게, 몸은 연한 색으로 바뀌는데, 3~6개월에 걸쳐 40kg 이상으로 자란다. 1, 2세 때는 아직 몸매가 홀쭉하다가 2세 반부터 몸이 불어 약 3세가 되어서야 성견이 된다.
출산은 순산이 보통이지만 여러 마리를 낳을 때는 간혹 사고도 생긴다. 미처 보지 못한 무거운 어미개에게 깔리기도 한다고.

■ 거구의 젠틀맨

거대한 체구와는 달리 성격은 온순하고 차분하다. 별로 짖지 않고 싸움을 걸지도 않는다. 특별한 길들이기가 필요 없을 정도로 다루기 아주 쉬운 견종이며, 수컷이 암컷보다 더 온순하다.

■ 털 손질과 운동

털 손질은 어렵지 않지만, 도그쇼에 나갈 때는 죽은 털을 뽑아서 뻣뻣한 털을 만들어야 하므로 이틀에 한 번 브러싱을 해 준다. 부드러운 털은 엉키는 수가 있다.
6개월까지는 자유 운동을, 1년 뒤부터는 리드줄을 매고 운동을 시킨다.

Petit Basset Griffon Vendeen
프티 바셋 그리폰 방당 프랑스 원산

'킁킁' 냄새를 맡으며 걸어가는 것 같다가, 느닷없이 '뒤뚱' 하고
자기 귀를 밟고서는 나동그라진다. 긴 귀를 가지고 태어난
강아지들에게서만 볼 수 있는 진풍경의 하나.

73 days

76 days

73 days

■ 긴 이름이 말한다
개 이름치고 몹시 긴 이름이다. 차례로 이름의 뜻을 풀어 보면, 프랑스어로 프티(Petit)는 '작은', 바셋(Basset)은 '낮다든지, 지면에 가까운', 그리폰(Griffon)은 '꼿꼿하고 거친 털', 방당(Vendeen)은 이 개의 원산지인 '프랑스 서부의 방데 지방'을 가리킨다. 즉 '프랑스 방데 지방 태생의 거친 털을 가진 허리가 길고 다리는 짧은 작은 개'라는 뜻. 이름이 너무 길어서 'PBGV'라고 줄여서 부르기도 한다.
바셋 그리폰 방당에는 '그랑(Grand)'과 '프티(Petit)', 즉 크고 작은 2가지 유형이 있다. 그랑은 산토끼 사냥개, 프티는 그보다 작은 동물 사냥개다.
특이한 모습이 도회적이지만 원래는 예민한 후각을 지닌 추적 전문의 사냥개인 후각형 하운드다. 구멍 같은 곳에 숨은 사냥감을 쫓는 일이 주특기.

■ 익살꾼이면서 놀기 좋아하는 개
비교적 발이 빠른 편으로 에너지가 넘친다. 끈기와 훌륭한 체력이 자랑인 유능한 사냥개. 다른 개나 사람과도 잘 사귀는 우호적, 평화주의적인 견종이다. 소탈하고 익살스러운데, 가정견으로서 충분한 자격이 있다. 짖을 때 소리가 쨍쨍 울리지만 헛짖지는 않는 편이다. 에너지가 넘치는 개로, 덩치에 비해서 운동량이 많다.

■ 털은 텁수룩한 것이 좋다
태어났을 때는 털색이 선명하지만, 커 가면서 점점 흐려지고 평범해진다. 바위와 관목이 있고 들장미 넝쿨이 엉켜 있는 황야에서 활약하던 사냥개이고 보면 거친 털은 마치 사냥용 재킷격.
캐주얼하고 텁수룩한 털이 잘 어울리는 개인데, 도그쇼에서도 트리밍한 것은 감점의 대상이 된다.
부드러운 털의 경우는 엉키기 쉽고 손질이 필요하다. 또 먹보이기 때문에 식사량을 조절할 필요가 있다.

73 days

73 days

프티 바셋 그리폰 방당 데이터	
크기	♂♀ 키 33~39cm, 무게 11~16kg
털·털색	거칠고 딱딱한 털. 속털은 짧고 촘촘히 난다. 털색은 검정색 & 흰색, 검정색 & 황갈색, 흰색 & 오렌지색, 트라이컬러, 검정색에 세이블의 반점
별칭	KC에서는 바셋 그리폰 방당 (프티)
KKC·AKC/Hound JKC/제6그룹 KC/Hound	

별칭 KC에서는 바셋 그리폰 방당 (프티)

Saluki
살루키 이집트 원산

달리다 뛰어오르고, 달리다 뛰어오르고 그리고 두 앞발을 모으고
사뿐히 내려앉으면서 기다란 귀가 출렁. 강아지 때부터 무슨 짓을 해도 귀엽다.
태어났을 때는 크기가 휘핏과 비슷하지만,
생후 1개월이면 훨씬 키다리가 된다.

60 days

■ 왕족이 키우던 개의 후예

명문 출신으로 강아지 때부터 귀하신 몸이다. 기원전 7~6천 년 수메르 제국의 유적에서 살루키와 비슷한 개의 조각이 발견되었고, 가장 오랜 기록이 남아 있는 견종으로 보고 있다.
또 투탕카멘왕의 애견도 살루키였다고 한다. 개를 부정한 짐승으로 본 이슬람교에서도 살루키만은 알라신이 인간에게 준 성스러운 것이라고 하여 특별 대우를 했다.

■ 나는 것처럼 달린다

살루키는 뛰어난 시력과 예민한 청력, 폭발적인 속력 등을 살려 가젤(시속 60~90km로 달리는 영양의 일종)이나 자칼 등의 사냥에 쓰이던 사냥개다. 달렸다 하면 어느새 눈앞에서 사라지고 없다. 말 그대로 날듯이 달리는데, 그 모습이 가볍고 우아하기까지하다.
단, 그런 특성이 가끔 단점이 되기도 한다. 다시 불러들이기가 어렵다는 것. 걱정스러울 때쯤 쏜살같이 되돌아와 주인을 쳐다볼 때는 개 기르는 사람으로서 행복한 순간을 맛보기도 한다. 어쨌든 항상 신경을 써야 하는 견종이다.

■ 먼 곳을 바라보는 눈동자

역사가 오랜 견종이라서 그런지 살루키의 눈동자는 시공을 초월한 저편을 바라보는 듯한 느낌을 준다. 더욱이 자기를 길러 주는 주인만을 따르며, 그 밖의 사람은 가족이라고 해도 덤덤하게 대한다.

살루키 데이터

크기	♂ 키 58~71cm, 무게 20~25kg ♀ 키 ♂보다 약간 작다, 무게 14~20kg
털·털색	털은 부드럽고 매끈한 비단실 모양. 털색은 흰색, 미색, 연한 황갈색, 황금색, 붉은색, 청색 & 황갈색, 검정색 & 황갈색, 트라이 컬러 등
별칭	페르시안 그레이하운드, 가젤 하운드

KKC·AKC/Hound JKC/제10그룹 KC/Hound

60 days

무뚝뚝하게 보일 때가 많지만 그 점이 이 견종의 매력이기도 하다. 자기 새끼들에게는 다정하지만, 남의 새끼들에게는 쌀쌀맞다.

■ 작게 태어나서 크게 자란다

강아지는 둥근 얼굴에 다리도 짧다. 어미 개 기준으로 보면 몹시 작은 강아지인데, 자라는 속도는 빠르다. 휘핏의 강아지와 비교하면 살루키의 강아지는 그 움직이는 폼이 꼭 슬로모션 비디오를 보는 것 같고 우아하다. 그러나 장난이 심해서 감시의 눈을 뗄 수 없다. 길들이기를 한다고 머리 부위를 톡 치지는 말 것. 가끔 잘못 길들여져서 애먹는 수가 있다.

■ 운동은 충분히

충분한 양의 운동을 시켜야 한다. 달리기가 삶의 전부라고 느끼는 살루키에게 있어 운동 부족은 최대의 불행이다.
털이 짧아서 손질은 귀 손질과 꼬리의 장식털 손질 정도, 나머지는 간단한 브러싱.

60 days

Whippet

휘핏 영국 원산

둥근 얼굴이 길쭉해지고, 다리도 길어지면
종횡으로 날듯이 뛰어다녀 집 안은 경주용 광장이 된다.
이 시기가 제일 귀여울 때이긴 하지만….

30 days

43 days

43 days

■ 달리는 모습은 '번개'

강아지 때부터 달리기와 쫓아가기를 무척 좋아한다. 달렸다 하면 귀를 뒤로 찰싹 붙이고서 날씬한 몸을 채찍처럼 휘청거리며 단숨에 속도를 올려 바람처럼 달려간다. 그 빠르기는 그레이하운드 이상이고, 단거리의 승부는 막상막하.

휘핏은 여러 마리를 기를 때 재미가 크다. 휘핏의 성격상 혼자 있으면 신이 나지 않고, 그렇다고 다른 개들과는 어울리기를 꺼린다. 여러 마리의 형제들이 한데 어울려 이리 몰리고 저리 몰리고 하며 달려가는 모습은 보는 이까지 흐뭇하게 한다.

■ 서민의 그레이하운드

휘핏은 소형 그레이하운드에 테리어나 이탈리안 그레이하운드 등을 교배시킨 경주용 개다.

무는 힘이 세서 일찍이 서민들의 오락이던 쥐잡기나 토끼몰이 경주에 쓰이던 개였는데, 그 후 달리기 경주에서 이름을 날려 쥐잡기 등 잔인한 무대에서는 은퇴하였다. 달리기 경주에서는 지금도 현역 선수다. 더욱이 암컷은 수컷보다 빨리 달려서 핸디캡이 붙는다.

■ 태어났을 때는 불 테리어와 혼돈

태어났을 때는 둥근 얼굴에 다리도 짧고 통통하다. 날씬하면서 몸매가 작은 어미 개에 비하면, 강아지는 의외로 커서 무게가 약 300g. 생후 1개월이면 얼굴이 길쭉해지고 다리도 길어져서 휘핏의 본래 모습을 갖춘다. 강아지들은 어미개한테는 응석을 잘 부린다.

성격은 밝고, 걷기 시작하면서 형제끼리 집 안에서 달리고, 공놀이도 즐긴다. 가끔 분주한 정도가 지나칠 정도.

■ 말을 알아듣게 하면서 길들이기

생후 3개월 정도까지의 길들이기는 어미 개에게 맡긴다. 그 후에는 말을 해 가며 길들이기를 시작할 것. 길들일 때 절대로 머리를 때려서는 안 된다. 배변 습관은 끈기 있게 가르치고, 운동은 충분히 시킨다.

43 days

휘핏 데이터

크기	♂ 키 48~56cm, 무게 약 14kg ♀ 키 46~53cm, 무게 약 13kg
털·털색	뻣뻣하고 광택 나는 짧은 털. 털색에는 제한이 없다. 검정색, 연한 황갈색, 청색, 브린들, 붉은색 또는 흰 바탕에 이들 색의 반점
KKC·AKC/Hound JKC/제10그룹 KC/Hound	

테리어
Terrier

Airedale Terrier
에어데일 테리어 영국 원산

태어났을 때는 새까맣다. 발끝과 눈썹 부위만 약간 갈색이며, 자라면서 뻣뻣한 성견용 털이 나온다. 태어나서 약 반년 만에 털 색깔도 성견처럼 바뀐다. 그러나 여전히 어려 보이고 귀엽다.

39 days

50 days

70 days

■ 영원한 개구쟁이

감정이 풍부하고 호기심이 왕성하다. 슬리퍼를 씹어 놓고, 움직이는 것이면 무엇이든 쫓아간다. 대부분의 개들이 4, 5세가 되면 어른스러워지는데, 에어데일 테리어의 개구쟁이 노릇은 평생 계속된다. "한없이 좋아했다가 갑자기 시무룩해지는데, 사람처럼 예민하고 감정의 기복이 심하죠." 개 주인의 말이다.

짖는 소리도 크다. '와-와-우-우' 소리내며 형제들과 놀기를 좋아한다.

■ 테리어의 왕

테리어 중에서 몸집이 가장 크다. 머리가 좋고 용감하며, 활발하고 감수성이 뛰어나다. '킹 오브 테리어'로 불리며, 사냥개, 경찰견, 군용견 등 다방면에서 재능을 발휘한다.

추적 능력이 뛰어나고 헤엄도 잘 친다. 이런 소질은 조상견의 하나인 오터하운드(Otterhound, 수달 사냥을 위해 개량된 큰 개)로부터 받은 것 같다. 이름은 영국 요크셔 지방 '에어데일' 계곡에서 따온 것.

■ 털 손질을 해 주면서 길들이기

털 손질을 해 주면서 주종 관계를 가르친다. 털색을 진하게 하고 털의 질을 굵고 단단하게 만들기 위해서 1년에 3번 정도 죽은 털을 뽑는 스트리핑을 해 줘야 한다.

50 days

이때 반나절에서 하루 정도에 걸쳐서 손질하게 되는데, 개가 귀찮아해서 손질을 하지 않으면 털이 부드러워지고 만다. 생후 1개월부터 무릎에 앉히고 들떠 있는 털을 뽑아 주면서 습관을 들인다. 또 정기적으로 트리밍을 하지 않으면 두루뭉술한 개가 된다.

■ 임금님 길들이기는 치켜세우면서

자존심이 세고 감정의 기복도 심해서 복종 훈련이 순조롭게 되지 않을 때가 있다. 이럴 때는 치켜세우면서 훈련시키면 효과가 있다. 다만 지나치면 우쭐해져서 역효과가 나므로 가르칠 것은 강하게 요구해서 복종시킨다.

■ 딱딱한 것을 갉기 좋아한다

이가 튼튼해서 어릴 때부터 갉아 대기를 좋아한다. 잘 생긴 이빨을 가지고 있고, 무는 힘이 세서 생후 2개월 된 강아지들도 서로 장난치며 상처투성이가 되기도 한다.

에어데일 테리어 데이터

크기	♂ 키 58~61cm, 무게 21~27kg ♀ 키 55~58cm, 무게 21~27kg
털 · 털색	강모종의 굵고 뻣뻣한 털. 몸통은 검정색, 어두운 색. 머리와 귀 양쪽에 있는 어두운 색깔의 얼룩 이외 머리와 가슴, 다리는 황갈색. 귀는 몸통보다 한층 진한 색

KKC · AKC/Terrier　JKC/제3그룹　KC/Terrier

70 days

Bedlington Terrier
베들링턴 테리어 영국 원산

갓 태어난 강아지는 검은색이나 진한 갈색일 때도 있어서 전혀 베들링턴의 새끼처럼 보이지 않는다. 태어나서 조금 지나면 검정색이 빠지는데, 소년기에는 회색이나 검붉은색으로 바뀐다. 그리고 변신을 계속한다.

48 days

75 days

75 days

■ 강아지도 성견도 대변신

갓 태어난 강아지를 보면, 귀가 길쭉한 테리어의 새끼 같은 인상이다. 다른 견종의 새끼가 아닌가 할 정도로 색깔이나 모습이 성견과 전혀 딴판이다. 그러나 털색은 날이 갈수록 달라진다. 자라는 과정을 사진으로 늘어놓으면, 검정색 또는 갈색의 컬러 변화 쇼를 즐길 수 있다. 마침내 성견이 되어 베들링턴 테리어 독특한 트리밍을 하면 또 다른 모습으로 바뀐다.

■ 개의 성격은 겉보기와 다르다?

'새끼 양의 가죽을 쓴 늑대'. 베들링턴 테리어를 두고 이렇게 말한다. 새끼 양 같은 첫인상은 이 개가 세상에 나타난 뒤 줄곧 따라다닌다. 그러나 걸어온 역사는 순한 인상과는 정반대로 험악할 정도.

영국의 노섬벌랜드의 탄광거리 베들링턴에서 탄광 노동자들의 애완동물로 사육되면서 밀렵의 파트너가 되었고, 쥐잡기에도 앞장섰다. 때로는 도박 투견으로서 인정사정, 아니 '견정사정' 모르는 부랑자로 악명을 날리기도 했다.

시력과 청력이 뛰어난 테리어 종과 발이 빠른 추적자 하운드 종이 합쳐져 만들어진 우수한 사냥개다. 댄디 딘몬트 테리어와 오터하운드의 피가 섞였다고 하는데, 기원이나 혈통에 대해서는 자세히 알려져 있지 않다.

■ 운동 부족은 금물

민첩하고 투쟁심이 강하다. 다른 종류의 개에게 노골적으로 경계심을 나타내지만, 주인한테는 순종한다. 머리가 좋고 눈치가 빠르며 각종 훈련을 쉽게 해낸다. 감각도 예민해서 번견으로도 우수하다.

75 days

보기와는 달리 에너지가 넘치는 개이므로 지루하게 놔두거나 운동 부족은 금물. 상하 관계를 확실하게 가르치고, 일을 주어서 움직이게 하는 게 좋다.

■ 새끼 양의 컷팅은 프로의 손으로

새끼 양과 같은 인상을 유지하기 위해서는 털 손질이 필수다. 털 손질은 복잡한 기술이 필요하므로 전문가에게 맡기는 것이 무난하다.

베들링턴 테리어 데이터

크기	♂ 키 41~44cm, 무게 8~10kg ♀ 키 38~42cm, 무게 7~9kg
털·털색	곱슬곱슬하면서 뻣뻣하지 않은 털. 털색은 청색, 청색 & 황갈색, 검붉은색, 검붉은색 & 황갈색, 검붉은색 & 모래색, 모래색, 모래색 & 황갈색
비고	꼬리는 낫 모양. 털은 트리밍이 필요하다.

KKC · AKC/Terrier JKC/제3그룹 KC/Terrier

48 days   38 days

Border Terrier
보더 테리어 영국 원산

찡그린 얼굴에 콧수염을 단 보더 테리어는 수달과 닮은 얼굴로 유명하지만,
강아지는 그런 심각한 얼굴을 하고 있지 않다.
얼굴의 검정색이 연해지면서 점점 고집 센 분위기가 두드러진다.

33 days

90 days

■ **용맹스러운 사냥개 출신**

영국 북부, 스코틀랜드와 잉글랜드의 국경 지역에서 새끼 양을 노리는 여우를 잡는 사냥개로 또는 번견으로 활약했다. 보더 폭스 하운드로 불리던 개와 한 조가 되어 사냥하는 경우가 많아서 이런 이름이 붙었다고 한다. 보더 폭스 하운드가 추적하고, 보더 테리어가 땅구멍에 들어가 여우를 쫓는다. 평소에는 온순하지만 여우 사냥에 나서면 집요함을 보인다.

한편 원산지의 지명이 견종의 이름이 됐다는 설도 있다. 성견은 콧수염이 특징으로 수달과 닮은 얼굴을 하고 있다. 턱이 단단하며 피부는 두텁고 늘어져 있다.

■ **긴 다리의 테리어**

테리어 중에서는 다리가 긴 편이다. 말에 탄 사냥꾼 뒤를 바싹 붙어서 달렸기 때문에 다리 힘이 대단히 좋다. 몸집이 작지만 튼튼해서 힘이 넘치고 피로를 모른다. 따라서 매일 1시간 이상 산책을 시켜야

보더 테리어 데이터	
크기	♂ 키 23~28cm, 무게 6~7kg ♀ 키 21~27cm, 무게 5~6.5kg
털·털색	겉털은 뻣뻣하고 억세며, 속털은 짧고 촘촘히 난다. 털색은 붉은색, 청색 & 황갈색, 그리즐 & 황갈색, 밀색
비고	꼬리는 낫 모양

KKC · AKC/Terrier JKC/제3그룹 KC/Terrier

33 days

■ 튼튼하고 말을 잘 듣는다

다부진 체형이다. 주인한테 순종하고, 다른 개와도 사이좋게 지내는 편이다. 놀기도 좋아하고, 일하기도 좋아하는 타입. 제일 싫어하는 것은 심심한 것이다.
여우와 머리를 겨루던 개여서 기억력이 뛰어나다. 마음만 먹으면 갖가지 어려운 훈련도 쉽게 익힌다.
한다. 때로는 넓은 운동장에서 마음껏 뛰놀게 하는 것도 필요하다.

■ 영국의 자연아

변덕과는 담을 쌓은 개. 흙냄새를 핏속에 간직하고 있는 자연아다. 살가죽이 두터워서 억수로 퍼붓는 빗속에서도 끄떡없다. 더블 코트는 내수성이 뛰어나다. 곱슬곱슬한 억센 털은 숲이나 구멍 속에서 몸을 보호하는 역할을 한다.
꼬리는 끝이 가늘어지는 형인데, 원래 꼬리가 짧기 때문에 자를 필요가 없다. 매일 털 손질과 정기적인 트리밍도 필요하다.

90 days

Bull Terrier
불 테리어 영국 원산

시간이 지나면서 얼굴 모습이 정돈되고, 눈도 위로 올라붙는다.
꺾여 있던 귀는 조금씩 들어올려지다가, 빳빳이 일어서면서 불 테리어가 완성한다.

86 days (미니어처 불 테리어)

(미니어처 불 테리어)

86 days (미니어처 불 테리어)

미니어처 불 테리어 데이터

크기	♂♀ 키 약 30cm, 무게 약 11kg
털·털색	불 테리어와 같다.
별칭	KC에서는 불 테리어 (미니어처)

KKC · AKC/Terrier   JKC/제3그룹   KC/Terrier

90 days(불 테리어)

(불 테리어)

90 days (불 테리어)

불 테리어 데이터

크기	♂ 키 50~56cm, 무게 20~25kg ♀ 키 48~55cm, 무게 약 20kg
털·털색	뻣뻣하고 광택 나는 짧은 털. 털색은 흰색, 브린들, 브린들 & 흰색, 검정색 & 흰색, 붉은색 & 흰색 등. 흰색의 경우 머리 위쪽의 반점이 허용된다.

KKC·AKC/Terrier   JKC/제3그룹   KC/Terrier

■ 근육질의 코미디언

태어났을 때는 휘핏의 강아지 같다가, 커가면서 근육질의 개로 모습이 다듬어진다. 영국에서 곰이나 소와 맞서서 싸우는 개로 사육됐다.

개싸움이 폐지된 뒤, 밝고 명랑한 성격의 개로 개량됐으나, 지금도 그 투지는 핏속에 흐르고 있는 것 같다. 참을성이 많고 함부로 싸우지는 않지만 굴욕에는 참지 않는다.

■ 예의범절은 엄하게

개성이 강한 근육질의 개는 강아지 때부터 엄하게 길들여야 한다. 성견이 된 뒤에는 습관을 고치기가 몹시 어렵다.

'절대로 재롱을 부리게 해서는 안 된다'고 브리더는 강조한다. 감시의 눈을 떼지 않고 긴 거리의 산책을 하는 등 긴장을 풀지 않는 훈련도 필요하다.

■ 인생을 함께 즐겨야

개를 엄하게 길들이려면 개 주인도 체력이나 기술 면에서 뒤져서는 안 된다. 인생의 희로애락을 개와 함께 하겠다는 정도의 마음가짐이 있어야 이 개와 같이 살 수 있다. 길들이기까지는 어려움이 있는 대신 돌보는 데에는 그다지 큰 부담이 없다. 단, 몸은 튼튼해 보이지만, 피부가 의외로 약하다.

■ 미니어처 불 테리어

미니어처 불 테리어는 이름에서도 알 수 있듯이 불 테리어의 축소판 개다. 불 테리어와 다른 개 종류로 분류되고 있지만, 크기가 작을 뿐 모습이나 털색 등의 기준은 불 테리어에 준한다. 성격이 좀 더 순하고, 크기도 작은 만큼 불 테리어보다는 기르기 쉽다.

Cairn Terrier
케언 테리어 영국 원산

케언 테리어의 강아지는 털이 빈약해서 귀여운 느낌보다 애처로운 마음이 앞선다. 그래서 커서도 이럴까 하고 좀 불안하기도 하지만, 그런 대로 귀엽게 변신한다.

64 days

64 days

64 days

■ 초라한 강아지 털
강아지 때는 털이 아주 엉성하다. 초라하기까지한데, 커 가면서 털이 점점 푹신푹신해지고 색깔도 달라진다. 어떤 개는 성견이 된 뒤에도 계속 색깔이 변한다.
태어났을 때 축 늘어져 있던 귀는 보통 생후 3, 4개월이 되면 빳빳하게 선다.

■ 성격은 '토토' 그 자체
《오즈의 마법사》에 나오는 주인공 도로시의 애견, '토토'가 바로 케언 테리어 종이다. 거무죽죽한 눈썹 털이 귀여워 보인다. 머리가 좋고 용감해서 어린이들과도 금방

64 days

64 days

케언 테리어 데이터

크기	♂ 키 약 25cm, 무게 약 6.5kg ♀ 키 약 24cm, 무게 약 6kg
털·털색	겉털은 짙고 성기며, 속털은 검고 촘촘히 난다. 털색은 밀색, 모래색, 회색, 브린들, 검정색에 가까운 색 등

KKC·AKC/Terrier JKC/제3그룹 KC/Terrier

좋은 친구가 된다. 큰 개한테도 당당히 맞서는 품이 이야기 속의 '토토' 그대로다. 강아지 때는 장난꾸러기이고, 사람을 잘 따른다. 길들이기는 쉽지만 고집이 세서 주인은 의연한 태도로 대해야 하며, 잘못 버릇을 들이면 개가 주인 행세를 한다.

■ 원조 테리어

테리어 중에서 가장 오랜 역사를 가지고 있다. 스코티시 테리어 계통의 뿌리로 볼 수 있는 견종.
스코틀랜드의 제임스 1세가 프랑스 왕실에 이 개를 선사했을 무렵에는 그저 '테리어'로 불렸다.
보통 오래된 혈통의 개 종류에는 태어난 지명을 딴 이름이 붙기 마련인데, 이 개에 한해서는 줄곧 '테리어'로 불려 온 관계로 스카이 섬에서 개발됐지만, '스카이'나 '스코티시'의 지명은 모두 다른 개들에게 뺏기고 만 셈이다.

■ 스코틀랜드 고지대의 여우 사냥개

'케언'이란 이 개가 사냥개로 활약했던 스코틀랜드의 고장 이름에서 따온 것이다. 스코틀랜드에서는 표토가 얇아서 여우가 땅속 깊이 구멍을 파지 못한다. 그래서 그곳의 여우는 바위가 쌓인 돌밭 구석진 곳에 집을 만들어 살았다.
이런 돌밭에서도 몸집이 작은 테리어는 민첩하게 여기저기를 쑤셔 대며 대활약을 했다고 한다. 그런 지난날의 용사가 마당 한구석에서 땅구덩이를 파 놓고 주인한테 꾸중을 듣는 것을 좋아할 리가 없다.

■ 방수성이 높은 털

2중 구조로 된 털은 방수성이 높다. 털색은 AKC나 JKC에서는 흰색이 아니면 어떤 색도 허용된다. KC에서는 흰색, 검정색, 검정색 & 황갈색도 허용되지 않는다.

Jack Russell Terrier
잭 러셀 테리어 영국 원산

태어났을 때 형제는 모두 털 길이가 같은데, 한두 달 지나면 길고 짧고 저마다 달라진다. 걷기 시작하면서 모험심이 두드러지며 캄캄한 곳을 찾기 시작한다.

62 days

■ 이상적인 테리어

여우 사냥을 좋아하던 잭 러셀 목사가 사냥개의 이상을 추구하여 개량한 개다. 여우와 맞붙을 수 있는 용기, 회전이 빠른 두뇌, 여우 굴속에서도 자유로운 작은 몸, 유연한 관절, 축 늘어진 귀, 여우와 혼동되지 않는 흰 털색 등 모든 특징이 여우 사냥을 염두에 두고 만들어졌다.

태어났을 때는 형제가 모두 비슷하지만 자라면서 털의 길이, 털의 질, 얼굴 표정, 몸집 등에서 개성이 뚜렷하게 나타난다.

■ 길들이기는 어려서부터 엄격하게

함께 놀아 주면서 상하 관계를 분명히 기억하게 만드는 것이 중요하다. 다 크고 나서 가르치는 것은 효과가 없다는 것이 개 주인들의 일관된 의견이다. 작은 몸 안에는 넘칠 듯한 에너지가 담겨 있다. 뭔가 물었다 하면 놓지 않는 사냥개 특유의 기질을 보이는데, 이를 제대로 컨트롤하려면 강아지 때의 길들이기가 중요하다.

폭스 테리어와 마찬가지로 추적이 주특기인 사냥개이므로 움직이는 것에 홀린 듯이 따라간다. 교통사고에 각별히 주의할 것.

■ 개성적인 성격을 즐기자

영리해서 훈련한 것을 잘 기억한다. 훈련시킬 때는 진지하게 대하고, 주인은 개구쟁이와 상대하는 요령을 터득해야 한다.

62 days

31 days

31 days

■ '파슨 러셀 테리어'로도 불려

JKC와 FCI에서는 약간 다리가 긴 파슨 러셀 테리어를 다른 견종으로 공인하고 있다. 한편 KC에서는 파슨 러셀 테리어만 공인하며, AKC에서는 최근 잭 러셀 테리어를 '파슨 러셀 테리어'로 개명했다. 또 '파슨 잭 러셀 테리어'라고 부르는 애견단체도 있다. 파슨(Parson)이란 '목사'라는 뜻이다.

잭 러셀 테리어 데이터

크기	잭 러셀 테리어는 ♂♀ 키 22~28cm, 무게 5~6kg 파슨 러셀 테리어는 ♂♀ 키 30~35cm, 무게 5~6kg
털·털색	흰 부분이 검정색, 갈색, 황갈색 부분보다 많아야 한다.
비고	단미의 여부는 상관없다.

KKC·AKC/잭 러셀 테리어는 Miscellaneous로 분류해 왔는데, 2003년 4월부터 견종명이 파슨 러셀 테리어로 변경되고 테리어 그룹으로 재분류했다.
JKC/제3그룹(잭 러셀 테리어와 파슨 러셀 테리어의 2견종)
KC/미공인(파슨 러셀 테리어는 공인되어 있다)

31 days

Kerry Blue Terrier
케리 블루 테리어 <small>아일랜드 원산</small>

푸른색의 푹신푹신한 털이 매력적인 테리어다.
태어났을 때는 검정색이고 자라면서 색깔이 달라지는데,
생후 18개월이면 대략 성견의 털색으로 완성된다.

60 days

■ 강아지의 털색이 변한다

태어났을 때의 색깔은 새까만 색. 자라면서 회색이 섞이고, 마침내 짙은 청회색으로 변한다. 털색은 보통 18개월이면 성견과 같아지는데, 그 뒤에도 검정색인 경우는 정식 품평회 기준으로 실격이다.

숱이 많은 콧수염과 턱수염 그리고 곱슬거리는 털이 트레이드마크. 한동안 '아이리시 블루 테리어'로 불려 오다가, 지금은 고향 이름을 따서 '케리 블루 테리어'라고 부르고 있다.

■ 아일랜드의 일꾼

아일랜드의 국견이다. 머리가 좋고 원기 왕성하다. 웬만한 일은 다 해내는 만능 테리어. 육지에서든, 물에서든 실력을 발휘하는 사냥개로, 수달과 산토끼를 잡고 집이나 농장의 들쥐도 꼼짝 못하게 만든다. 목축견으로서도 유능하여 양떼 몰이, 소와 돼지 몰이도 척척 해낸다. 다재다능한 이 개는 영국에서는 경찰견, 경호견 등으로 활약하고 있다.

케리 블루 테리어 데이터

크기	♂ 키 46~52cm, 무게 15~18kg ♀ 키 43~49cm, 무게 13~16kg
털·털색	곱슬거리며 부드럽고 약간 긴 털. 싱글 코트. 털색은 은청색, 짙은 청회색
비고	단미한다. 트리밍이 필요하다.
별칭	아이리시 블루 테리어

KKC·AKC/Terrier　JKC/제3그룹　KC/Terrier

■ 블루 데블(Blue Devil)

용감한 성격을 두고 블루 데블(Blue Devil, 푸른 악마)이라 부르기도 하는데, 이 개를 길러 본 사람은 한결같이 주인에게 순종하고 가족을 지키려는 의지가 강하다고 칭찬한다. 때로는 고집스러운 면도 있어서 엄격한 훈련이 필요하다. 기본적으로 사람들과 함께 있는 것을 좋아한다.

■ 싱글 코트의 테리어

테리어 종류가 대개 더블 코트의 개들인데 비해, 이 개만은 겉털만 있고 속털이 없는 싱글 코트다.

털도 물결치는 털 모양이 아닌, 곱슬곱슬한 털에 가깝다. 털갈이를 하지 않는 깨끗한 개로, 몸에서 냄새도 나지 않는다.

털 손질은 쉬운 편. 부드러운 털은 매일 브러싱을 해 주고, 수염도 다듬어 줘야 한다. 단, 도그쇼에 나가려면 정성스러운 손질로 말쑥한 몸매를 만들어야 한다.

테리어 중에서는 키가 큰 편이다. 에너지가 넘치며, 운동도 즐겨 한다.

Lakeland Terrier
레이크랜드 테리어 영국 원산

얼굴 윤곽이 또렷하고, 귀여운 테리어 강아지 중에서도 특히 예쁜 강아지다.
털색은 커 가면서 짙은 색이 조금씩 연해진다. 애칭은 '레이키'.

45 days

■ **태어났을 때는 부드러운 말린 털**
갓 났을 때는 부드러운 말린 털이다. 생후 3, 4개월경부터 불필요하게 자란 털을 뽑아 주면 뻣뻣한 겉털이 완성된다. 눈썹 털이나 다리의 털은 뽑지 않으므로 성견이 된 후에도 부드러운 털이 그대로 있다.
털색은 다채롭고, 태어날 때와 성견의 털색이 다르다. 자라면서 각각 정해진 색으로 변하는데, 대개 4개월경에 색깔이 마무리된다.

■ **여우 사냥의 일꾼**
수백 년의 역사를 가진 오래된 혈통의 테리어다. 구멍에 숨어 사는 작은 동물을 잡는 것이 주특기.
양의 축사를 습격하는 여우를 추적하는 일이 전공이다. 쫓아낸 여우를 추적해서 바위산에 있는 여우 소굴까지 들어가서 죽이는데, 농부에게 있어서 이 개는 보물 같은 존재였다. 허리가 길고 가슴은 비교적 좁은데, 이러한 특성이 모두 특기와 관계가 있다.

■ **애정, 정성, 운동을 충분히**
얼굴 표정은 물론이고 꼬리도 가만히 있을 때가 없다. 영리하고 에너지가 넘치며 놀기 좋아하는 개다. 자기를 대하는 주인으로부터 잠시도 눈을 떼지 않는 습성이 있으므로 잘 놀아 주고, 지킬 일들을 분명

히 따르도록 길들일 것.

타고난 피 때문에 땅을 잘 파 놓는데, 정원의 잔디밭을 망가뜨렸을 때는 따끔히 혼내 버릇을 고쳐야 한다.

털 손질에 시간을 많이 들일수록 매력적인 뻣뻣한 털이 된다. 트리밍도 필요하다. 주둥이 주변의 긴 털은 식사 때 불편할 것 같지만 뻣뻣하고 방수성이 있으니 그대로 두고, 가끔 닦아 주도록 한다.

레이크랜드 테리어 데이터

크기	♂ 키 36~38cm, 무게 약 8kg ♀ 키 약 36cm, 무게 약 7.5kg
털·털색	겉털은 뻣뻣하고, 속털은 부드럽다. 주둥이와 다리에 장식털. 털색은 청색, 검정색, 붉은색, 밀색, 검붉은색, 청색 & 황갈색 등
비고	단미한다.

KKC·AKC/Terrier   JKC/제3그룹   KC/Terrier

45 days

Miniature Schnauzer
미니어처 슈나우저 영국 원산

긴 콧수염이 이 견종의 트레이드마크. 강아지의 흰 수염은 민들레의 솜털처럼 귀엽다. 원산국인 독일에서는 '츠베르크 슈나우저' 라 부른다.

36 days

36 days

40 days

■ 콧수염이 잘 어울리는 슈나우저

긴 콧수염과 생각이 깊어 보이게 하는 눈썹, 다리를 덮은 긴 장식털이 슈나우저의 트레이드마크다. 슈나우저란 원산국의 독일어로 '콧수염'이라는 뜻.

슈나우저에는 자이언트 슈나우저, 스탠더드 슈나우저, 미니어처 슈나우저의 3가지가 있는데, 원조격의 견종은 작은 축에 드는 스탠더드 슈나우저를 기본으로 삼고 있다.

그리고 조상은 와이어헤어드 저먼 핀셔와 푸들을 교배시킨 개라고 보고 있다.

■ 농장의 일꾼, 가정의 귀염둥이

테리어 견종이 거의 영국 원산이고, 여우 등 가축을 습격하는 짐승들이 숨어 있는 곳까지 기어 들어갈 수 있는 개로 개량된 데 반해서, 이 개는 그 기원과 목적이 모두 특이하다. 즉 옛날에는 농장의 가축, 축사를 지키는 일과 집 안의 쥐를 잡는 개로 활약했다.

요즘은 집 지킴이는 물론, 고지식하고 밉지 않은 얼굴 표정의 가정견으로 귀여움을 받고 있다.

■ 활동적인 고집통이

강아지 때부터 겁이 없고, 구르는 공이나 움직이는 것을 쫓아가기 좋아한다. 튼튼해서 기르기 쉽고 영리하다. 다만 고집이 센 것이 흠이라면 흠이다. 다른 개와는 쉽게 친해지지 않지만, 주인한테는 충실하게 대한다.

강아지 때부터 엄격하게 길을 들여야 한다. 감정 표출이 강해서 잘 짖어 대므로 되도록 흥분시키지 않도록. 산책과 운동을 좋아하며 지루한 것을 싫어한다.

■ 칼로리는 억제하는 방향으로

뭐든지 잘 먹고, 잘 소화시켜서 살이 찌기 쉽다. 식사의 양과 질을 모두 억제하는 방향으로 조절해야 한다.

털 손질은 매일 해 줘야 하며, 빗질과 트리밍도 필요하다. 털도 뽑아 줘야 한다. 털 손질을 많이 해 주면 뻣뻣한 강모종의 이상적인 털을 만들 수 있다.

미니어처 슈나우저 데이터

크기	♂ 키 30~35㎝, 무게 5~8㎏ ♀ 키 30~35㎝, 무게 5~8㎏
털·털색	겉털은 뻣뻣하고, 속털은 부드럽다. 털색은 솔트 & 페퍼, 검정색 & 은색, 검정색 등
비고	단이, 단미한다. 트리밍이 필요하다. KC에서는 늘어진 귀 그대로를 인정한다.
별칭	츠베르크 슈나우저

KKC·AKC/Terrier   JKC/제2그룹   KC/Utility

40 days

40 days

Norfolk Terrier
노퍽 테리어 영국 원산

늘어진 귀가 이 테리어의 특징인데, 그 중에는 아주 드물게 양쪽 귀나 한쪽 귀가 서는 강아지가 있다. 귀의 크기와 두터운 정도에 따라 그렇게 되는 것 같다. 또 성격이 강한 개가 그 확률이 높은 것으로 보인다.

60 days

■ 늘어진 귀의 노리치 테리어

작지만 단단한 체구의 테리어. 똥똥한 몸집에 다부진 다리, 이른바 '긴 허리 짧은 다리'로 테리어 중에서 키가 가장 작다.
'작은 고추가 맵다'라는 말이 있듯이, 테리어 가운데 제일 큰 견종인 에어데일 테리어와 함께 놀아도 밀리지 않을 정도로 단단한 체구를 가졌다.

한동안 이 개는 노리치 테리어의 변종으로 구분되어 '드롭이어 노리치 테리어'라고 불렸다. 1964년 KC가 귀가 늘어진 개만을 노퍽의 이름으로 따로 분류하고, 독립된 견종으로 규정했다. 그 뒤 1979년부터는 AKC에서도 이 결정에 따르고 있다.
귀가 늘어지고, 충분히 떨어져 있으면서 귀 끝이 약간 둥근 것 외에는 노리치 테리어와 거의 같다.
드물게 늘어진 귀가 서는 강아지도 있다. 이때는 자주 쓰다듬거나 테이프로 붙이고, 귀를 늘어지게 하는 추를 다는 등 눈물겨운 노력을 하기도 한다.

■ 케임브리지 출신의 테리어

잉글랜드 동부에 있는 노퍽 주의 노리치가 노퍽 테리어와 노리치 테리어의 고향

60 days

45 days

이다. 1880년대 케임브리지 대학의 학생들이 쥐를 잘 잡는 소형 테리어를 기른 일이 있었는데, 당시 학생들 사이에서 인기를 얻어 이 견종을 '케임브리지 대학의'라는 뜻을 가진 '캔탭 테리어(Cantab Terrier)'라 불렀다.
한편 미국의 일류 조련사의 이름을 따서 '조지 테리어'로 불리는 일도 있다.

■ 튼튼하고 어떤 환경에도 적응

튼튼하고 영리하다. 여기에 애교까지 겸비해 가정견으로 손색이 없다. 다만 에너지가 넘치는 개이므로 산책은 충분한 시간 동안 시켜야 한다.
한편 모험심이 지나쳐서 정신없이 쏘다니다가 미아가 될 우려가 있으니 조심해야 한다. 땅을 마구 파 대는 버릇도 있다.

노퍽 테리어 데이터

크기	♂ 키 25~26cm, 무게 5~6kg ♀ 키 24~25cm, 무게 4.5~5.5kg
털·털색	겉털은 뻣뻣하다. 털색은 붉은색, 밀색, 그리즐, 검정색 & 황갈색 등
비고	단미한다. 트리밍을 해야 한다.

KKC·AKC/Terrier   KC/제3그룹   KC/Terrier

Scottish Terrier
스코티시 테리어 영국 원산

스코틀랜드의 '턱수염 신사'는 강아지 때부터 기력이 좋다.
강아지라고 해서 모두 엉기정기 기어다니지는 않는다.
스코티시 테리어는 걸을 수 있게 되면 그때부터는
마음 내키는 대로 뛰논다. 애칭은 '스코티(Scottie)'.

45 days

45 days

45 days

45 days

■ 소형 사냥개 출신
영국에 아주 오랜 옛날부터 있었던 테리어다. 스코틀랜드의 애버딘 출신이라 해서 '애버딘 테리어'라고 불리며, 그 밖에 '웨스트 하이랜드 테리어'라는 이름도 있다. 원래는 가축에게 피해를 입히는 여우나 오소리, 족제비 등을 뒤쫓고 짧은 다리의 이점을 살려 땅구멍 속까지 기어 들어가 추적하는 사냥개였다.
영리하고 경계심이 강하며 공격적인 성격으로, 이런 일에 필요한 모든 자질을 갖추고 있는 셈이다. 따라서 다른 개에게 공격적이지 않도록 미리 강아지 때 다른 개들과 어울릴 수 있는 시간을 갖게 한다.

■ 강아지 때부터 모험가
어릴 때부터 자신 넘치는 탐험가, 위험에 굴하지 않는 모험가다. 높은 곳에는 우선 올라가 봐야 직성이 풀린다. 떨어져도 좋고, 실패해도 다시 도전한다.
성견이 되고 나면 더 말할 것도 없다. 자기보다 큰 것에는 무조건 달려든다. 꼬리

스코티시 테리어 데이터

크기	♂ 키 25~28cm, 무게 8.5~10kg
	♀ 키 25~28cm, 무게 8~9.5kg
털·털색	겉털은 뻣뻣하고, 속털은 부드럽고 촘촘히 난다. 털색은 검정색, 브린들, 회색, 밀색 등. 가슴에 나 있는 흰 점은 괜찮다.

KKC · AKC/Terrier KC/제3그룹 KC/Terrier

45 days

가 뻣뻣해지고 꼬리 끝에 힘이 들어가면 곧 뭔가 행동으로 보여 주겠다는 뜻이다.

■ **독립심이 강한 '긴 허리 짧은 다리'**
태어났을 때는 다리도 짧고 허리도 짧다. 생후 일주일부터 점점 스코티다운 모습이 되며, 생후 2주일이면 다른 개와 차이가 뚜렷하다. 얼굴도 몸매도 완전히 스코티답게 되는 것은 생후 40~50일경이다.

걷게 되면 여기저기 뒤뚱거리며 잘 달린다. 허리가 길고 다리가 짧아도 꽤 빠르다. 다른 개의 강아지들은 형제들이 한데 엉겨서 장난을 잘 치지만, 스코티는 아무리 형제라 해도 그런 모습을 볼 수 없다.

■ **영국제의 고집쟁이**
이 테리어만큼 개성이 강한 개는 드물다. 그리고 자기가 정한 주인에게는 매우 충실하지만, 누구에게나 응석을 부리지는 않는다. 길을 잘못 들이면 감당하기 힘든 고집통이가 되어 두고두고 애를 먹이므로 엄하게 길들여야 한다.

처음에는 누구에게나 잘 짖는데, 짖지 않는 훈련도 필요하다. 무엇보다 개 주인은 이 귀엽고 고집 센 동반자를 이해하고 그 성품을 즐길 수 있어야 한다.

Sealyham Terrier
실리햄 테리어 영국 원산

털을 컷팅하기 전의 몽실몽실한 털실 뭉치 같은 모습은
마치 올드 잉글리시 시프독의 강아지처럼 보인다.
강아지 때부터 저마다 개성이 있고, 독립심이 강하다.

46 days

46 days

89 days

■ 강아지 때부터 자아가 뚜렷

강아지는 색깔은 물론 모습도 성견을 그대로 축소해 놓은 것 같다. 스코티 강아지와 마찬가지로 독립심이 강하고, 같은 형제끼리도 엉겨서 노는 법이 없다. 제멋대로 돌아다니는 특성이 있다.

■ 희고 늘어진 귀, 긴 허리 짧은 다리

품위 있는 콧수염, 늘어진 귀와 몸의 대부분을 덮고 있는 흰 털은 뻣뻣한 강모종이다. 웨일스의 서남부에 있는 실리햄에서 태어났다고 해서 붙여진 이름이다. 실리햄에 있는 강에서 오터하운드의 무리와 함께 수달이나 오소리를 잡는 사냥개로 활약했다. 이 때문에 사냥감과 혼돈되지 않도록 하얀 털로 만들어졌다.

무서움을 모르며 큰 짐승에게도 달려드는 테리어종으로, 불 테리어와 웨스트 하이랜드 화이트 테리어, 댄디 딘몬트 테리어, 여기에 코르기까지 교배에 이용되었을 것으로 보고 있다.

■ 소리는 크지만 함부로 짖지 않는다

짖는 소리가 크고 집도 잘 지키는데, 함부로 짖는 일은 없다. 인형 같은 인상이지만 그 기질은 보기와는 다르다.

아무에게나 아첨하지 않는 성격으로, 머리가 좋고 자존심도 강하다. 그래서 사람이 하는 말을 자기식으로 해석하는 경향이 있다. 강아지 때부터 엄하게 길을 들여야 한다.

■ 전천후형의 뻣뻣한 털

뻣뻣한 털을 제대로 유지시키려면 정기적인 털 손질이 중요하다. 강모종의 테리어는 대개 같은데, 털은 자연히 빠지지 않으므로 연한 털을 뽑아 주고 빗으로 빗어 준다. 처음에는 싫어하지만 강아지 때부터 버릇을 들이면, 사람과 개가 마음을 주고받을 수 있는 즐거운 시간으로 만들 수 있다. 또 몸은 튼튼하지만 자칫 살이 찌기 쉬우므로 식사의 양과 질에 신경을 쓰도록. 산책은 자주 시키되, 충분한 시간을 할애한다.

89 days

46 days

실리햄 테리어 데이터

크기	♂ 키 약 27㎝, 무게 약 9㎏ ♀ 키 약 25㎝, 무게 약 8㎏
털·털색	겉털은 억세고 뻣뻣하며, 속털은 부드럽고 촘촘히 난다. 털색은 흰색. 간혹 흰색 & 레몬색도 있다. 머리와 귀의 황갈색 점은 있어도 된다.
비고	단미한다.

KKC·AKC/Terrier   JKC/제3그룹   KC/Terrier

Soft-Coated Wheaten Terrier
소프트코티드 위튼 테리어 아일랜드 원산

다 자란 밀 색깔의 부드러운 털을 가진 부지런한 테리어다. 태어날 때는 얼굴 전체가 검은 마스크를 쓴 것처럼 보이지만, 1세 반에서 2세 정도면 모두 없어진다.

88 days

■ **아일랜드 태생의 밀 색깔 테리어**
이름에서 소프트코티드는 '물결치는 부드러운 털'을 가리키며, 위튼은 털 색깔인 '밀색'을 가리킨다. 보이는 인상 그대로가 이름이 됐다. 아일랜드의 서북부에서 목양견, 번견 그리고 오소리나 토끼 등의 사냥을 목적으로 사육되던 개다.
케리 블루 테리어의 선조격 개이기도 한데, 털색이 푸른 것이 '케리 블루 테리어', 붉은 것이 '아이리시 (레드) 테리어'다. 힘센 일꾼으로 여우 등을 사냥하는 솜씨가 뛰어나고, 양을 지키는 것도 능숙하다.

소프트코티드 위튼 테리어 데이터

크기	♂ 키 45cm 이하, 무게 약 18kg 이하 ♀ 키 45cm 이하, 무게 약 15kg 이하
털·털색	비단실처럼 부드럽고 물결치거나 말린다. 털색은 밀색, 벌꿀색
비고	단미한다.
별칭	아이리시 위튼 테리어. FCI에서는 아이리시 소프트코티드 위튼 테리어

KKC · AKC/Terrier JKC/제3그룹 KC/Terrier

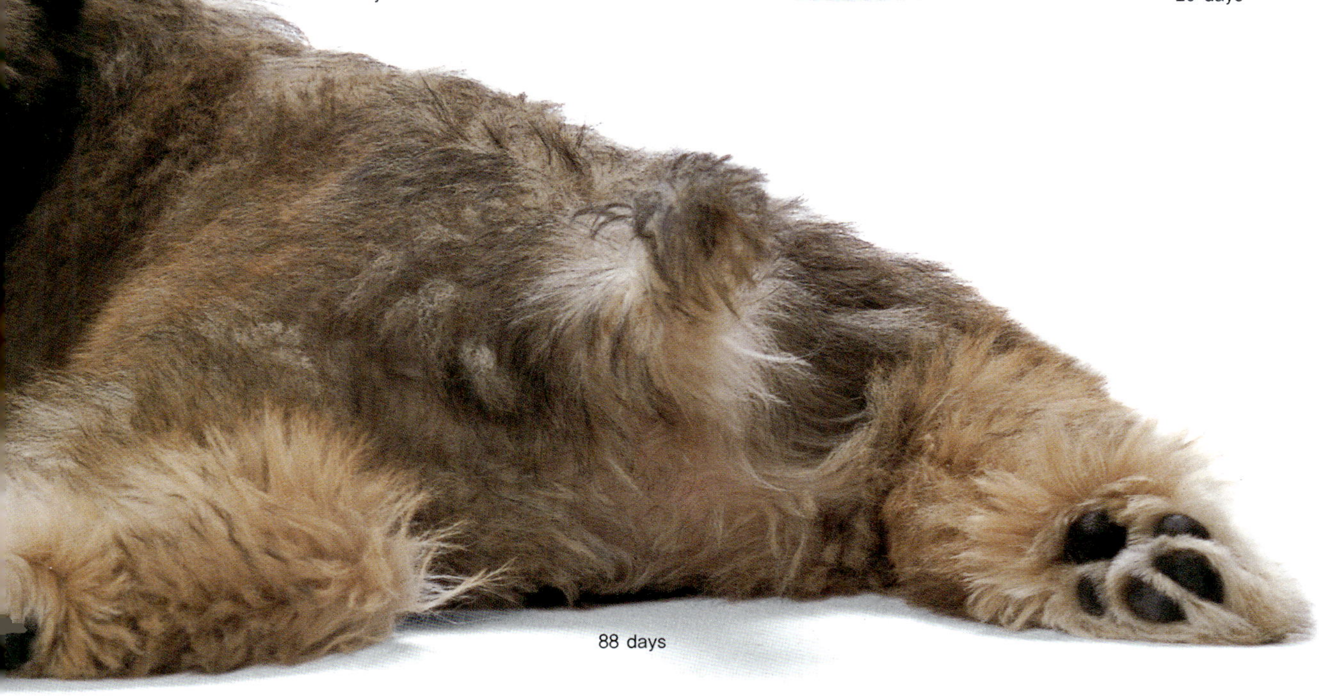

60 days

20 days

88 days

성격이 밝고 주인을 잘 따라서 가정견으로도 귀여움을 받고 있다.

■ 강아지 때는 '블랙 마스크'
강아지 시절에는 얼굴 전체에 거무죽죽한 털이 있어서 '블랙 마스크'라고 불린다. 블랙 마스크는 벌꿀색이면 생후 2개월 반쯤에 없어지고, 밀색이면 좀처럼 없어지지 않아 1세 반까지도 그대로다. 코끝과 귀 끝에는 마지막까지 흔적이 남는다.

■ 부드러운 더블 코트
비단실 같은 감촉의 더블 코트. 케리 블루에 비하면 털의 곱슬거리는 정도가 약한데, 털이 엉키기 쉬우므로 브러시와 빗으로 자주 손질해 줘야 한다.
AKC에서는 쇼에 나갈 때 트리밍을 하지만, 지나친 트리밍은 감점이 된다. KC에서는 보통 트리밍 없이 나간다. 털 손질을 자주 해 주면 개와 더 친해질 수 있다.

■ 의지가 되는 명랑한 동반자
명랑하고 머리가 좋은 개다. 정성을 들여서 가꿔 주고 길들이면 이상적인 파트너가 될 수 있다. 산책도 중요한 대화 시간이다. 개와 함께 있는 시간을 충분히 확보할 것.

60 days

Welsh Terrier
웰시 테리어 영국 원산

에어데일 테리어가 '테리어의 왕'이라면, 웰시 테리어는 '테리어의 왕비'격이다. 에어데일을 닮았지만, 몸이 훨씬 더 작고 귀엽다. 태어났을 때도 검둥이. 그러나 눈에 뜨이게 검정색이 없어지면서 성견이 갖는 본래의 색깔이 된다.

54 days

54 days

54 days

■ **언뜻 보면 '에어데일 테리어'의 축소판**
태어났을 때는 까맣고, 점점 성견의 색깔로 바뀐다. 등에 안장을 얹은 것 같은 얼룩이 나타나는 것은 생후 3, 4개월경이다. 털색이 똑같이 바뀌는 에어데일 테리어와 비교하면, 태어났을 때는 역시 몸집이 더 자그마하다. 에어데일이 300~400g으로 태어나는데 비해, 웰시는 150~250g 정도.

■ **웨일스의 오래된 테리어의 후예**
고향인 웨일스에서 여우나 오소리, 수달 사냥에 이용된 오랜 역사를 가진 사냥개다. 일찍이 '올드 잉글리시 테리어' 또는 '블랙 앤 탠 와이어헤어드 테리어'로 불렸으며, 가축을 다른 동물들로부터 지키는 일을 맡아 했다.
이런 일을 하는 개는 대개 투쟁심은 강하지만 스스로 싸움을 거는 타입은 아니다. 웰시 테리어 역시 품행이 바르고 훈련시키기도 좋은 개다.

■ **집안의 분위기 메이커**
영리하고 사람을 잘 따른다. 상대해 줄수록 즐거운 가족의 일원이 된다. 감수성이

54 days

54 days

풍부해서 집안 분위기를 밝게 해 준다. 반면 관심을 가져 주지 않는 것을 몹시 싫어한다. 즉 덤덤한 관계를 싫어하는 개. 경계심도 강하고 용감해서 집도 잘 지킨다.

■ 털 손질은 즐겁게

뻣뻣하고 억센 털의 더블 코트. 속털은 부드럽고 촘촘하다. 가정견으로 기른다면 클리핑만으로 되지만, 쇼에 나가게 하려면 핸드 스트리핑이 필요하다. 브러싱도 철저하게 한다. 손질을 많이 해 줄수록 이 영국 신사는 더욱 신사다워진다.

웰시 테리어 데이터

크기	♂ 키 약 38cm, 무게 약 9kg ♀ 키 약 35cm, 무게 약 8kg
털·털색	겉털은 억세고 뻣뻣하며, 속털은 짧고 부드러우며 촘촘히 난다. 털색은 등이 검고, 그 밖의 부분은 짙은 황갈색. 짙은 그리즐과 황갈색이 섞인 것도 있다.

KKC·AKC/Terrier JKC/제3그룹 KC/Terrier

54 days

West Highland White Terrier
웨스트 하이랜드 화이트 테리어 영국 원산

막 태어났을 때는 머리끝에서 발끝까지 새하얗다.
그러나 생후 3, 4일에 기미 같은 검은 점이 나타나서
분홍빛이던 코와 발바닥이 까매진다.
애칭은 '웨스티(Westie)'.

43 days

43 days

43 days

■ **순백의 털에 검은 악센트**

태어났을 때는 온몸이 새하얗다. 그 후 분홍빛의 코와 발바닥이 눈에 띄게 빨리 검어져 까만 눈과 귀여운 악센트가 된다. 늘어진 귀는 생후 2, 3개월이면 곧게 선다. 순백의 털은 거친 더블 코트. 보기에는 부드럽지만 억센 아웃도어용이다. 털은 물론 체력도 의외로 튼튼하고 실용적이다.

■ **천하의 장난꾸러기**

순백의 털에, 얌전해 보이는 테리어. 그러나 보기와는 달리 장난이 심하다. 깜찍한 눈동자에서 장난기가 느껴진다.
나뭇가지 하나면 그것이 곧 장난감이 된다. 장난칠 것만 있으면 다른 개와도 잘 어울려 논다. 어미개와는 말할 것도 없다. 작은 소리에 민감해서 번견으로도 적당하

43 days

43 days

웨스트 하이랜드 화이트 테리어 데이터	
크기	♂ 키 약 28cm, 무게 약 9kg 이하 ♀ 키 약 25cm, 무게 약 8kg 이하
털·털색	겉털은 곧고 거칠며, 속털은 짧고 부드럽다. 털색은 흰색
비고	삼각형의 곧게 선 귀

KKC·AKC/Terrier JKC/제3그룹 KC/Terrier

다. 이름은 고향인 스코틀랜드의 지명에서 비롯된 것이다.

■ 순백의 케언 테리어

언뜻 보면 케언 테리어를 닮아 닮았다. 그럴 수밖에 없는 것이 웨스티의 탄생은 케언 테리어가 가끔 낳는 흰 강아지와 관련이 있기 때문이다.

옛날에 케언 테리어의 흰 강아지는 겁 많고 허약하다고 도태되곤 했었다. 그러던 중에 이 개를 개량해서 케언 테리어 못지 않은 견종을 만들어 낸 것이 바로 '웨스트 하이랜드 화이트 테리어'다.

오랜 기간 케언 테리어와의 교배가 인정되었는데, 1917년에 AKC가 두 종류의 교배로 태어난 강아지의 등록을 인정하지 않고부터는 각각 다른 견종으로 보고 있다.

■ 가련해 보이지만 튼튼하고 야성적

튼튼한 개이므로 응석받이로 길러서는 안 된다. 눈 위에서도 끄떡없다. 털을 뽑아 주어야 하는 등 많은 손질이 필요하지만, 주인을 바라보는 새까만 눈동자와 마주치면 귀찮다는 생각도 사라진다.

산책을 자주 시키고, 가끔 마음껏 뛰놀게 해 준다면 아파트 생활도 문제없다.

Wire Fox Terrier
와이어 폭스 테리어 영국 원산

태어났을 때는 검정색 & 흰색인데, 생후 한 달이면 얼굴의 검은 부분이 갈색이 되고, 이어서 황갈색으로 변한다. 기운이 넘쳐서 항상 바쁜 강아지다.

50 days

45 days

45 days

■ **검정색이 점점 갈색으로 변한다**
다른 개에 비해 약간 길쭉한 얼굴로 태어난다. 털색은 검정색 & 흰색. 한 달쯤 지나서 검은 얼굴이 차차 갈색으로 바뀌고, 끝까지 검은색으로 남는 곳은 등뿐이다. 생후 45~60일이면 어느 정도 장래의 모습이 정해진다.
강아지들은 작은 눈동자에 몽실몽실한 털이 귀엽다. 그리고 기운을 주체하지 못하는 듯 이리저리 뛰어다닌다. 공이나 장난감을 좋아하고 가르치면 곧잘 기억한다. 강아지를 고를 때는 작아도 활동적인 것이 좋다. 몸집은 큰데 가만히 있는 강아지는 커서 잘 무는 개가 되기 쉽다.

■ **역사가 깊은 여우 사냥개**
원래 영국이 자랑하는 여우 사냥개였다. 여우를 추적해서 여우 굴을 찾아내고 굴속에 사는 양 도둑을 모두 물어 죽인다. 스포츠 사냥의 경우는 여우를 밖으로 몰아내고 사냥꾼이 처리하게 만든다. 아주 오랜 역사를 가진 테리어이지만, 확실한 기원은 알려져 있지 않다.

폭스 테리어에는 '와이어 폭스 테리어'와 '스무드 폭스 테리어'가 있다. 폭스 테리어로 불리게 된 것은 18세기경으로 보인다. 옛날의 폭스 테리어는 색깔이 여우를 닮아 자칫 사냥의 대상으로 오인될 수 있어서 흰색의 테리어가 만들어진 것이다.

■ **스스로 생각하고 자기식으로 판단**
싸우기를 좋아하고, 촐랑댄다. 싸우다가도 질 것 같으면 도망친다. 그러나 다시 붙고 또 도망치면서 싫증이 날 때까지 이것을 되풀이한다.

45 days

45 days

와이어 폭스 테리어 데이터

크기	♂ 키 39cm 이하, 무게 7~8kg ♀ 키 36cm 이하, 무게 약 7kg
털·털색	겉털은 뻣뻣하고, 속털은 부드럽고 촘촘히 난다. 털색은 주로 흰색이고, 검정색 바탕에 황갈색이 섞인 것이 많다. 브린들, 검붉은색, 붉은색의 얼룩무늬는 좋지 않다.
비고	단미한다.
별칭	KC에서는 폭스 테리어 (와이어) JKC에서는 와이어 폭스 테리어

KKC · AKC/Terrier   JKC/제3그룹   KC/Terrier

짖는 것도 자신의 마음이 내켜야 짖는다. 개 주인으로서는 개를 다루는 기술과 각오가 필요하다. 선천적으로 잘 짖고 집을 잘 지킨다.

■ **교통사고에 주의**
사냥감을 쫓아가서 잡는 본능이 있다. 스코티시 테리어는 사냥감이 가까이 와야 행동에 들어가는데, 폭스 테리어는 멀리서 움직이는 것을 보고 쫓아간다. 그만큼 교통사고를 당하기 쉬우므로 주의한다. 빗질은 자주 하고, 운동을 많이 시킬 것.

45 days

한국개
Korean Dog

Jindo Dog
진돗개 한국 원산

용맹과 충의의 대명사로 통하는 개다. 사냥개로도 타고난 자질을 발휘하지만, 무엇보다 처음 정을 준 주인을 잊지 않는 충성심 때문에 가정견으로 사랑을 받고 있다. 균형 잡힌 체형과 소박한 인상도 진돗개의 매력이다.

■ 고향은 '진도'

우리나라를 대표하는 진돗개는 1938년 천연기념물 제53호로 지정되어 보호받고 있다. 기원에 대해서는 정확한 문헌은 없지만, 구전을 통해 여러 가지 설이 전해 내려온다.

늑대와 토종견의 교배로 태어났다는 설이 있고, 고려 시대 때 대몽고 항전에서 몽고의 군견으로 활약했던 개가 조상견이라는 말도 있다. 이 밖에도 중국 남송 무역선이 침몰하면서 배에 타고 있던 개들이 떠 내려와 진도에 정착했다는 설 등이 있다.

진도는 우리나라의 최서남단의 바다에 위치해 있는 섬이다. 그래서 옛날에는 육지와 연결되는 교통 수단이 배뿐이었고, 사람의 왕래도 적어 비교적 순수한 원형이 오늘날까지 보존되고 있다.

■ 충의의 대명사

영리하고 귀소본능이 뛰어나며, 주인에게 충성을 다하는 개로 알려져 있다. 주인을 잘 따르지만, 처음 인연을 맺은 주인을 쉽게 잊지 못해 새 주인을 받아들이기까지 시간이 걸린다. 주인으로서는 다른 사람에게 쉽게 정을 주지 않는 모습이 대견해 보이기도 하지만, 사회성이 떨어진다는 단점으로 평가되기도 한다.

진돗개의 이러한 충성심에 얽힌 일화도 많다. 군용견으로 전선에 팔려 간 개가 한 달만에 옛 주인 집을 찾아 돌아온 일, 사냥에 나선 개가 주인이 암벽에서 떨어져 숨지자, 주인을 지킨 일 등의 미담이 전해지고 있다.

■ 타고난 사냥개

경계심이 강하고, 유혹에 쉽게 넘어가지 않는 성격. 방향 감각이 뛰어나며, 특별한 훈련을 받지 않고도 사냥개로서의 특유의 자질을 발휘한다. 생후 5개월이면 산짐승의 냄새를 맡고, 1년 정도면 사냥을 시작한다.

사냥개로서의 대담함과 용맹스러움은 어떤 견종에도 뒤지지 않는다. 아무리 큰 맹수를 만나더라도 겁을 먹지 않고, 물러서지 않는 근성을 지녔다.

진돗개의 이러한 사냥 능력은 타고난 기질 때문이기도 하지만, 자연 환경에 의한 것으로도 추측된다. 진도는 예로부터 자연이 잘 보존되어 야생동물이 많이 살았는데, 개가 스스로 사냥을 통해 부족한 식사를 보충하면서 사냥 능력이 자연스럽게 키워졌을 것으로도 보고 있다.

■ 다부진 체형, 차분한 품성

체형은 전체적으로 균형이 잘 잡혀 있는 근육질의 중형견이다. 다부진 체형에, 얼굴은 그에 어울리는 강인한 인상을 갖췄다. 품성은 기본적으로 온화하고 차분하여 사람들에게 친근감을 준다. 하지만 낯선 사람과 다른 동물에 대해서는 경계심을 보인다.

■ 진돗개의 또 다른 매력

"겉모습이 평범해 보여 처음엔 호감이 가지 않았는데, 길러 보니 아주 영리하고 매력적이다. 지금은 새끼만 보아도 어떤 기질과 모습의 성견이 될지 가늠할 정도가 됐다." 40년을 넘게 진돗개를 길러 온 개 주인의 말이다.

진돗개의 매력은 주인에 대한 정감 어린 행동 이외에도 깨끗하고 자기 관리가 철저하다는 데 있다.

1 years

기본적으로 몸을 깨끗이 하고 정갈하여 식사를 할 때도 깔끔한 성격을 드러낸다. 용변을 가려서 볼 정도.

■ 단모종과 장모종

단모종은 좀 게으른 편이고 집요함도 떨어진다. 이에 비해 장모종은 무모할 정도로 집요하다. 가정견으로는 중간 정도 길이의 털을 가진 개가 용맹함이나 품성을 볼 때 적당하다.

눈은 바깥쪽으로 치켜 올라간 듯한 모양이 좋다. 대체로 진한 갈색의 반짝이는 눈동자를 가진 개들이 용감하다. 또 코끝이 약간 튀어나와 있는 것이 후각이 예민하다고 한다.

이빨은 정상교합을 기본으로 하며, 특히 사냥개들은 사냥감을 물었을 때 놓치지 않아야 하므로 이빨의 모양이 강조된다.

진돗개 데이터

크기	♂ 키 48~53cm, 무게 16~20kg ♀ 키 48~53cm, 무게 16~20kg
털·털색	겉털은 뻣뻣하고, 속털은 촘촘히 난다. 털색은 황색, 흰색, 검정색, 브린들 등
비고	역삼각형의 머리. 귀는 곧게 서고, 꼬리는 말려서 올라가 있거나 장대 모양. 주둥이는 크게 뭉툭하거나 위쪽으로 들려 있으면 안 된다.
별칭	진도견
KKC/Spits	AKC/미공인　JKC/미공인　KC/미공인

56 days

Poongsan Dog
풍산개 _{한국 원산}

진돗개가 남한을 대표한다면, 북한을 대표하는 개는 바로 풍산개다.
이름에서 짐작할 수 있듯이 진돗개는 전남 진도가 고향이고,
풍산개는 함북 풍산군이 고향이다. 언뜻 보면 진돗개와 닮았지만,
실제 비교하면 풍산개가 체구가 더욱 크고, 주둥이 부위 등에서
차이점을 발견할 수 있다.

■ 산악 지대의 사냥개 출신
함경북도 풍산군 일원에서 길러지던 북한 지방 고유의 사냥개. 화전민들과 함께 생활하면서 이들을 외적으로부터 보호하고, 사냥을 도왔다. 또 개마고원 일대에 자주 출현하는 각종 맹수로부터 가축을 보호하는 번견으로도 활약하였다.
일제 시대 때 경성제국 대학의 모리 교수가 우리나라 방방곡곡을 다니며 개를 조사한 바 있다. 그는 조사 결과, 남쪽은 진돗개, 북쪽은 풍산개를 최우수개로 선정해 조선총독부에 조사보고서를 제출하였다. 그리고 해방 후 북한에서도 풍산개를 천연기념물로 지정하고 국가적인 보호 정책에 따라 본종이 유지되고 있는 것으로 알려져 있다.

■ 풍산개의 기원설
기원에 대해서는 여러 가지 설이 전해진다. 북한의 자료에 따르면 풍산개의 유래를 크게 두 가지로 보고 있다.
풍산군의 토종개가 늑대와의 교배로 태어났다는 설과 시베리안 라이카와 중국의 고리드족 개가 조상견이라는 설이다.
시베리아 라이카는 중국의 국경 지대에서 호랑이를 사냥하는 데 이용되었던 견종인데, 이 개들이 북한으로 유입되어 지형에 맞게 다듬어져 오늘에 이르렀을 거라는 추측이 설득력 있어 보인다.

■ 언뜻 보면 진돗개
풍산개는 진돗개, 삽살개와 마찬가지로 주인에 대한 충성심이 특별하다. '한번 주인은 영원한 주인'이라는 말이 떠오를 정도로 강아지 때부터 기르지 않으면 개와 친해지기가 쉽지 않다.
겉모습은 진돗개와 닮았으나 체구가 더욱 큰 중대형견으로, 건장한 체력을 갖추고 있다. 진돗개의 귀는 삼각형으로 치켜 올라가 있는데 반해, 풍산개는 좀 더 크고 끝 부분이 타원형에 가깝다. 또 비스듬히 곧추 서 있거나 누워 있는 개도 있다.
태어날 때 몸무게는 350g으로 1개월 만에 2~2.5kg이 된다. 그리고 6개월이면 10~11kg, 1년 만에 15~20kg로 비교적 빨리 자라는 견종이다.

■ 큰 입, 말아 올린 꼬리
머리는 둥글고, 아래턱이 약간 나와 있다. 주둥이는 짧고 입이 크다. 또 엉덩이 위로 바싹 말아 올린 꼬리와 힘 있게 선 귀 등이 특징이다.
목은 잘 발달해 있으며 굵고 짧다. 다리는

62 days

비교적 짧은 편이다. 특히 뒷다리가 탄탄하여 경사지에서도 잘 달린다. 평소에 발을 많이 사용하며, 장난을 칠 때도 발장난을 많이 한다.

■ 평소에는 '온순', 호랑이 앞에선 '용맹'

경계심이 강하고 영리하며, 침착하게 행동한다. 기본적으로 온순하지만, 맹수와 맞설 때는 용맹스럽고 사나운 사냥개로 돌변한다. 장방형의 온순하던 눈도 화가 나면 가늘고 날카로워져 살기를 띤다. 시력과 청력은 세계 어느 견종 못지않게 우수하다.

평소에는 행동이 느린 편이지만, 일단 산속에 들어가면 코를 땅에 박고 타고난 사냥개 기질을 보인다. 적수를 만나면 무리 중에서도 앞장서서 덤벼든다. 옛날부터 '호랑이를 잡는 개'라는 말이 전해질 정도로 뛰어난 용맹성을 자랑한다.

■ 추위에 강한 2중모

풍산군은 해발 8백m의 고지대로, 겨울철 최저 기온이 영하 36℃까지도 내려가기도 한다.

이러한 거친 환경에서도 잘 적응할 만큼 강인한 체질이고, 질병에 대한 면역력도 강하다. 촘촘히 난 속털은 고산의 추위도 견딜 수 있는 2중모로 되어 있다.

겨울철 사냥 때는 영하의 기온 속에 눈 위에서 잠을 잘 만큼 추위에 강하다. 잠을 잘 때는 긴 털이 나 있는 꼬리로 몸을 덮어서 체온을 유지하기도 한다고.

풍산개 데이터

크기	♂ 키 57~63cm, 무게 23~28kg ♀ 키 54~60cm, 무게 23~28kg
털·털색	겉털은 길고 거칠며, 속털은 촘촘히 난다. 털색은 흰색, 황색, 황백색
비고	둥근형의 머리. 꼬리는 힘 있게 등 위로 말려 있다. 주둥이는 짧고, 아래턱이 약간 나와 있다.

KKC/Hound AKC/미공인 JKC/미공인 KC/미공인

1 years

Sapsaree
삽살개 한국 원산

이름부터 친근감을 갖게 하는 우리나라 토종개다.
북실북실한 털이 얼굴을 가리고 있는 모습이 이국적이고 소박해 보인다.
삽살개는 '귀신을 쫓는 개'로서 한때 궁중에서만 길러지기도 했는데,
민가로 퍼지면서 널리 사랑을 받았다. 긴 털을 휘날리며
무리 지어 달리는 모습은 보는 것만으로도 흐뭇해진다.

2 years
7 years

■ 귀한 대접을 받은 궁중견

신라 시대에 군용견으로 사육된 것으로 알려져 있다. 왕족과 귀족사회에서 귀하게 길러지던 삽살개는 신라가 망하면서 함께 쇠퇴의 길을 걷게 되었고, 민가로 퍼져 나가 고려 시대에는 남부 지방에서 서민의 개로 널리 길러졌다고 한다.

조선 시대에 와서는 민화나 민요에도 등장할 만큼 우리 민족과 더불어 지내 온 견종이다. 이후 일제 시대 때 멸종 위기를 맞았다가, 현재는 천연기념물 제368호로 지정되어 보호받고 있다.

아시아권에서 삽살개와 닮은, 털이 긴 티베트 유래의 개들은 특별한 개로 대접받아 왔다. 라사 압소는 행운을 가져오는 개로 통했고, 시 추 역시 중국의 왕실에서 귀하게 길러졌다. 페키니즈나 저패니즈 칭도 귀족들의 전유물이었다. 우리나라의 삽살개 또한 이와 같은 맥락으로 당시 신라의 귀족사회에서 소중히 여겨졌다.

■ 귀신을 쫓는 개

삽살개라는 이름에서 알 수 있듯이 삽은 '없앤다, 쫓는다'는 뜻이고, 살은 '귀신, 액운'이라는 뜻으로, 삽살개는 '귀신이나 액운을 쫓는다'는 의미를 지닌 우리나라 특산종이다. 달빛에 비친 삽살개의 모습을 보면 귀신도 놀라서 도망간다는 이야기도 전해진다.

흔히 '삽사리'라고 불리며, 머리가 커서 사자의 모습을 떠올린다 하여 '사자개'라고도 한다.

털 색깔에 따라 크게 청색과 황색으로 나누고, 각각 청삽살개와 황삽살개라 부른다. 실제 기본적인 털색은 이보다 훨씬 다양하게 나뉜다.

황삽살개는 온순하고 점잖은 성격인데 비해, 청삽살개는 사나운 편이고 경계심도 강하다.

■ 주인에게 순종형

주인에게 절대 순종하는 타입의 개이며, 애정 표현도 풍부하다. 산책을 할 때 늘 주인 곁에 있으려 하고, 주인 가족들에게도 온순하게 대한다. 진돗개와 마찬가지로 한번 따른 주인을 결코 잊지 않는 충직함을 가지고 있다. 이 때문에 새로 만난 주인에게는 쉽게 정을 주지 않는 면도 있다고 한다.

다른 개들과는 쉽게 친해져서 무리 지어 행동하기를 좋아한다. 단, 경쟁 관계에 있는 동물에 있어서는 도전적으로 태도를 바꾼다.

긴 털이 눈을 가리고 있어서 앞이 잘 보일지 의심스러울 정도지만, 운동 능력이 뛰어나며, 두터운 몸집으로 순발력 있게 달린다.

■ 긴 혀로 체온 조절

체질적으로 강인하여 쉽게 질병에 걸리지 않는다. 길고 두터운 털은 외투처럼 추위와 외부의 충격을 완화시켜 주는 역할을

삽살개 데이터

크기	♂ 키 50~58cm, 무게 18~28kg ♀ 키 48~55cm, 무게 16~25kg
털·털색	겉털은 길고 거칠며, 속털은 짧고 부드럽다. 털색은 청흑색, 담황색 등
별칭	삽사리

KKC/Companions　AKC/미공인　JKC/미공인
KC/미공인

2 years

5 years

한다. 온몸이 긴 털로 덮여 있어 본래 체형보다 더욱 우람해 보인다. 털은 아래로 처져 곧거나 곱슬거린다. 또 부드러운 정도에 따라 쉽게 엉키기도 하며, 빗질을 자주 하지 않아도 제 모습을 유지하는 개들도 있다.

찌는 듯한 무더위에도 긴 털을 아랑곳하지 않고 잘 뛰어다닌다. 날씨가 더울 때는 혀를 밖으로 내밀고 숨을 몰아쉬며, 긴 혀로 체온 조절을 하는데, 더울수록 혀를 더욱 길게 빼어 체온을 식힌다. 한편 물을 좋아하여 물가에 가면 물로 뛰어들어 수영을 즐긴다.

Brussels Griffon
브뤼셀 그리폰 벨기에 원산

강아지들이 입을 크게 벌리며 놀고 있으면 꼭 원숭이 새끼들처럼 보인다.
개처럼 보이지 않은 특색 있는 모습이 흥미를 끈다.

■ '마구간의 그리폰'
미남은 아니지만 개성적인 모습이다. 벨기에서 옛날부터 사육되던 작업견인데, '마구간의 그리폰'으로 불렸고, 농장의 쥐잡기 일을 맡아 했다. 원숭이 같은 얼굴로 유명한 아펜 핀셔와 당시 벨기에서 기르던 개를 교배시키고 개량하여 얻은 견종이다.

■ 잘 따르고 기르기 쉽다
사람을 잘 따르고 정이 가는 성격이며, 몸이 튼튼해서 기르기 쉽다. 중국 원산인 퍼그처럼 코를 좀 시끄럽게 고는데, 이것은 코가 납작한 개들의 공통된 현상이다. 그러나 시끄러운 느낌보다 애교스러움이 앞서므로 즐거운 가족의 일원이 될 수 있다.

■ 스무드 타입과 러프 타입
처음에는 주둥이가 지금보다 나와 있었는데, 개량하는 과정에서 퍼그 등을 교배시켜 납작코가 됐다. 털이 짧고 원숭이와 개의 혼혈 같은 '스무드 타입'과 뻣뻣한 털에 험상궂은 얼굴의 '러프 타입'의 2가지

60 days

60 days

(스무드)

(러프)

60 days

유형이 있다. FCI에서는 스무드 타입을 '프티 브라밴슨(Petit Brabancon)'으로 명명하고, 털이 길고 검은 단색을 '벨기에 그리폰'으로 따로 불러 이 견종을 3가지 유형으로 나누고 있다.

스무드 타입과 러프 타입의 2가지 유형의 교배가 인정되어 있는 경우에는 2가지 유형이 같은 어미개에서 모두 태어난다. 태어난 직후에는 구별이 잘 안 되는데, 얼마 후에 가는 수염이 나오는 강아지가 러프 타입이고, 그렇지 않는 것이 스무드 타입이다.

■ 털 손질과 운동

스무드 타입의 털은 브러싱 정도면 충분하다. 러프 타입의 털은 정기적으로 불필요한 털을 뽑아 주어 뻣뻣한 털만 남게 한다. 가정견이면 3개월에 한 번 정도 바리캉으로 손질해 주면 된다. 매일 10~15분 정도의 운동은 필수.

브뤼셀 그리폰 데이터

크기	♂♀ 키 약 20cm, 무게 3.5~4.5kg
털·털색	스무드 타입과 러프 타입의 2가지 유형이 있다. 털색은 붉은 기가 낀 것과 검정색의 단색도 있다(FCI에서는 스무드 타입을 '프티 브라밴슨', 검정색에 긴 털의 것을 '벨기에 그리폰'으로 불러 구별하고 있다).
비고	단이, 단미한다.
별칭	KC에서는 그리폰 브뤼셀

KKC · AKC/Toy JKC/제9그룹 KC/Toy

Cavalier King Charles Spaniel
캐벌리어 킹 찰스 스패니얼 영국 원산

행복했던 옛 추억을 상기시키는 킹 찰스 스패니얼의 복사판이라 할 수 있는 견종.
강아지도 성견을 그대로 축소한 것 같은 인상이다.
영국에서 매우 인기 있는 애완견이며, 애칭은 '캐브(Cav)'.

35 days

50 days

캐벌리어 킹 찰스 스패니얼 데이터

크기	♂♀ 키 31~34㎝, 무게 4.5~8.5kg
털·털색	비단실 모양의 긴 털. 귀, 가슴, 다리에 장식털. 털색은 검정색 & 황갈색, 루비, 블렌하임, 프린스 찰스
비고	단미는 해도 좋고, 안 해도 좋다.

KKC·AKC/Toy　JKC/제9그룹　KC/Toy

35 days

50 days

■ 왕과 기사

3백 년도 더 오래 전에 영국 왕실에서 총애를 받아 온 애완견. 이름 그대로 영국 찰스 2세가 사랑하던 개였다. 캐벌리어 킹 찰스 스패니얼은 실은 킹 찰스 스패니얼의 개량형으로, 그와 복사판 견종이다. 캐벌리어란 중세의 '기사'를 가리킨다.

1920년대 한 미국인이 옛날 명화에 그려진 킹 찰스 스패니얼에 반하게 되었다. 영국으로 건너갔으나 거기에서 본 것은 몸집이 작고 사자코의 옛 인상이 지워진 개였다. 낙담한 그가 간혹 태어나는 주둥이가 앞으로 나온 조상견과 닮은 강아지를 기본으로 해서 만든 개가 캐벌리어다.

원래의 킹 찰스 스패니얼은 약간 덩치가 크고 주둥이가 나와서 인상이 까다로워 보였는데, 부드러운 인상으로 바뀐 것이다. 또 실내에서 키우는 애완견이었는데, 캐벌리어는 더 튼튼하게 개량되어 실외에서도 기를 수 있는 개로 부활했다.

캐벌리어 킹 찰스 스패니얼은 영국에서는 매우 인기 있는 애완견이지만, 미국에서는 그다지 알려져 있지 않다. AKC에서 공인된 것도 최근이다.

■ 가정에서도 용감한 기사

'기사'라는 이름 그대로 용감하고 우호적인 견종이다. 씩씩한 모험가의 기질도 지니고 있다. 오랫동안 애완견으로 길러졌는데, 그 몸속에는 사냥개인 스패니얼의 피가 흐르고 있어서 경계심이 꽤 많고 집도 잘 지킨다.

주인에게 순종하고 애교도 잘 부린다. 어린이나 다른 개들과도 사이좋게 지낸다.

■ 털 손질은 정성껏

털색을 가리키는 이름이 독특하다. 붉은색을 '루비', 붉은색 & 흰색을 '블렌하임', 트라이컬러를 '프린스 찰스'라고 부른다. 긴 털은 빗으로 정성껏 손질하고, 그 밖의 부분은 브러싱을 해 준다.

Chihuahua

치와와 멕시코 원산

세계에서 제일 작은 개. 강아지는 더욱 작다.
태어났을 때는 불과 60~70g으로 쥐 정도의 크기다.
동글동글한 얼굴에 둥근 눈동자가 반짝인다.
함께 지내며 사람에게 위안이 되어 주는 개다.

55 days(스무드)
60 days(롱)
33 days(스무드)
29 days(롱)
52 days(롱)
55 days (스무드)
59 days(롱)
56 days(롱)

■ **세계 최소의 견종**

'세계에서 제일 작은 개'라는 타이틀은 요크셔 테리어에 뺏겼지만, 평균적인 크기는 지금도 세계 최소의 견종이다. 멕시코에서 미국인이 발견했다고 하는데, 그 기원에 대해서는 여러 설이 있다. 잉카족에 의해 사육되다가 아즈텍족에 의해 이어져 왔다는 설도 있다.

■ **꼬맹이 몸집에 커다란 용기**

작지만 용감하고 '기분은 대형견'이다. 자의식과 호기심이 강하며, 큰 개를 만나도 기가 죽지 않는다. 개 주인이 없을 때, 이상하다고 판단한 낯선 사람에게는 무조건 발뒤꿈치나 발목으로 달려든다.

짖는 소리는 보기와는 달리 굵다. 달아나는 속도도 빠르다. 사람과 놀기 좋아하고 옆에 있는 걸 좋아하는데, '사람을 장난감으로 삼기를 좋아하는 개'라고 개 주인은 말한다. 그러나 과보호는 금물.

■ **스무드 코트와 롱 코트**

털이 짧은 단모종을 '스무드 코트 치와와', 털이 긴 장모종을 '롱 코트 치와와'라고 한다. 다른 품종의 강아지들보다 추위를 덜 타는 편이다.

■ **쇼크에 약하다**

기본적으로 튼튼하지만, 강아지나 성견 모두 몸에 받는 쇼크에 약하다. 특히 머리에 주의해야 한다. 화장지 상자의 모서리에 머리를 부딪치거나, 주인이 '요놈!' 하며 머리를 톡 쳤는데, 그만 죽었다는 어처구니없는 이야기도 있다. 머리뼈 구조 때문인데, 무리한 번식에 의해 최근에 그런 사례가 자주 발생한다고. 연약한 다리도 부러지기 쉬우므로 주의가 필요하다.

■ **식사에 주의를**

먹으면 금방 배가 톡 튀어 나왔다가 소화되면 곧 들어간다. 공복이 원인인 저혈당으로 쓰러지는 경우도 있다. 특히 모유에서 이유식으로 바뀔 때 주의할 것. 기관이 가늘어서 더위에 약하기 때문에 더울 때는 에어컨으로 실내 온도를 조절해야 한다.

치와와 데이터

크기	♂♀ 키 약 13㎝, 무게 1~2㎏
털·털색	털은 스무드 코트와 롱 코트의 2가지 유형이 있다. 털색은 연한 황갈색, 청색, 초콜릿색, 검정색 등

KKC·AKC/Toy　JKC/제9그룹　KC/Toy

43 days(롱)　　43 days(롱)　　52 days(스무드)

56 days(롱)　　52 days(롱)　　54 days(롱)　　55 days(롱)　　59 days(롱)

Chinese Crested Dog
차이니즈 크레스티드 독 중남미·아프리카 원산

강아지 때나 성견이 된 뒤에도 이상한 점이 많은 개다. 태어나서 한 달이 되면 거침없이 걷고 뛰어오르기도 한다. 함께 살다 보면 정말 특이한 개라는 느낌을 자주 받는다.

■ 중국제? 아프리카제? 멕시코제?
머리털이 중국인의 변발 스타일이어서 이런 이름이 붙었다. 2가지 유형이 있는데, 몸통에 털이 없는 '헤어리스(Hair-less)' 타입과 전신에 부드러운 털이 나 있는 '파우더 퍼프(Powder Puff)' 타입이다. 온몸이 맨살이며, 머리와 다리, 꼬리 끝에만 부드럽고 긴 장식털이 나 있어서 환상의 나라에서 온 신비로운 동물 같다. 영리하고 사람을 잘 따르며 애정이 넘치는 개다. 개 주인의 곁에 붙어 있길 좋아하지만, 다른 사람은 친해지기 어렵다.

이 개의 기원도 수수께끼에 싸여 있다. 아프리카의 헤어리스 독이 중국인에 의해 소형화된 것이라고도 하고, 멕시코인의 조상인 아즈텍족의 식용개라는 설도 있다.

■ 헤어리스 타입과 파우더 퍼프 타입
헤어리스 타입은 머리와 발끝에, 파우더 퍼프 타입은 온몸에 짧은 털이 난 채로 태어난다. 주둥이도 짧고 민둥민둥한 느낌인데, 털이 자라고 몸도 날씬해진다. 헤어리스 타입은 몸 전체에 반점이 나타난다.

180 days

51 days

■ 헤어리스 타입의 살갗

헤어리스 타입의 민둥살은 체온이 높고, 만져 보면 부드러워 달라붙는 감촉이다. 그런데 보기와는 달리, 털이 나 있는 파우더 퍼프 타입보다 헤어리스 타입의 피부가 더 건장하다고 한다. 그리고 헤어리스 타입의 살은 더우면 흥건하게 땀에 밴, 그런 느낌이 된다.
헤어리스 타입의 강아지 곁에 파우더 퍼프 타입의 강아지가 라디에이터를 대신해 바짝 붙어서 잘 때가 많다.

■ 털 손질

헤어리스 타입은 털 손질이 필요 없다. 그러나 털이 없는 피부는 강한 햇볕이나 건조한 기온, 추위 등에 약하다. 피부가 거칠어졌을 때는 크림이나 베이비 오일을 발라 주도록. 파우더 퍼프 타입은 브러싱을 해 준다.

51 days

51 days

135 days

차이니즈 크레스티드 독 데이터

크기	♂ 키 25~26cm, 무게 약 7kg. ♀ 키 23~28cm, 무게 약 6kg
털·털색	관모 같은 머리털. 꼬리와 발가락에 긴 털. 헤어리스 타입과 파우더 퍼프 타입의 2가지 유형이 있다. 털색은 단색과 얼룩이 모두 인정된다. 피부 색깔은 짙을수록 좋다.
비고	등 위로 세워진 꼬리에 장식털
별칭	AKC, KC에서는 차이니즈 크레스티드

KKC · AKC/Toy　JKC/제2그룹　KC/Toy

Italian Greyhound
이탈리안 그레이하운드 이탈리아 원산

강아지 때부터 깨끗하고, 다리가 길고 쭉 뻗은 날씬한 몸매.
달렸다 하면 멈출 줄 모르며, 울타리가 있으면 기어오르려 든다.
꼬리를 연방 흔들어 대는데, 그러다 꼬리뼈가 부러지지 않을까 걱정이 될 정도.

이탈리안 그레이하운드 데이터

크기	♂♀ 키 32~38㎝, 무게 2.8~4.5㎏
털·털색	광택 나는 짧은 털. 털색은 연한 황갈색, 붉은색, 회색, 미색, 흰색 등에 흰색이 섞인 색. 검정색 & 황갈색, 청색 & 황갈색, 브린들은 인정하지 않는다.
별칭	피콜로 레브리에로 이탈리아노

KKC · AKC/Toy JKC/제10그룹 KC/Toy

50 days

■ 세련미가 넘쳐 가련해 보이기도

'이렇게 작을 수가!' 할 정도로 작다. 약간 큰 고양이 정도의 크기. 글썽거리는 듯한 눈망울과 부드러운 몸매가 사람들의 시선을 끈다. 이탈리아제 축소판 그레이하운드로, 세련미가 넘쳐 가련해 보이기까지 한 개다.

고대 이집트와 그리스, 로마의 귀족들에게 귀여움을 받았던, 역사가 긴 견종이다. 예로부터 유럽 화가들의 모델이 되기도 했다. 원산국 이탈리아에서는 '피콜로 레브리에로 이탈리아노(Piccolo Levriero Italiano)' 라 불린다. 애칭은 'I.G.'

■ 달리기는 초일류

'그레이하운드' 란 이름은 멋으로 붙여진 것이 아니다. 세계에서 제일 빠른 그레이하운드를 연상시킬 만큼 바람처럼 내달린다. 강아지 때부터 달리기를 좋아하고, 몸은 작지만 운동량이 많아서 산책을 매일 시켜야 한다.

몸이 말랐다는 인상을 주지만, 실은 전신이 근육이다. 뛰고 달리는가 하면 주인 가슴에 뛰어들어 안기는 등 잠시도 가만히 있질 못한다. 높은 곳을 두려워하지 않아서 가구 위에서 뛰어내리기도 하니 주의해야 한다.

50 days

■ 성견이 되면 침착해진다

강아지 시절에는 활발하고 촐랑대며 응석받이였다가, 성견이 되면 침착해진다. 단, 사교적인 개도 있고, 새침데기도 있다. 그리고 자기가 주인을 고르는 개도 있다. 테리어 종류와 달리 성견이 된 뒤에도 가르치면 여러 가지를 곧잘 기억한다.

■ 추운 것은 질색

추운 것을 싫어하는데, 털이 짧으니 당연하다. 겨울에는 감기에 주의할 것. 한편 히터에 너무 가까이 가서 털을 태우는 개도 있다고 한다.

50 days

50 days

Japanese Chin
저패니즈 칭 일본 원산

얌전하고 조용한 성격으로 도도해 보이기까지 하다.
강아지 때는 호기심이 왕성하고 여기저기 잘 돌아다닌다.
그러다가 이 커다란 눈망울과 한 번 마주치면 모른 체 그냥 지나칠 수가 없다.

58 days

58 days

■ 조용한 성격의 온순형
조용하고 사람의 말을 잘 들으려고 노력하는 개다. 이런 성격은 강아지 때부터 나타난다. 몇 번 계속해서 가르치면 대부분 곧 알아듣고 잊어버리지 않는다. 배변 습관도 빨리 몸에 익힌다.
사람을 잘 따르고 주인 가족 모두에게 순종한다. 시끄럽게 짖거나 다른 개에게 적대감을 갖는 일도 없다. 조용해서 이웃에서 개가 있는지도 모를 정도. 안아 주는 것을 좋아하고, 실내에서 기르기 적당한 개. 강아지 때는 이리저리 잘 돌아다니며 형제들끼리도 잘 어울려 논다.

■ 커다란 눈망울, '후지산' 같은 주둥이
크고 둥근 눈이 시원스럽고, 코는 납작코. 앞에서 본 주둥이는 일본의 상징인 '후지산'을 연상시킨다. 눈과 코가 옆으로 일직선상에 있으며 애교가 넘쳐흐른다.

■ 중국 태생의 일본개
중국 혈통의 개로, 2700년이 넘는 역사를

58 days

자랑한다. 723년 신라를 통해 일본에 전해졌고, 황실과 귀족들에게 총애를 받았다. 또 개방을 요구하며 일본에 군함을 이끌고 온 미국의 페리 제독이 영국의 빅토리아 여왕에게 보낸 개도 이 견종이었다고 한다. 친선사절의 주인공이 바로 저패니즈 칭이었던 것이다.

■ **비단실 같은 긴 털은 손질이 간편**
온몸이 광택 나는 곧은 긴 털로 덮이고, 목 주변, 귀, 다리 그리고 꼬리에 장식털이 있다. 발자국이 토끼 발자국처럼 작고, 발에 붓털 같은 털이 있는 것이 좋다.

긴 털을 가졌지만 두터운 속털이 없어 2중모의 장모종에 비하면 손질이 쉬운 편. 기본적으로 브러싱과 빗질로 털이 엉키는 것을 막고 윤기를 내면 된다. 털은 잘 빠진다. 눈병에 약하고 커다란 눈을 다치지 않게 주의할 것. 늘어진 귀의 손질도 잊지 말아야 한다. 일반적으로 몸이 튼튼하고 장수하는 견종이다.

저패니즈 칭 데이터

크기	♂♀ 키 약 23cm, 무게 약 3kg
털·털색	비단실 같은 긴 털. 털색은 흰색 또는 검정색 바탕에 붉은색 반점. 얼굴과 허리의 반점은 좌우대칭이 제일 좋다.
비고	꼬리는 풍부한 장식털이 있고 돌돌 말린다.
별칭	저패니즈 스패니얼

KKC · AKC/Toy　JKC/제9그룹　KC/Toy

Maltese

몰티즈 몰타도 원산

몽실몽실한 흰 털실 공 같은 강아지들.
털실 뭉치가 구르듯이 형제들이 한데 뒤엉켜 장난을 친다.
자라서 비단실 같은 긴 털이 몸을 감싸게 되면
장난도 함부로 하지 못한다.

■ 오랜 역사를 가진 '개의 귀부인'

옛날에는 '몰티즈 테리어', '몰티즈 스패니얼', '몰티즈 푸들', '메리타 독' 등 여러 가지 이름으로 불렸다.
기원전 1500년경에 페니키아인에 의해서 당시 무역의 중계지이던 지중해의 몰타 섬으로 실려 갔다고 한다. 아드리아해에 있는 섬이 원산지라는 설도 있으나 부인하는 사람도 있다.

62 days

몰티즈 데이터

크기	♂ 키 20~25cm, 무게 2~3kg
털·털색	비단실 같은 길고 곧은 털. 속털은 없다. 털색은 순백이어야 한다.
비고	꼬리에 긴 장식털이 많고, 등 위로 얹혀진다.
별칭	비숑 몰티즈

KKC · AKC/Toy JKC/제9그룹 KC/Toy

애완견의 자리를 다른 견종에 비해서 오랫동안 차지하고 있는 몰티즈이지만, 기원과 혈통 등에 대해서는 수수께끼가 많다. 뱃사람들에게 귀여움을 받고 긴 항해의 친구가 된 '흰 몰타의 개'로 이솝이야기에도 등장한다.

유럽에 소개되고부터 우아한 생활을 즐겨 왔다. 15세기경 프랑스의 귀부인들은 이 개를 자기 몸의 일부처럼 여겼다. 19세기에 빅토리아 여왕이 몰타 섬에서 이 개를 가져오게 해서 길렀다는 소문이 퍼지자, 그때부터 인기 견종으로 자리를 굳혔다.

■ **코는 점점 까매진다**
커 가면서 눈의 윤곽과 코 색깔이 점점 까매진다. 귀 부위는 연한 상아색이 돌다가 점차 연해지고, 온몸이 순백색으로 뒤덮인다. 보기와 달리 튼튼하고 씩씩하다. 출산하는 강아지의 수는 적다.

■ **공주의 몸치장에는 많은 손질이 필요**
순백의 털을 유지하려면 많은 손질이 필요하지만, 노력만큼 개는 멋스러워진다. 눈과 주둥이 주위는 특히 정성 들여 닦아 주고, 털 손질을 자주 해 줘야 한다.
항문도 깨끗하게 씻어 주고, 밖에서 놀다 들어오면 비누질도 필요하다. 운동을 좋아하며, 달릴 때 물결처럼 흔들리는 털이 기품있다.

Miniature Pinscher
미니어처 핀셔 독일 원산

개 같지가 않고 '새끼 사슴' 같다는 사람이 있는가 하면, 축소형 공룡을 기르고 있는 느낌이라고 말하는 이도 있다. 영어권에서의 애칭은 '미니 핀(Mini Pin)'.

33 days

■ 새끼 사슴 같은 개
호리호리한 다리, 날씬한 몸매, 빳빳이 선 귀. 게다가 깡충깡충 잘 뛰므로 새끼 사슴 같다는 말이 틀리지 않다. 키는 30㎝ 남짓인데, 어른의 허리 높이까지 점프하는 개도 있다.
독일 이름은 '츠베르크 핀셔' 또는 '레이 핀셔'다. 레이는 독일의 '라인란트의 숲에 사는 사슴'. 핀셔는 테리어 같은 '작은 개'라는 뜻이다.

■ 도베르만의 축소판?
미니 핀은 도베르만을 작게 해서 가련한 인상으로 만든 것 같은데, 도베르만보다 역사가 길고 혈연 관계는 없는 듯. 스칸디나비아의 여러 나라에서 오랫동안 사육되어 온 크라인 핀셔가 조상견이고, 수백 년 전에 소형화되었다고 한다.
독일에서는 3가지 유형으로 나누는데, 가장 작은 것을 '츠베르크 핀셔', 중형의 것을 '핀셔', 대형을 '도베르만'으로 부르고 있다.

■ 용감한 번견, 사랑스러운 가정견
균형 잡힌 체구로 튼튼하다. 몸집은 작은데 용감하며, 경계심이 강하여 번견과 쥐잡이 개로도 활약했다. 발을 높이 들고 뛰는 활기찬 걸음걸이와 영리한 두뇌, 충실한 태도 등으로 가정견으로도 인기가 높다.

■ 가출에 주의
가끔 울타리를 뛰어넘어 달아나는 수가 있다. 호기심이 강한 나머지 생기는 사고인데, 열린 문에 자극을 받아 충동적으로 가출을 하기도 한다.
우리에서 빠져나간 것을 찾지 못해 아주 잃어버렸다고 생각했는데, 이불 밑에서 나타나기도 한다고.

90 days

90 days

33 days

90 days

■ 추위는 질색

짧은 털은 간단한 손질만으로도 윤기 나는 털을 유지시킬 수 있다. 한편 털이 짧은 개는 추위에 약하므로 방한용 옷이 필요하다.
사람에게 안기기를 좋아하고, 공원이나 정원 등에서 뛰어놀기도 잘 한다.

미니어처 핀셔 데이터

크기	♂ 키 25~32cm, 무게 약 4.5kg ♀ 키 25~32cm, 무게 약 4kg
털·털색	깔깔하고 광택 있는 짧은 털. 털색은 붉은색, 검정색 & 황갈색, 초콜릿색 & 황갈색
비고	단미한다.
별칭	츠베르크 핀셔, 레이 핀셔

KKC·AKC/Toy JKC/제2그룹 KC/Toy

Papillon
파피용 프랑스, 벨기에 원산

큰 리본 같은 귀가 깜찍한 파피용. 태어났을 때의 귀는 늘어져 있는데, 성장이 빠른 강아지는 생후 3, 4주가 되면 날개를 펴듯 귀가 일어선다. 애칭은 '팝(Pap)'.

42 days

■ 나비넥타이의 스패니얼
스페인 궁중과 프랑스 왕실에서 총애를 받았던 유명한 개. 마리 앙트와네트와 퐁파도르 부인을 비롯한 귀부인들이 이 개와 함께 초상화에 그려지기를 바랐다고. 파피용의 트레이드마크는 나비넥타이처럼 꼿꼿이 선 귀. 태어났을 때는 늘어져 있다가 얼마 후 일어서는데, 귀에 장식털이 많은 강아지는 그 무게 때문에 서기까지 시간이 오래 걸린다.
강아지 때는 몸통에 흰 부분보다 검정색이나 갈색 부분이 많고, 점점 연해지면서 하얗게 바뀐다.

■ 나비와 나방
파피용은 프랑스어로 '나비'를 일컫는 이름이다. 늘어진 귀의 타입은 나방이라는 뜻의 '팔렌(Palène)'으로 불린다. 팔렌 타입은 흔하지 않지만, 같은 어미개에서 2가지 타입이 모두 나오기도 한다.
FCI에서는 '콘티넨탈 토이 스패니얼'을 견종명으로 하고, 파피용과 팔렌은 그 변종으로 보고 있다. 프랑스어 이름은 '에파뉴엘 냉 콘티넨탈(Épagneul nain continental)'.

■ 훈련 능력이 뛰어나다
보기와는 달리 훈련 적응력이 뛰어나다. 해외에서는 푸들 다음으로 서커스의 예능견으로 활약하고 있다. 재해구조견까지 있다고 한다.
기본적으로는 튼튼하고 우호적이며 잘 순응한다. 또 자기주장이 강한 반면 응석받이이기도. 주인의 태도에 민감하게 반응한다.

■ 저혈당에 주의
소형견은 지나치게 배가 고프면 저혈당 상태가 되어 쓰러지기도 하므로 식사에 주의해야 한다. 속털이 없는 싱글 코트로 털 손질은 그다지 어렵지 않다. 살짝 브러싱을 해 주는 정도면 된다.

파피용 데이터

크기	♂ 키 20~28cm, 무게 약 4.5kg ♀ 키 20~28cm, 무게 약 3.5kg
털·털색	광택 나는 비단실 같은 긴 털. 싱글 코트. 털색은 흰색 & 검정색, 황갈색의 얼룩, 트라이컬러
비고	귀 끝, 꼬리, 가슴에 장식털. 처진 귀의 개는 '팔렌'으로 불린다. 꼬리는 다람쥐처럼 위로 세운다.
별칭	에파뉴엘 냉 콘티넨탈, 버터 플라이 스패니얼 FCI에서는 콘티넨탈 토이 스패니얼(변종으로 파피용과 팔렌이 있다)

KKC · AKC/Toy JKC/제9그룹 KC/Toy

60 days

87 days   48 days

Pekingese
페키니즈 중국 원산

"안아 주면 품 안에서 꼼짝 않고 안겨 있다. 그리고 안은 사람을 뚫어질 듯 바라본다. 생후 1, 2개월 된 페키니즈는 잠시도 품에서 떼어 놓기 싫을 정도로 귀엽다."
길러 본 사람의 말이다.

21 days

■ 중국에서 신성시되던 개
중국에서는 사자 같은 갈기를 비유하여 '라이온 독(Lion Dog)' 또는 빳빳이 선 긴 털을 비유하여 '선 독(Sun Dog)' 등으로 불려 왔다.
소형견으로, 기르는 주인의 소맷자락 안에 들어간다고 해서 '슬리브 독(Sleeve Dog)'이라고도 한다. 서양에서의 애칭은 '페키(Peke)'.
중국의 궁궐에서 기르며 신성시했던 견종이다. 보기보다 뼈가 굵고, 수컷보다 암컷이 좀 더 무겁다.

■ 공물(貢物)로 바쳐지던 개
일찍이 자금성의 내전에서 귀하게 기르던 개다. 조상은 '라사 압소'라고 한다. 기원전부터 달라이 라마가 진나라 시황제 등 중국의 권력자에게 공물로 바쳤던 개가 개량된 것이 페키니즈다.
당시에 이 개를 훔치려고 한 자는 사형에 처하기도 했다. 제2차아편전쟁 때 서태후의 애견이 영국에 보내지면서 처음으로 서양에 알려졌다.

■ 강아지 때부터 점잖은 성격
태어났을 때부터 성견 그대로의 얼굴. 생후 1개월부터 안아 주면 얌전하게 안겨 있다. 대개 다른 개들은 뒤치락거리며 버둥대는데, 페키니즈는 네 다리를 펼친 채 주인 얼굴을 살핀다.
성견이 된 뒤도 점잖아서 웬만해서는 짖지 않는다. 자기 마음에 드는 장소에서 얌전히 있고, 사람이 봐 주면 좋아하지만 봐 주지 않아도 조르지 않는다.

■ 털 손질이 까다롭다
긴 털은 일주일에 몇 차례 정성껏 브러싱을 해 줘야 한다. 샴푸는 털을 상하게 하므로 쓰지 말 것. 대신 베이비 파우더를

페키니즈 데이터

크기	♂♀ 키 약 20㎝, 무게 ♂ 3.2~6.5kg ♀는 ♂보다 약간 무겁다.
털·털색	겉털은 곧고 뻣뻣하며, 속털은 비교적 길고 굵다. 귀, 가슴, 다리, 꼬리에 장식털. 털색은 알비노(Albino)와 검붉은색 이외의 모든 털색이 인정된다.
별칭	페이킹 코우

KKC·AKC/Toy JKC/제9그룹 KC/Toy

이용해서 더러움을 빼고 분무기로 수분을 보충해 준다. 긴 털은 손질이 까다로운 편이지만, 아름답게 가꾼 만큼 보람도 크다. 약간 튀어나온 눈은 민감하여 곧잘 눈물을 흘리므로 매일 손질이 필요하다.

■ **어디에서나 지루해 하지 않는 성격**

자신이 좋아서 산책을 나가는 타입은 아니다. 밖에 나가도 즐겁고, 집 안에서 달리며 놀아도 지루해 하지 않는 도통한 경지에 이른 개다.

한편 페키니즈는 호흡 곤란을 일으키는 일이 있으니 건강에 유의해야 한다.

21 days

21 days

Pomeranian
포메라니안 독일 원산

태어났을 때는 5mm 정도의 짧은 털. 날이 지나면서 쑥쑥 자라지만 길이 10cm의 푹신푹신한 털이 되기까지는 2년 정도가 걸린다.
털실 뭉치 같은 강아지는 밝고 명랑하며, 무엇이든 흥미를 갖고 잘 논다.

■ 아주 작은 스피츠족

두툼하게 퍼진 여유 있는 털, 삼각형의 빳빳하게 선 귀, 튀어나온 이마, 등 위로 말아 올린 우아한 꼬리. 모습으로 보나 성격으로 보나 영락없는 스피츠족이다. 이 작은 개의 가계도를 거슬러 올라가면, 덩치 큰 사모예드 종에 이어진다고 하니 놀랍기만 하다.
그레이트 데인이나 저먼 셰퍼드 독 등 남성적인 개를 좋아하는 독일에서는 그다지 인기가 없었다. 그러나 영국에 건너가서

인기를 회복하였고, 빅토리아 여왕이 이 개의 팬이 되기도 했다.
원산지인 포메라니아 지방의 이름을 따서 '포메라니안'이라고 한 것도 영국인이다. 애칭은 '폼(Pom)'.

■ 얼굴은 귀엽지만 성격은 대담

귀엽고 너구리 같은 얼굴인데, 성격은 대담하다. 발랄하고 원기 왕성하다. 좀처럼 구애받지 않은 성격은 스피츠족의 피에서 비롯된 것 같다. 머리 회전이 빠른 반면 곧잘 흥분한다. 주인이 좋아하는 것이면 무엇이든지 기억하고, 고개를 약간 갸우뚱한 표정이 애교 만점이다.

■ 어떤 털색으로 될까?

태어났을 때는 성견보다 거무죽죽한 짙은 색. 그러다가 조금씩 달라지며 생후 6개월~1년 사이에 털색이 정해진다. 결과가 어떤 털색이 되는가는 개체에 따라 다르므로 이것만은 점칠 수 없다.

■ 소년기에는 원숭이 얼굴

생후 3~5개월경에 털은 그다지 자라지 않는데 몸은 성장하여 전체적인 균형이 깨진다. 특히 얼굴의 털이 짧아서 '원숭이 얼굴'이 되는 시기다.
강아지의 검은 얼굴은 그때쯤 되면 털색이 연해지고 눈썹 같은 검은 털이 남는데, 이 눈썹 털도 곧 없어진다.

■ 털 손질을 안 하면 볼품없다

호화로운 털을 제대로 유지하려면 많은 손질이 필요할 것 같지만, 그렇게 까다로운 편은 아니다. 그러나 매일 브러싱을 해주지 않으면 어느새 더러움을 타서 볼품없어진다. 털갈이는 여름에 한다.

포메라니안 데이터

크기	♂ 키 약 18cm, 무게 1.5~3kg ♀ 키 약 17cm, 무게 1.5~3kg
털·털색	겉털은 곧게 서고 직모이며, 속털은 부드러운 솜털이다. 머리 주변, 어깨 앞부분, 가슴에 유난히 긴 장식털. 털색은 붉은색, 오렌지색, 검정색, 갈색, 초콜릿색, 미색, 청색, 흰색, 파티컬러, 검정색 & 황갈색 등
비고	꼬리는 등에 올라붙는다.
별칭	츠베르크 스피츠

KKC · AKC/Toy JKC/제5그룹 KC/Toy

Pug
퍼그 중국 원산

강아지 때부터 그 모습이 성견의 복사판이다.
뒤뚱뒤뚱 걸으며 독특한 표정으로 관람석을 웃음바다로 만든다.
구경꾼들의 감상평도 가지가지. 주둥이는 아래턱이 위턱보다
더 나와 있어서 젖꼭지를 빠는 데 시간이 걸린다.

35 days

■ **이름과 유래, 일화도 많은 개**

쭈글쭈글한 얼굴과 처량해 보이는 눈으로 모성본능을 자극하는 타입이다. 19세기에 동인도 회사가 영국에 들여와서 일약 각광을 받았는데, 원래는 중국에 오래 전부터 있었던 애완견이다. 중국에서는 '바거우(覇狗)', 즉 코를 골며 자는 개로 불렀다. 프랑스 이름은 '카린(Carlin)', 독일에서는 '모프스(Mops)' 등 가지가지. 견종명 '퍼그'의 유래도 많다. 라틴어로 주먹을 뜻하는 '퍼그나스'에서 따온 것이라는 설, '퍼그나시스'라는 투견 이름, 또 당시 애완동물로 기르던 '퍼그(중국에 사는 원숭이)'를 닮아서 붙여졌다는 갖가지 설이 있다.
나폴레옹의 아내 조세핀의 애견이었던 이 개가 여주인 침대에 들어온 나폴레옹을 물었다는 일화도 전해진다.

■ **자면서 코를 골고 더위는 질색**

'과- 과-' 하며 남자 어른과 같은 소리로 코를 곤다. 코를 고는 건 주둥이가 짧은 개의 숙명이라고 할 수 있는데, 같은 방에서 자면 결국 사람이 길들여진다.
코가 쭈그러지면서, 짧고 좁아진 콧구멍이 라디에이터 역할을 하여 더위에 약하다. 여름 산책은 그늘을 찾아 걷는 등 주의가 필요하다. 더우면 헉헉거리다가 혀 때문에 목구멍이 막히기도.

■ **난산**

강아지의 머리는 큰데 어미개의 허리는 작아서 가끔 난산이 있다. 퍼그의 절반 이

상이 제왕수술로 새끼를 낳는다. 아래턱이 위턱보다 더 나와 있어서 어미개는 탯줄을 쉽게 자르지 못하고, 강아지는 강아지대로 어미젖을 빠는 데 애를 먹는다.

■ 식사와 탈모에 신경을 써야

먹보인데다 가끔 이물질을 잘못 먹어서 사고가 난다. 살이 찌기 쉬우므로 식사량에도 주의를 기울여야 한다.

털이 짧은데도 탈모가 심하다. 매일 브러싱을 해 주고, 특히 계절이 바뀔 때는 주의를 기울이도록. 큰 눈은 눈 손질이 필요하며, 민감해서 쉽게 눈물을 흘린다.

■ 운동은 시간을 정해서

다리가 튼튼한 편이 아니고, 운동 신경이 발달한 개도 아니다. 둔한 편이지만 점프도 조금은 하고, 산책도 좋아한다. 운동량이 많은 편으로, 여러 마리를 기르고 있는 개주인은 "산책의 차례를 기다리지 못해서 '우-우-' 소리를 내며 투덜거린다."고 경험담을 전한다.

퍼그 데이터

크기	♂♀ 키 25~28cm, 무게 6~8kg
털·털색	짧은 털이 촘촘히 난다. 털색은 은색, 살구색, 엷은 황갈색, 검정색. 후두부에서 꼬리까지 트레이스(검은 줄)가 있다.
비고	꼬리는 밑 부분이 높이 붙고, 두 번 말려야 한다.
별칭	카린, 모프스

KKC·AKC/Toy　JKC/제9그룹　KC/Toy

Shih Tzu
시 추 중국 원산

푹신푹신한 털옷을 입은, 움직이는 강아지 인형 같다.
이리 저리 달리다 지치면 그 자리에 벌렁 드러눕는다.
그리고 강아지답지 않게 코를 골며 자는데,
그 모습조차 귀엽다.

56 days

56 days

■ **사자견(Lion Dog)**
티베트산 라사 압소와 페키니즈의 혼혈이라는 등 기원에 대해서는 여러 설이 있다. 시 추라는 이름은 '사자견(Lion Dog)'을 뜻하는데, 사자 갈기 같은 털 때문에 원산지 중국에서 붙여진 것이다. 이 밖에도 '크리센서멈 독(Chrysanthemum Dog, 국화꽃 같은 얼굴의 개)'이라는 이름도 있다.

■ **명나라 황제에게 총애를 받던 개**
중국의 왕실에서 귀하게 자라고, 신의 사자로서 신성시되었다. 자금성에서도 내시들에 의해서 황제가 좋아할 개로 개량되어 사육됐다고 한다. 명나라의 황제들이 특히 이 개를 귀여워했는데, 후에 아편전쟁 때 많은 개들이 죽음을 당했다고 전해진다. 1930년경 중국에서 영국으로 데려간 개가 유럽에 소개되었다. 처음에는 라사 압소와 같은 견종으로 분류됐으나, 이후 다른 견종임을 알고 독립된 견종으로 인정하였다.

■ **명랑하고 놀기 좋아해**
소리나는 장난감을 좋아해서 자기가 불어

45 days

38 days

시추 데이터

크기	♂♀ 키 27cm 이하, 무게 8kg 이하 무게는 4~7kg이 이상적
털·털색	겉털은 길고 촘촘히 나며, 속털은 부드럽다. 털색은 모든 색이 허용된다.
비고	꼬리는 등 위로 말린다.
별칭	크리센서멈 독

KKC·AKC/Toy JKC/제9그룹 KC/Utility

서 소리를 내기도 한다. 누구나 귀여워해서 자칫 응석받이가 되기도 하는데, 이렇게 되면 대하기가 좀 거북해질 수 있다. 귀여워하되 상하 관계는 확실히 길들이도록.

■ **튼튼하고 영리하다**
기본적으로는 몸이 튼튼하고 영리해서 기르기 쉽다. 가끔 고집을 피우지만 대체로 쾌활한 성격이다.
자신이 마음에 드는 곳이면 그대로 자는 버릇이 있다. 실내 운동으로도 부족하지 않지만, 될 수 있으면 밖에서 실컷 뛰어놀게 한다.

■ **난산을 겪기도**
어미개의 몸집에 비해 태어나는 강아지의 머리가 커서 가끔 난산을 겪는다. 어미개는 자기 새끼를 잘 보는 편이어서 둘 사이가 무척 좋다.

■ **비단실 같은 털은 자주 손질해야**
깨끗한 털을 유지하기 위해서는 브러싱이 가장 중요하다. 얼굴을 가리는 털은 핀이나 고무줄로 묶어 준다. 귀 점검도 잊지 말아야 한다.

Toy Manchester Terrier
토이 맨체스터 테리어 _{영국 원산}

귀가 처지는 것은 생후 2개월까지. 곧 귀가 서서 성견과 같아진다.
강아지 때는 활발하고 놀기 좋아하며, 기분이 좋으면 깡총거린다.
날씬한 다리로 발끝 놀림이 유연하다.

63 days

■ 날씬한 소형견
촛불의 불꽃을 연상시키는 귀, 반짝이는 눈동자, 날렵한 몸매를 갖췄다. 소형견이지만 대형견 같이 사나운 면이 있다. 앞다리에 섬마크, 발가락마다 펜슬마크가 있다. 눈 위에는 눈썹 털 같은, 볼에는 키스마크 같은 작은 황갈색 반점이 있다.

■ 맨체스터 테리어의 축소판
쥐잡기 경주에 쓰이던 맨체스터 테리어를 소형화한 견종. 이름이 유래된 영국 맨체스터는 옛날에 서민들의 오락으로 '쥐잡기'나 '토끼몰이 경주' 등이 성행했던 곳이다. 이 견종을 '토이 맨체스터 테리어'로 부르는 것은 JKC와 FCI이고, 그 밖에 '잉글리시 토이 테리어', '블랜 앤드 탠 토이 테리어' 등으로 불린다.

■ 발이 빠르고 도약력이 뛰어나다
강아지도 발이 빠른데, 문을 닫으려는 사람에게 달려와서 문에 끼이는 수도 있을 정도로 재빠르다. 또 강아지와 성견은 모두 도약력이 뛰어나다. 방안에서 집을 보도록 했더니, 밖으로 뛰어나가 울타리를 넘어 옆집 정원에 있기도 한다고.

■ 일찍부터 복종 훈련을
사람 말을 잘 알아듣고 표정이 풍부하다. 그러나 스스로 내키지 않으면 말을 안 듣기도 한다. 강아지 때는 누구와도 잘 어울리지만, 성견이 되고서는 경계심이 많아져 가족 이외의 남이나 다른 개를 경계한다. 개성이 강한 견종이므로 복종 훈련은 강아지 때부터 시키고, 헛짖지 않는 훈련도 시켜야 한다.

■ 윤기 나는 털 손질
몸에서 냄새가 거의 나지 않고, 털도 잘 빠지지 않아서 손질은 쉬운 편. 벨벳 같은 감촉의 털은 가끔 브러싱을 해 주면 된다. 털이 짧고 날씬해서 추위에 약하다. 옷을 입혀야 할 때도 있다.

63 days

토이 맨체스터 테리어 데이터

크기	♂ 키 25~30cm가 이상적, 무게 3~5kg ♀ 키 25~30cm, 무게 3~5kg
털·털색	광택 나는 짧은 털. 털색은 검정색 & 황갈색
별칭	KC는 잉글리시 토이 테리어 (블랙 앤드 탠) AKC는 맨체스터 테리어의 애완견 타입

KKC·AKC/Terrier   JKC/제3그룹   KC/Toy

63 days

63 days

Yorkshire Terrier
요크셔 테리어 영국 원산

신생아는 검정색 & 황갈색. 그러나 성장하면서 털색이 바뀐다.
암청회색(Steel Blue)이 될 때도 있고, 그렇지 않을 때도 있다.
어떤 털색이 되는가는 태어나 3개월 전에는 알 수 없다.
애칭은 '요키(Yorkie)'.

38 days

38 days

50 days

■ '움직이는 보석'

반짝이는 긴 털에, 검고 큰 눈 그리고 톡톡 튀는 성격 등으로 '움직이는 보석'으로 불린다. 고생을 모르는 공주인가 했는데, 알고 보니 신데렐라의 주인공.
19세기 중엽 모직물로 유명한 영국의 요크셔에서 방직공과 탄광부의 손에 의해 쥐잡기용의 테리어로 탄생한 것이 이 요크셔 테리어. 너무 귀여워서 마침내 애완견으로 각광을 받게 되었다.

■ 석탄에서 보석으로

태어났을 때는 새까맣고 눈썹과 턱, 귀 끝, 가슴, 발끝 등에 황갈색의 반점이 있다. 아직 몸에 난 털은 짧지만 점점 자라서 1년 만에 길이 10㎝ 정도가 된다. 색깔도 점점 밝아진다.
개의 성장은 의외로 더뎌서 다 크기까지 2년이 걸린다. 전문 브리더가 기르는 강아지는 귀를 세우기 위해 귀의 털을 깎아 주기 때문에 검은 살이 보이는 개도 있다.

■ 똑똑한 가정견

머리가 좋아서 한 번 가르쳐 준 것은 잘 잊지 않는다. 그러나 자기 마음이 내키지 않으면 하지 않는 성격. 포메라니안 등의 스피츠족에 비해서 약간 신경질적이며, 별것 아닌 것에 신경을 쓰거나 오래 기억하고 있기도 한다.
마당에 구멍을 파 놓는 일도 있다. 덩치는 작지만 고집도 있고 경계심이 있어서 번견으로서 제구실을 다한다. 헛짖지 않도록 버릇을 들여야 한다.

■ 우아한 매력을 유지하려면

비단실 같은 긴 털은 엉키기 쉽다. 매일 브러싱을 해 주고, 정기적으로 전문가의 손을 빌릴 수 있다면 이상적. 샴푸를 한 뒤에는 몸이 식지 않도록 곧 말려 준다. 윤기 있는 털을 유지하려면 나름대로의 노력이 필요하다.
집 안에서 자유롭게 뛰놀 수 있는 환경이면 굳이 특별한 운동은 시키지 않아도 된다.

요크셔 테리어 데이터

크기	♂♀ 키 15~18㎝, 무게 1.5~3㎏
털·털색	광택 나는 비단실 모양의 긴 털. 몸통의 털색은 암청회색(Steel Blue). 가슴털은 황갈색. 머리 부분의 장식털은 황금색 기가 있는 황갈색. 귀, 귀 밑부리, 얼굴은 털색이 한층 짙어진다. 다리는 밝은 황갈색
비고	적당한 길이로 단미한다.

KKC · AKC/Toy　JKC/제3그룹　KC/Toy

38 days

50 days

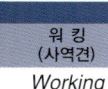
Working

Alaskan Malamute
알래스칸 맬러뮤트 미국 원산

시베리안 허스키를 닮았으나, 덩치가 더욱 큰 썰매개다.
스노우 슈즈를 신은 것 같은 흰 발은 쿠션이 좋고 두툼하다.
강아지 때부터 발 모양이 묵직하다. 허스키 같은 강아지 특유의 윤곽은 없다.

50 days

■ 썰매 경주계의 '터프가이'

우수한 썰매개인 어미개로부터 태어난 강아지는 사람을 잘 따르고 아주 순하다. 개체마다 차이는 있지만, 모두 함께 어울려 놀기보다 저마다 제멋대로 놀기를 좋아하는 견종이다.

세계에서 가장 힘센 썰매개를 꼽으라면, 알래스칸 맬러뮤트를 단연 최고로 친다. 스피드 면에서는 허스키와 막상막하이지만, 힘에서는 어떤 개도 따르지 못한다. 웬만한 추위에도 끄떡없다.

북극과 탐극 탐험에 수없이 파트너 역할을 해 온 유명한 견종이다. 이름은 이뉴잇족의 하나인 맬뮤트(Mahlemuts)에서 유래되었다고 한다.

■ 극한에도 끄떡없어

두툼한 속털은 기름기가 풍부한 양털 같다. 발끝에 쿠션 좋은 살이 있고, 털이 많이 나 있어 '스노우 슈즈를 신은 썰매개'라고도 한다. 털이 풍부한 굵은 꼬리는 잘 때 마스크처럼 이용해 코끝을 보호한다.

이 같은 극한용 중장비 덕분에 맬러뮤트들은 영하 수십 도가 넘는 혹한의 바람과 눈, 얼음의 세계에서도 잘 자란다.

■ 성미가 순하고 사람을 잘 따른다

참을성이 있고 순종적이다. 집단성도 뛰어나다. 길들이기나 훈련은 강아지 때부터 해야 한다. 덩치가 큰 개이므로 성장하고 나서는 길들이기가 쉽지 않다.

몸집이 크고 사나운 얼굴을 하고 있지만, 꾸준히 애정을 갖고 키우면 천진난만한 어린애 같은 개로 자랄 수 있다.

■ 털 손질

털을 깨끗이 유지하려면 매일 빗질을 해주어야 한다. 봄부터 여름까지의 털갈이 시기에는 더욱 신경을 쓴다.

■ 운동 부족이 되지 않도록

주체할 수 없을 만큼 힘이 넘치는 개다. 자전거로 한두 시간 달려도 끄떡없다. 조깅이나 사이클링의 파트너로 최적의 개. 단, 극한용의 두터운 털 때문에 더위에 약하다. 여름 산책은 서늘한 시간에 시킨다.

알래스칸 맬러뮤트 데이터

크기	♂ 키 약 64cm, 무게 약 39kg ♀ 키 약 58cm, 무게 약 34kg KC에서는 ♂ 키 64~71cm, ♀ 키 58~66cm, 무게 38~56kg로 약간 크다.
털·털색	두터운 거친 털. 속털은 양털 같고 물을 튀긴다. 털색은 검정색, 회색, 다갈색, 흰색. 아랫배와 얼굴, 다리 부분은 흰색
별칭	악틱 맬러뮤트

KKC·AKC/Working JKC/제5그룹
KC/Working

Bernese Mountain Dog
버니즈 마운틴 독 스위스 원산

스위스 태생인 버니즈 마운틴 독은 강아지 때부터 건강한 우량아 타입. 강아지와 성견은 처음 들리는 소리에는 '뭘까?' 하는 표정으로 고개를 갸우뚱 하고 듣는다. 지나치지 않게, 적당히 응석을 받아 주면서 길러야 한다고 브리더는 말한다.

■ 긴 털의 산악 지대 출신
스위스 산악 지대에서는 지방마다 사람을 돕는 사역견이 만들어졌었다. 버니즈 마운틴 독은 그 중 하나다. 2천 년 전에 로마군을 따라 스위스로 온 개들이 그 고장의 개들과 교배하여 만들어진 견종이라고 한다. 목축견, 작업견, 번견으로 사육되었는데, 지금은 가정견으로도 인기가 있다. 이름은 출신지인 베른(Bern)에서 유래됐고, 원산지 스위스에서는 '베르너 제넨훈트 (Berner Sennenhund)'라 부른다.

■ 마음씨 좋은 일꾼
보통 수준의 경계심이 있고, 기본적으로 공격성이 없는 온화한 성격. 주인에게 충실하고 사람 가까이에서 할 일을 찾아 하는 그림자 같은 개. 항상 주인을 따른다. 쉽게 흥분하지 않으며, 어디까지나 당당하게 구는 개다. 스포츠를 함께 즐기는 파트너 자격이 충분하다. 기억력이 좋아 구조견의 훈련도 가능하다.

■ 강아지 때부터 길들이기를 철저히
마음씨는 좋지만 응석을 다 받아 줘서는

60 days

60 days

안 된다. 커 가면서 힘이 세지는 대형견이므로 생후 4개월까지는 사람과 다른 동물의 얼굴을 익히게 하고, 해서는 안 되는 일을 확실히 가르쳐야 한다.

■ 털 손질

태어났을 때의 털이 강아지 털로 바뀌는 무렵, 귀의 위쪽이나 아래쪽 털은 바뀌지 않으므로 컷팅을 해 준다. 몸에서 냄새도 거의 나지 않고, 털갈이 시기 이외에는 털이 잘 빠지지 않는다. 평소에는 브러싱만으로도 충분하다. 샴푸는 가끔 시키도록. 늘어진 귀도 정기적으로 손질해 준다.

■ 산책의 파트너

운동량이 많지 않지만 산책은 좋아한다. 조깅이나 사이클링의 파트너로 데리고 다니는 데 알맞은 견종이다.

버니즈 마운틴 독 데이터

크기	♂ 키 64~74cm, 무게 36~48kg ♀ 키 58~66cm, 무게 34~41kg
털·털색	숱이 많은 매끄러운 긴 털. 광택 나는 검정색이 기본. 눈 위, 볼, 다리에 분명한 황갈색의 반점. 얼굴에 흰 줄무늬. 가슴 전체와 발끝에 흰 털
비고	단미한다.
별칭	베르너 제넨훈트

KKC · AKC/Working   JKC/제2그룹   KC/Working

60 days

60 days

Boxer

복서 독일 원산

눈동자가 시원스러워 보이는 복서 강아지.
주둥이가 조금씩 옆으로 늘어지면서 찡그렸다기보다
'난처해 보이는 얼굴'이 된다. 복서다운 얼굴이 되는 것은
태어나서 한 달이 지나면서부터다.

30 days

30 days

■ 계산된 미남, 익살꾼
떡 벌어진 가슴, 알맞게 늘어진 얼굴, 세련된 색깔의 복서. 맞춤양복처럼 계산된 미남이자, 익살꾼이다. 개성적인 풍모에 성격마저 좋아서 가정견으로 인기가 있다. 무뚝뚝해 보이지만, 표정이 풍부하고 사람을 잘 따르며 애교도 있다.

■ 찡그린 표정이 매력적
19세기 독일에서 사슴, 멧돼지, 곰 등의 사냥개로 쓰였던 불렌바이스처와 불독 등을 교배시켜 투견으로 만든 개다.
복서의 이름으로 등장한 것은 1백 년쯤 전의 일. 앞발을 위로 들어올려서 싸우는 독특한 모습에서 이름이 유래됐다고 하는데, 그 밖에도 여러 설이 있다.
투견으로 활동한 것은 잠시였고, 사냥개, 사역견, 군용견, 가축견, 경호견, 맹도견, 번견 등의 일을 맡아 했다. 훈련 능력이 뛰어나 독일에서는 최초의 경찰견으로도 활약하였다.

■ 복종 훈련은 엄격하게
일반적으로 순하고 헛짖지 않으며, 주인에게 순종한다. 래브라도나 골든보다 기르기 쉽지만 체력뿐 아니라 지능도 높아서 주인 노릇을 하기가 만만치 않다. 강아지 때부터 복종 훈련을 엄격히 시키고, 좋고 나쁜 것의 구별을 가르쳐야 한다. 이해가 빠르고 자기가 판단하는 개이므로 애정을 가지고 가르치면 잘 따른다.

■ 더위와 추위는 질색, 운동은 충분히
털이 짧아서 손질은 쉬운 편으로, 가끔 브러싱을 해 주는 정도면 된다. 발톱은 정기적으로 잘라 줘야 한다. 더위와 추위에 민감하므로 신경을 써야 한다. 힘이 센 개로, 운동도 적당한 양으로는 만족하지 못한다. 마음대로 달릴 수 있는 울타리가 있는 넓은 뜰과 개집이 있으면 좋다.

■ 사납게 보이려고 단미, 단이
견종표준으로 AKC에서는 귀를 자르고, KC에서는 자르지 않는다. JKC에서는 어느 쪽도 인정한다.

30 days

복서 데이터

크기	♂ 키 57~64cm, 무게 약 32kg ♀ 키 53~60cm, 무게 약 27kg
털·털색	광택 나는 짧은 털. 털색은 연한 황갈색, 브린들. 브린들은 줄무늬가 분명한 것. 흰 반점은 있어도 좋다. 얼굴에 블랙 마스크

KKC·AKC/Working JKC/제2그룹 KC/Working

30 days

Bullmastiff
불마스티프 영국 원산

강아지 때부터 이토록 의젓한 개가 또 있을까 싶다. 장난도 잘 치지 않은 편인데, 형제들끼리 서로 엉겨서 뒹굴기를 좋아한다. 레슬링, 씨름 등을 하며 신나게 놀다가 밥 먹고 또 한차례…, 그리고 낮잠. '잘 자는 개가 잘 큰다'

51 days

51 days

■ **사냥터 지킴이**
올드 잉글리시 마스티프와 불독을 교배시켜서 '불마스티프'가 태어났다. 19세기 후반 영국에서 밀렵꾼을 잡기 위해 사냥터 관리인이 파트너로 만든 개다. 마스티프보다 스피드와 공격성이 뛰어나며, 당시의 불독처럼 흉포하지도 않다. 즉 크고 활동적인 번견으로 만들어진 것이다. 밀렵자를 찾아내고 추적해서 사람이 올 때까지 꼼짝 못하게 해서 '게임키퍼즈 나이트 독(Gamekeeper's Night Dog)'이라고도 불린다.

■ **강아지 때부터 타고난 지킴이 개**
몸집은 대형견이지만 기본적으로 순하고 주인 말에 순종한다. 좋아할 때도 표정을 자제하며, 꾸짖으면 고개를 기울이고 시치미를 뗀다. 헛짖기를 하지 않으며, 의심적은 사람에게만 짖는다. 강아지도 그렇

불마스티프 데이터

크기	♂ 키 64~69cm, 무게 50~60kg ♀ 키 61~66cm, 무게 45~54kg
털·털색	겉털은 거칠고, 속털은 짧고 촘촘히 난다. 털색은 은색, 살구색, 연한 황갈색, 브린들. 눈 주위, 주둥이, 코, 귀는 검을수록 좋다.

KKC·AKC/Working   JKC/제2그룹   KC/Working

51 days

51 days

다. 과연 타고난 번견이다.

■ **복종 훈련은 어려서부터**
어려서부터 복종 훈련을 시키는 것이 중요하다. 잘못 길들이면 주인도 대책이 안 서는 경우가 생긴다. 또 강아지 때부터 사람뿐 아니라 동물들과도 접촉할 수 있는 기회를 자주 만들어 주는 것이 좋다.

■ **간편한 털 손질, 운동은 충분히**
털이 짧아서 손질은 아주 쉽다. 헝겊이나 부드러운 브러시로 마사지하듯 빗어 주면 된다. 발톱과 귀는 정기적으로 손질한다. 에너지가 넘치는 대형견이므로 운동과 식사에 신경써야 한다. 일반적으로 쾌활한 성격이지만, 경계심과 공격 기질이 숨어 있으므로 개 주인은 그 점을 염두해 두고 길러야 한다.

더위에 약하므로 여름에는 그늘진 곳에서 산책을 시키도록.

Dobermann
도베르만 독일 원산

예리하고 사나운 어미개와는 사뭇 동떨어진 인상을 주는 응석꾸러기 강아지. 가죽은 벨벳을 만지는 듯한 느낌이다. 장난치고, 달라붙고, 깨물고, 당기고…. 함께 놀아 주던 주인의 바지는 걸레 조각이 되고 만다.

■ 냉정한 풍모의 보디가드

천진난만한 강아지들도 성견이 되면 키가 훌쩍 자라고 얼굴도 길쭉해진다. 매끈한 짧은 털, 군살 없는 세련된 근육미, 늠름한 얼굴로 말쑥한 인상이 매서워 보인다. 대담하고 섬세하며, 통찰력이 있으면서 점잖은 성격이 이 개의 매력이다.

■ 루이스 도베르만의 경호견

19세기 말 도그쇼가 개최되면서 견종의 개량이 활발하던 무렵, 독일의 세무조사관이자 들개포획원이었던 루이스 도베르만이 경호견으로 만든 견종이다. 제1차세계대전에서 군용견으로 활약하면서 인기가 높아졌다. 지금은 경호견, 번견, 군용견, 경찰견, 가정견으로 활약 중이다. 경계심이 월등하고 용감하며 주인한테는 순종한다. 호신 역할을 하는 동반자로서는 더 이상 바랄 게 없는 개다. JKC나 KC 등에 '도베르만'의 이름으로 공인되어 있다. 그러나 AKC에는 '도베르만 핀셔(Doberman Pinscher, 도베르만의 'n'자가 한 개 빠진 것은 견종공인 때 기재 착오로 보인다)'로 되어 있다.

■ 길들이기는 당근과 채찍을 적절히

강아지 때부터 일관된 복종 훈련이 필요한 견종이다. 개 주인은 힘센 개를 컨트롤할 수 있는 체력과 역량이 요구된다. 강아지 때부터 당근과 채찍을 적절히 사용하면서 훈련시켜야 매력적인 동반자가 될 수 있다. 많은 사람, 여러 동물들과 접촉하는 기회를 갖는 일도 중요하다.

■ 간편한 털 손질

짧은 털로 손질은 간단하다. 헝겊이나 부드러운 브러시로 가볍게 마사지하는 정도면 된다.

반면 운동은 충분한 시간을 시켜야 한다. 담장 있는 넓은 운동장이 있으면 이상적.

■ 단미, 단이

꼬리는 생후 일주일 이내에, 귀는 생후 2~4개월에 잘라 준다. 견종표준으로 AKC와 JKC에서는 단이를, KC에서는 자르지 않은 늘어진 귀를 인정한다.

43 days

도베르만 데이터

크기	♂ 키 66~71cm, 무게 32~34kg. ♀ 키 61~66cm, 무게 27~29kg
털·털색	짧고 곧은 털. 털색은 검정색, 갈색, 청색, 엷은 황갈색. 붉은빛의 녹슨 색깔의 부위가 있다.
비고	단미, 단이한다. AKC와 JKC에서는 단이하는데, KC에서는 단이하지 않은 본래의 처진 귀 그대로를 인정한다.
별칭	투링거 핀셔, 플리젤리히 졸다텐훈트 AKC에서는 도베르만 핀셔

KKC·AKC/Working JKC/제2그룹 KC/Working

75 days

43 days

Giant Schnauzer
자이언트 슈나우저 독일 원산

스탠더드 슈나우저를 대형화한 개다. 미니어처 슈나우저보다 키가 약 2배 정도. 강아지 때부터 몸이 묵직하고, 사람을 따르며 놀기 좋아한다.

■ 대형 슈나우저
슈나우저에는 미니어처 슈나우저, 스탠더드 슈나우저, 자이언트 슈나우저로 3가지 유형이 있다. 이 중 자이언트 슈나우저는 원산국 독일에서 '리젠슈나우저(Riesen schnauzer)'라 불리는 대형 슈나우저다. 리젠이란 독일어로 '크다'는 뜻. 강아지 때부터 체격이 탄탄하고 늠름하다. 또 장난치기를 좋아하고 사람을 잘 따른다.

■ 덩치도 힘도 제일
자이언트 슈나우저는 농장에서 소떼 몰이를 하기 위해 스탠더드 슈나우저를 개량한 견종이다. 덩치를 크게 하기 위해서 그레이트 데인, 로트바일러, 부비에 드 플랑드르, 그 고장의 목양견 등 갖가지 견종과 교배시켰다고 한다. 단단한 골격에, 머리가 좋고 뛰어난 후각을 자랑한다. 훈련 적응력 또한 높다.

■ 슈나우저 중 가장 쾌활한 성격
화려한 외모는 아니지만, 튼튼하고 성격이 좋아서 주인과는 두터운 신뢰와 충성으로 관계를 이어 간다. 과연 독일제 개답다. 그리고 슈나우저 종류 중에서 자이언트가 가장 쾌활하다. 길들일 때는 체벌은 되도

30 days

30 days

록 피하고, 시간이 걸리더라도 애정을 가지고 가르쳐야 한다.

■ **크기 이외는 스탠더드와 같다**
자이언트 슈나우저는 크기 이외의 견종표준이 스탠더드 슈나우저와 같다. 털색도 거의 같은데, 자이언트는 검정색 & 황갈색도 허용된다.

■ **정기적인 트리밍을**
매일 브러싱과 빗질이 필요하다. 그리고 뻣뻣한 강모종의 털을 유지하려면 죽은 털을 뽑아 주어야 한다.
손질을 거르면 자칫 털이 부드러워지고 만다. 특히 긴 털은 정성을 들여서 정기적으로 트리밍해야 한다.

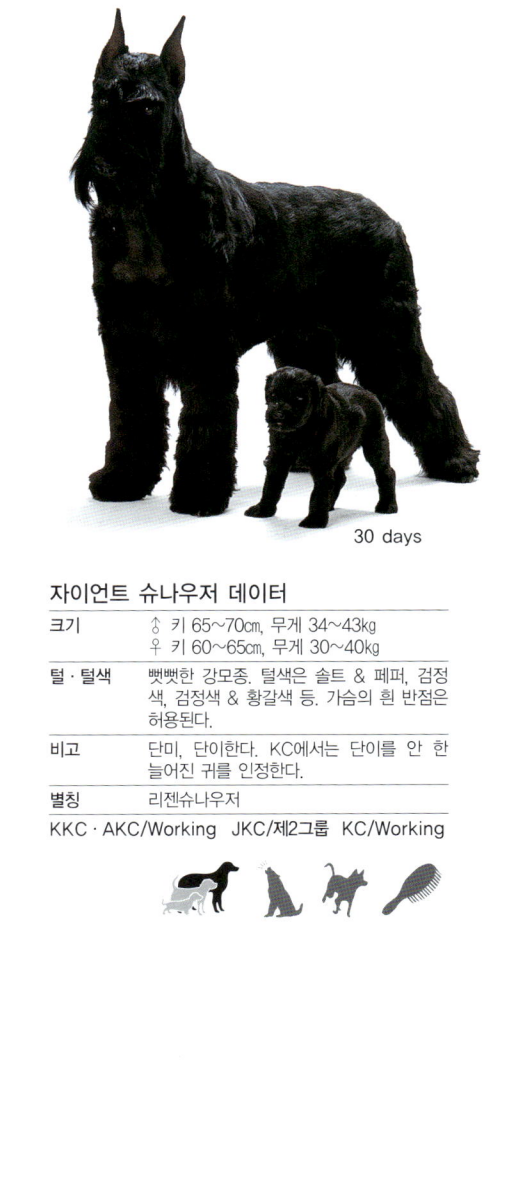

30 days

자이언트 슈나우저 데이터

크기	♂ 키 65~70㎝, 무게 34~43kg ♀ 키 60~65㎝, 무게 30~40kg
털·털색	뻣뻣한 강모종. 털색은 솔트 & 페퍼, 검정색, 검정색 & 황갈색 등. 가슴의 흰 반점은 허용된다.
비고	단미, 단이한다. KC에서는 단이를 안 한 늘어진 귀를 인정한다.
별칭	리젠슈나우저

KKC · AKC/Working JKC/제2그룹 KC/Working

30 days

30 days

30 days

Great Dane
그레이트 데인 독일 원산

그레이트 데인이 아니라, 독일의 개라는 뜻의
'도이체 도게(Deutsche Dogge)'로 불러야 할 견종이다.
작게 태어나 놀라울 정도로 크게 자란다.

■ **보어 하운드**
'보어 하운드'로 불리며 용감한 멧돼지 사냥개로 이름을 날렸던 개가 그레이트 데인의 기원이다. 티베탄 마스티프, 올드 잉글리시 마스티프, 그레이하운드의 피가 섞여 있다는 설도 있다.

■ **위엄과 기품, 용기와 인내, 스피드**
마스티프의 위엄과 그레이하운드의 우아함을 겸비한 개. '개의 아폴로'라고도 불린다. 감히 가까이 하기 어려운 인상인데, 그런 대로 섬세하여 사람을 잘 알아본다. 가끔 매우 응석꾸러기가 되기도 한다. 잘 움직이는 눈썹 위의 표정이 풍부하다.

■ **독일을 대표하는 개**
독일의 국견으로, '도이체 도게(Deutsche Dogge)'가 원산국의 이름이다. 영국에서 견종명을 정하면서 여러 개의 프랑스 이름 중 '커다란 덴마크의 개'라는 뜻의 이름을 골라 붙였다. 그것을 기초로 해서 '그레이트 데인'이 되었다는 약간 아리송한 경위가 있다.

■ **사나워 보이기 위해 단이**
사나운 얼굴로 만들기 위해 귀를 자르기도 한다. AKC나 JKC의 견종표준에서는 단이하지만, KC나 원산국 독일에서는 늘어진 채로 귀를 그대로 둔다.

46 days

46 days

46 days

■ 다치지 않는 훈련을

기본적으로는 공격성이 거의 없는 온순한 개다. 그러나 체구가 크고 힘도 세서 강아지 때부터 상하 관계를 분명히 가르쳐 줘야 한다. 머리는 좋은 편인데, 덩치가 커서 보통 개에게는 별로 문제되지 않는 몸놀림도 사고로 이어질 수가 있다.

■ 털 손질과 식사

짧은 털이므로 브러싱 정도로 손질을 간단히 마칠 수 있다. 식욕이 왕성하고, 운동량도 많다. 초대형의 개를 기를 때는 돈과 공간, 시간과 애정이 필요하다.
골격이나 근육이 완전히 성장하기까지 오랜 시간이 걸린다. 일찍부터 운동을 시키면 체형에 이상이 생길 수 있으므로 주의한다.

그레이트 데인 데이터

크기	♂ 키 76~81cm, 무게 54~65kg ♀ 키 71~76cm, 무게 45~55kg
털·털색	광택 나는 짧은 털. 털색은 브린들, 연한 황갈색, 청색, 검정색, 할리퀸
비고	꼬리는 굽은 칼 모양. 단이한다. KC나 독일에서는 처진 귀 그대로를 인정한다.
별칭	원산국 독일에서는 도이체 도게

KKC·AKC/Working JKC/제2그룹 KC/Working

Great Pyrenees

그레이트 피레니즈   피레네 산맥 원산

'피레네의 눈 쌓인 구덩이에 생명을 불어넣은 듯하다'고 표현되는 대형견. 강아지는 푹신한 눈 뭉치 같다. 명랑하고 활발하며, 그러면서도 조심성이 많다. 태어났을 때는 600~800g. 1개월이면 8kg, 6개월 만에 40kg로 자란다.

■ 피레네의 산악견

태생은 스페인과 프랑스의 국경 지대를 잇는 피레네 산맥. 여기서 오랜 옛날부터 양을 훔쳐 가는 사람, 늑대, 곰, 들개 등으로부터 양들을 지키는 무적의 산악견으로 군림하였다.

온순해 보이는 풍모, 부드러운 눈, 아름다운 털 등을 갖췄으나, 외모로 봐서는 상상도 할 수 없는 야성의 역사를 가진 개다. 날카로운 못이 박힌 쇠목걸이로 무장한 '피레니안 울프독'으로 또는 '피레니안 베어하운드'로 갖가지 무용담을 남겼다.

시대가 바뀌어 루이 17세 때에는 프랑스 왕실에서 총애를 받았다.

유럽의 청동기 시대의 유적(기원전 17~10

31 days

그레이트 피레니즈   피레네 산맥 원산

세기경)에는 피레니즈를 닮은 개가, 또 바빌로니아 예술작품에도 비슷한 개가 그려져 있다.

■ 훈련사를 애먹이는 개
그레이트 피레니즈는 주관이 매우 뚜렷한 개다. 스스로 생각하고 납득한 것 이외는 하려고 들지 않는다. 주종 관계만 가지고서는 움직이기 어렵다. 납득이 안 가면 주인 말도 순순히 듣지 않는다. 그래서 '피레니즈의 가죽을 쓴 사람'이라고 말하는 이도 있다.

■ 강아지 때의 길들이기가 관건
생후 2개월까지는 어미개와 함께 생활하게 해서 강아지 시절의 교육을 마친다. 그 후에는 좋고 나쁜 것을 분명히 가르치고, 주종 관계를 확실하게 인지시킨다. 강아지 때에 응석을 받아 주는 것과 귀여워하는 것을 혼동하게 만들면, 성견이 되고 나서 몹시 다루기 힘든 개가 된다.

■ 흰 털의 관리
좀 문제가 되는 것은 봄에서 여름에 걸친 털갈이 시기 정도. 평소에는 털이 엉키는 일이 거의 없으므로 며칠에 한 번 정도 브러싱을 해 주면 된다.

■ 과보호가 되지 않도록
운동은 매일 정해진 시간, 같은 코스를 하는 것보다 주인의 형편에 따라 바꾸는 것이 좋다. 그래야 개도 기다리지 않고 스트레스도 쌓이지 않는다. 제일 중요한 것은 과보호가 되지 않도록 하는 일.

31 days

그레이트 피레니즈 데이터

크기	♂ 키 69~81cm, 무게 50~60kg ♀ 키 64~74cm, 무게 45~55kg
털·털색	겉털은 두껍고 약간 물결 모양이며, 속털은 가늘고 풍부하다. 털색은 흰색, 흰색 바탕에 검은 갈색의 반점, 흰색에 회색 또는 황갈색의 그늘
비고	발톱은 자르지 않는다.
별칭	치엥 드 몽타뉴 데 피레네 KC에서는 피레니안 마운틴 독

KKC·AKC/Working JKC/제2그룹 KC/Pastral

31 days

Leonberger

레온버거 독일 원산

토실토실한 강아지들은 초대형의 어미개와는 달리 아주 작다.
하지만 순식간에 크므로 안아 줄 수 있는 기간은 짧다.
뉴펀들랜드의 강아지와 구별하기가 쉽지 않다.

31 days

31 days

31 days

레온버거 데이터

크기	♂♀ 키 76~80cm, 무게 약 40kg 이상
털·털색	아주 긴 털이 몸에 밀착한다. 속털은 촘촘히 난다. 털색은 황금색, 붉은색, 붉은 기가 도는 갈색, 모래색(연한 황갈색, 미색) 또는 이들 색의 조합. 얼굴은 블랙 마스크
비고	꼬리에 풍부한 장식털이 있다.

KKC·AKC/미공인 JKC/제2그룹 KC/Working

31 days

31 days

■ 라이온 독(Lion Dog)

독일의 소도시인 레온베르그의 트레이드 마크는 사자다. 19세기 때 열성적인 애견가였던 이곳의 시장이 도시의 상징물이 될 수 있는 개를 만들려고 했는데, 이때 탄생된 개가 바로 레온버거다.
뉴펀들랜드와 세인트 버나드, 그레이트

피레니즈 등 여러 견종을 교배시켜서 만든 개다.

■ 레온베르그에서 세계로

사자처럼 생긴 개는 마침내 소도시 레온베르그에서 나폴레옹 3세, 비스마르크 등 세계적인 권력자들에게 그 권좌의 상징견으로 팔려 세계로 보급됐다. 그러나 제1차세계대전 후에는 겨우 5마리밖에 남지 않게 되었다.
그 혈통을 보존하기 위해 온갖 정성을 다했으나, 제2차세계대전 직후에는 8마리 밖에 남지 않았었다고 한다. 그 후 25년의 긴 세월에 걸쳐 견종을 부활시키려는 노력이 단종의 비극을 막았다.

■ 온순한 사자

평소에는 순하고 좀처럼 짖지 않는다. 대범하고 솔직한 성격. 기본적으로 사람과 같이 있는 것을 좋아하고, 어린이들과 놀기도 좋아한다. 그러나 비상시에는 방위 본능을 발휘한다.
대형견이므로 성견이 되면 힘이 세서 주인 마음대로 다루기 힘들다. 강아지 때에 철저하게 길들여야 한다.

■ 헤엄치기도 능숙

방수성이 좋은 털과 발가락 사이에 물갈퀴 같은 막이 있다. 자기가 하고 싶으면 곧잘 헤엄을 치는데, 뉴펀들랜드보다는 약간 뒤진다.

■ 털 손질은 충실히

정성스러운 털 손질이 필요하다. 매일 브러싱을 해 주고, 특히 털갈이 시기에는 죽은 털을 꼼꼼히 뽑아 줘야 한다. 털의 양은 보기보다 많지 않다. 운동은 충분한 시간 동안 시켜야 한다.

Newfoundland
뉴펀들랜드 캐나다 원산

곰처럼 큰 개는 태어날 때부터 600~800g의 점보 사이즈.
강아지 때도 곰 같은 느낌이다. 눈 깜짝할 사이에
안아 줄 수 없는 크기로 자라고, 생후 2개월이면 10kg를 돌파한다.

68 days

68 days

■ **성격 좋은 곰**
강아지 때부터 느긋하다. 우둔해 보여 사람의 마음을 잘 누그러뜨린다. 성견이 되어도 온순하고 사람을 좋아하며, 누구에게나 부드럽게 대한다. 《피터 팬》에 등장하는 '나나'가 바로 이 견종. '나나'와 마찬가지로 아이들에게 좋은 친구가 된다. 다만 덩치가 커서 좋아하며 날뛸 때는 악의가 없더라도 다루기 힘들다. 덩치가 커지는 속도와는 달리 성장하는 속도는 느려서 성숙하기까지 2년쯤 걸린다.

■ **수영에 자신 있는 바다의 개**
기원이나 혈통에 대해서는 확실치 않은데, 캐나다의 뉴펀들랜드 섬에서 고기잡이와 화물의 운반을 도왔던 것은 확실해 보인다.
해난구조견으로서도 알려져 있으며, 얼어붙을 듯한 추운 바다에서 활약하던 개여서 헤엄치는 데에 뛰어나고 추위에도 강하다. 몸통의 크기에 어울리는 큰 발로 힘차게 바닷물을 헤치고 나아간다.
촘촘한 더블 코트는 방수성이 뛰어나고, 발가락 사이에는 물갈퀴 구실을 하는 두꺼운 피부가 있다. 이 견종은 대부분 물 물놀이를 좋아하는데, 간혹 예외도 있는 듯. 힘이 세고 달리는 속도가 제법 빠르지만, 빨리 피곤해 한다. 단거리형인 셈이다.

■ **두툼한 털의 손질**
털은 두툼하고 많이 빠지며, 브러싱이 만만치 않다. 물에서 놀고 난 후에도 손질을 잊지 말 것. 추위에는 꽤 강하지만, 더위에는 약해서 더위에 대한 대책이 필요하다. 그리고 침을 많이 흘리고, 코도 잘 곤다.

뉴펀들랜드 데이터	
크기	♂ 키 약 71cm, 무게 59~68kg ♀ 키 약 66cm, 무게 45~54kg
털·털색	곧고 거친 털이 촘촘히 나며, 방수성이 높다. 털색은 검정색, 갈색, 랜드시어(흰색과 검정색의 2모색)
비고	꼬리는 길게 늘어지고, 끝이 위로 말려 있다. FCI에서는 '랜드시어'를 다른 견종으로 분류한다.

KKC·AKC/Working JKC/제2그룹 KC/Pastral

(랜드시어)

■ 병원을 잘 선택해야

수술시에 다른 견종처럼 취급해서 마취량을 늘리면 위급 상황이 벌어지기도 한다. 반드시 이 견종에 대해서 전문적으로 알고 있는 병원을 선택해야 한다.

■ 랜드시어

19세기에 영국의 동물화가였던 랜드시어가 검정색 & 흰색의 털색을 가진 뉴펀들랜드를 그린 데서 이 털색이 인기를 모았다. 이후 흰 바탕에 검정색 무늬가 있는 털색을 '랜드시어'라고 부르게 됐다.

60 days

Rottweiler
로트바일러 독일 원산

투박한 어미개를 그대로 축소한 듯한, 뼈대가 굵은 강아지들. 눈 위에 나 있는 황갈색 반점의 미묘한 차이로 저마다 개성을 나타낸다. 천진난만한 얼굴 때문에 응석을 받아 주기 쉬운데, 본래의 성격은 만만치 않다.

45 days

45 days

■ **중노동도 거뜬히**
로마 군대의 식량인 소떼를 몰아 이동하면서 유럽 원정을 도왔던 군용견이 조상견이라고 한다.
중세시대에 국경의 시장으로 번창하던 독일의 로트바일(Rorrweil)의 정육업자들이 가축을 몰거나 경비견으로 이용하려고 개량한 것이 로트바일러다.
소박하고 끈기가 있으며, 부지런한 일꾼이다. 그런데 하역 작업을 노새에게 뺏기고 일이 없어지면서 한때 쇠퇴의 길을 걷다가, 그 재능과 끈기를 인정받아 경찰견으로 부활했다. 지금은 가정견으로도 인기가 높다.

■ **강아지 때부터 복종 훈련을**
강철 같은 단단한 몸을 가지고 있으며, 근

45 days

45 days

로트바일러 데이터

크기	♂ 키 61~69cm, 무게 약 52kg ♀ 키 56~64cm, 무게 약 45kg
털·털색	뻣뻣한 짧은 털이 촘촘히 난다. 더블 코트. 털색은 검정색 & 황갈색. 양눈 위, 주둥이, 볼, 가슴, 다리의 정위치에 황갈색의 반점
비고	단미한다.

KKC · AKC/Working JKC/제2그룹
KC/Working

면하고 기억력이 좋아 믿음직스러운 개다. 하지만 능력 발휘는 기르는 주인의 역량에 따라 크게 좌우된다. 강한 방위 본능, 우수한 운동 능력을 가지고 있어서 잘못 길들이면 감당하기 어렵게 된다. 경계심이 강해서 다른 개와 잘 어울리지 못한다. 강아지 때 사회성을 길러 주는 것이 훈련의 관건이다. 다른 사람이나 동물들과 자주 접촉하게 해서 사회성을 익히도록 해준다.

■ **암캐가 기르기 쉽다**
수캐에 비해 암캐가 몸집이 작고 복종심도 강하다. 또 독립심은 낮은 경향이 있어서 키우기가 쉽다고 한다. 덩치가 크고 기가 센 수캐를 제대로 길들이려면 컨트롤뿐만 아니라 완력도 필요하다. 이 때문에 한 가정에서 2마리 이상의 수캐를 기르기는 힘들다. 성향 좋은 어미개가 낳은 강아지를 고르는 것도 하나의 방법.

■ **운동은 매일 충분하게**
운동량이 많아 매일 충분히 시켜야 한다. 천천히 걷는 정도의 산책으로는 불충분하다. 성견이 되면 자동차나 자전거, 오토바이 등을 이용해서 운동을 시킨다.

Samoyed
사모예드 러시아 원산

순백의 털은 천사가 준 선물이다.
타고난 성격이 강아지 때부터 나타나는데,
귀여운 사모예드 강아지는 어디에서든
사람들의 마음을 사로잡는 매력이 있다.
굳이 제일 귀여운 때를 꼽으라면
생후 1개월에서 2개월 반 사이 정도.

80 days

50 days

■ '사모예드 미소'

사모예드의 트레이드마크는 '미소'. 이 개를 보고도 미소 짓지 않은 사람은 아마 없을 것이다. 주둥이의 양 귀퉁이가 약간 올라가 있어 앞에서 보면 언제나 미소짓는 듯한 표정이다. 새하얀 털에 전형적인 스피츠계의 견종다운 외모를 갖추었다. 애칭은 '사미(Sammy)'.

사람을 잘 따르고, 개마다 차이는 있지만 처음 보는 사람에게도 곧잘 응석을 부린다. 그리고 낯선 사람을 따라 가기도 한다. 천진난만한 미소에 걸맞게 자질구레한 일에 신경을 쓰지 않는 성격.

■ 극지 탐험의 이력을 가진 개

이름은 시베리아의 툰드라 지대에 살던 유목민족의 이름에서 유래했으며, 그들이 번견이나 썰매개로 기르던 개였다. 건강한 체구와 끈질긴 인내력으로 북극에서 적도를 넘어 지구를 반주하고, 남극탐험에도 참가한 이력이 있다. 썰매개로서 스코트와 아문센을 모신 영예도 가지고 있다.

옛날에는 세이블이나 검정색 & 흰색의 개도 있어서 하얀 눈을 배경으로 한 실루엣이 사람들의 호감을 산 적도 있었다. 그러나 이 개가 영국에 소개되면서 순백이나 미색의 털로 제한됐다.

처음에는 'Samoyede' 라는 이름으로 등록됐었는데, 이후 'e' 자를 떼고 현재의 이름으로 변경되어 영국식으로 '사모예드' 라 부르고 있다.

■ 스노우 슈즈, 꼬리 마스크

발가락은 눈 위에서 안정감 있게 설 수 있도록 벌어지고, 발가락 사이에 촘촘히 난 털이 미끄럼 방지 기능을 한다. 푹신푹신한 털로 된 말린 꼬리는 잘 때 코로 들어가는 냉기를 막는 마스크 노릇을 한다.

눈을 무척 좋아하고, 여름뿐 아니라 겨울에도 물 속에 뛰어들어 논다. 강아지 때부터 추위에는 강한데, 더위는 싫어한다. 봄부터 더위를 타기 시작한다.

■ 털 손질

브러싱과 빗질은 필수. 봄과 가을의 털갈이 시기에는 많은 털이 빠져서 특히 꼼꼼하게 손질해야 한다.

사모예드 데이터

크기	♂ 키 53~60cm, 무게 25~32kg ♀ 키 48~53cm, 무게 18~25kg 견종단체에 따라 크기의 규격이 약간 다르다.
털·털색	겉털은 길고 곧으며, 속털은 부드럽고 촘촘히 난다. 털색은 순백색, 미색 등
비고	꼬리는 길며, 등 위로 말아 붙인다.

KKC · AKC/Working   JKC/제5그룹   KC/Pastral

80 days

50 days

50 days

Siberian Husky
시베리안 허스키 러시아 원산

강아지 때의 얼굴 윤곽이 분명하고 인상이 험상궂다.
성장하면서 흰 털이 많아지고 인상도 차차 소박해진다.
도중에 윤곽선의 일부가 안경테처럼 남아서
약간 얼빠진 얼굴이 되는 수도 있다.

40 days

40 days

40 days

■ **허스키 보이스의 썰매개**
이름의 허스키는 멀리 짖는 소리가 쉰 목소리 같아서 붙여진 것이다. 썰매개로 유명한데, '힘은 알래스칸 맬러뮤트, 스피드는 시베리안 허스키'라는 말이 있을 정도다. 동부 시베리아에서 살던 척치(Chukchi)족의 썰매개가 이 견종의 뿌리. 발가락 사이에 털이 촘촘히 나 있어 설면과 빙면을 안정감 있게 밟을 수 있다.

■ **태어날 때부터 허스키 얼굴**
강아지의 얼굴은 성견보다 털색이 짙고 윤곽이 분명하다. 마치 늑대 같은 인상이 강하다.
얼굴 모습은 저마다 다르지만, 생후 4, 5개월경에 눈 가장자리의 검은 줄이 연해지고 안경테 모양으로 그 흔적이 남는다. 그리고 생후 1년이면 그것마저 없어진다. 강아지 때는 힘이 넘치고 장난꾸러기인데, 무엇이든 물고 당긴다.
어떤 훈련도 잘 받는다. 산책할 때 강아지가 달리는 버릇이 붙지 않게 할 것. 달리는 버릇이 굳어지면 성견이 되어 힘이 세어졌

■ 시베리안 허스키 데이터

크기	♂ 키 53~60㎝, 무게 20~27㎏ ♀ 키 51~56㎝, 무게 16~23㎏
털·털색	겉털은 곧고 풍부하며, 속털은 부드럽고 촘촘히 난다. 털색은 흰색이 들어 있으면 어떤 색도 좋다. 머리와 얼굴에 특징적인 얼룩무늬
비고	꼬리는 여우 꼬리처럼 털이 풍부하다.
별칭	악틱 허스키

KKC·AKC/Working JKC/제5그룹 KC/Working

40 days

40 days

을 때 사람이 개에게 끌려가게 된다.

■ 주인 마음을 읽는다

치근거리지 않으며, 쌀쌀맞고 무뚝뚝하다. 하지만 사람을 좋아하고, 주인이 심란해하는 것 같으면 알아차리고 주인의 등에 기댈 때도 있다. 보통 잘 짖지 않으며, 우호적이다.

■ 추위에 강하다

극한지에서 자란 만큼 추위에 강하다. 그러나 고온다습기에는 배려가 필요하다. 두텁고 부드러운 털은 브러싱과 빗질이 필수.

특히 털갈이 시기에는 털이 많이 빠진다.

■ 운동 부족은 건강의 적

기본적으로 운동이라면 무엇이든 좋아한다. 운동 부족이 스트레스의 주원인. 충분한 시간 동안 운동을 시켜야 한다. 가끔 수레나 썰매를 끌게 하면 아주 좋아한다. 몸속의 피는 속이지 못하는 모양이다. 가끔 방랑벽을 가진 개가 있어서 주의가 필요하다. 특히 암캐는 산책을 하는 동안 또는 운동하는 도중에 없어지는 일이 있으므로 잘 살필 것.

40 days

St. Bernard

세인트 버나드 스위스 원산

'세계에서 제일 무거운 개'라는 타이틀을 보유한 세인트 버나드. 인형 같은 강아지는 느긋해 보이면서 용감하다. 자고 있을 때가 많지만, 무엇이든 배우는 것은 빠르다.

■ 성미는 느긋하고 힘이 세다

덩치가 큰 것으로는 아이리시 울프하운드를 당하지 못하지만, 세인트 버나드는 작은 산처럼 크고 묵직하다. 《알프스의 소녀 하이디》에 등장하는 하이디와 함께 사는 요셉이 바로 이 견종. 세인트 버나드는 스위스의 국견이기도 하다.

JKC, AKC에서는 키의 최저 기준이 정해져 있을 뿐인데, KC의 기준은 키가 클수록 좋은 것으로 인정한다. 균형만 잡혀 있으면 클수록 좋다는 생각이다. 이에 미국에서는 133㎝의 키가 기록되어 있다. 조상은 티베탄 마스티프.

■ 스위스에서 산악구조견으로 활약

이탈리아와 스위스의 국경이 접해 있는 세인트 버나드 사원에서 사육되던 개다. 구조견으로 훈련되어 뛰어난 후각으로 산 너머에서 조난당한 사람을 찾아내거나 옮기는 일을 도우며 유명해졌다. 사원에서 산악구조견으로 사육되던 3백 년 동안 2

55 days

31 days

천 명이 넘는 인명을 구해 냈다.
눈과 얼음에서도 안정감 있게 걸을 수 있는 큰 발에, 큼직한 발가락이 달려 있다. 눈사태나 폭풍을 미리 아는 불가사의한 감각을 지니고 있다. 산악구조견으로 활약하던 무렵에는 지금보다 더 작고 탄탄한 몸이었으며, 털도 짧았다고 한다.

■ 길들이기는 강아지 때부터
첫 산책 때부터 사람보다 앞서 가지 않게 길들여야 한다. 초대형견이므로 강아지 때부터 철저하게 가르치고 상하 관계를 분명히 알려 주지 않으면, 성견이 되고 나서 통제가 되지 않는다.

■ 털 손질, 더위 대책
브러싱과 귀 손질이 필요하다. 침을 많이 흘리므로 닦아 준다. 더위를 싫어하기 때문에 여름 산책은 오래 시키지 않는다.

세인트 버나드 데이터

크기	♂ 키 약 70cm 이상, 무게 약 75kg ♀ 키 약 65cm 이상, 무게 약 66kg
털·털색	털이 긴 유형과 짧은 유형이 있다. 털색은 붉은색에 흰색, 흰색에 붉은색, 브린들. 얼굴에 블레이즈. 목, 앞가슴, 다리 등에 흰 반점
비고	꼬리를 길게 늘어뜨린다.
별칭	세인트 버나드훈트, 버나디너 세인트 버나드 독

KKC · AKC/Working JKC/제2그룹 KC/Working

55 days

Standard Schnauzer
스탠더드 슈나우저 독일 원산

슈나우저는 크기에 따라 3가지 견종으로 나뉘는데,
스탠더드 슈나우저가 그 원형이라고 할 수 있다.
강아지는 다부지고 재빠르다. 어미개와 떨어지는 시기가 빠르며,
트레이드마크인 콧수염이 나오기까지는 시간이 걸린다.
개구쟁이 강아지도 자라면 조용하고 점잖은 성견이 된다.

75 days

75 days

■ 원조 슈나우저

슈나우저는 미니어처 슈나우저, 스탠더드 슈나우저, 자이언트 슈나우저의 3가지 견종이 있다. 스탠더드 슈나우저를 기본으로 해서 대형인 자이언트 슈나우저나 소형인 미니어처 슈나우저가 만들어졌다고 한다. KC에서는 스탠더드 슈나우저를 수식 없이 '슈나우저'라고 부른다. 슈나우저란 원산국인 독일어로 '콧수염'이라는 뜻.

■ 사냥개? 작업견? 목양견?

스탠더드 슈나우저는 쥐잡기나 가축을 지키는 번견으로 사육되던 개였다. 옛날부터 독일에서 길렀다고 하는데, 14세기 이전의 일은 분명치 않다. 오리와 같은 물에 사는 새를 사냥했으며, 목양견으로도 재능을 인정받았다.

■ 생각하는 개

스탠더드 슈나우저는 '인간의 두뇌가 들어 있는 개'로 불린다. 머리가 좋고 판단력이 뛰어나며 훈련 능력이 높은 개라는 뜻이다. 게다가 나이가 들수록 영리해진다고 길러 본 사람은 말한다.

두뇌 훈련과 체력 훈련을 모두 좋아한다. 기억하는 데 많은 시간이 걸리지 않는 반면, 단순한 반복 훈련은 곧 싫증 내는 경향이 있다. 강아지 때부터 시간과 애정을 가지고 길들이도록.

75 days

75 days

■ 점프력이 뛰어나다
높은 곳도 겁내지 않으며 점프력을 발휘한다. 2층의 베란다에서 옆 베란다를 주저 없이 건너뛰기도.

■ 실내에서 더 좋은 성격을 보인다
스탠더드 슈나우저는 밖에서 기르기는 것보다 실내에서 자유롭게 놔두고 기르는 것이 좋다. 본래 가지고 있는 좋은 성격이 실내에서 더 잘 나타난다고 한다.

■ 털 손질
매일 빗질을 해 주고, 적어도 3개월에 한 번은 트리밍이 필요하다. 다리의 장식털과 배 부위의 털은 빗으로 자주 빗어 주고, 죽은 털을 뽑아 주어야 뻣뻣한 털을 좋은 상태로 유지시킬 수 있다.

스탠더드 슈나우저 데이터

크기	♂ 키 45~50cm, 무게 12~18kg
	♀ 키 43~48cm, 무게 10~15kg
털·털색	솔트 & 페퍼, 검정색
비고	단미, 단이한다. KC에서는 원래의 처진 귀 그대로를 인정한다.
별칭	KC에서는 슈나우저

KKC · AKC/Working   JKC/제2그룹   KC/Working

논스포팅
(비수렵견·실용견)
Non-Sporting

Bichon Frise
비숑 프리제 프랑스 원산

프랑스제 화장품의 분첩과 같은 느낌의 멋쟁이 개. 태어났을 때는 털이 짧고, 온몸이 순백이다. 자라면서 코끝이 점점 까매지고, 푹신거리는 털도 점점 자란다.

43 days

43 days

■ 타고난 귀염둥이 개

오랫동안 애완견으로 귀여움을 받아 온 개이며, 사람과의 교제 역사도 길다. 주인에게 응석을 부리는 천성이 있다. 밝고 쾌활하며, '선박 안에서도, 궁중에서도, 응접실에서도' 항상 사람의 주목을 끌었던 귀염둥이다.

공연히 짖는 일이 적고, 몸 냄새도 안 나며, 털이 빠지지 않아 실내에서 키우는 가정견으로는 여러 모로 합격이다. 강아지는 예방접종으로 면역력이 생기면, 사람들이나 다른 동물들과 만나는 기회를 만들어 줘서 친해지게 해야 좋은 성격이 된다.

■ 궁중, 귀부인, 향수, 리본

14세기에 이탈리아의 선원이 아프리카의 카나리아 제도에서 처음 본 작은 강아지를 유럽으로 데려왔다. 그것이 16세기 프랑스에서 작은 개로 개량되어 이탈리아, 프랑스 두 나라의 귀부인들 사이에서 유행했다. '품에 안은 흰 개'는 리본을 달아 귀엽게 장식하고 향수마저 뿌려 귀부인을 한껏 자기 만족에 빠지게 만들었다.

■ 곱슬곱슬한 털의 비숑

프랑스어로 프리제는 '곱슬곱슬한 털'. 따라서 비숑 프리제는 '곱슬곱슬 털의 비숑'이 된다. 비숑은 몰타계, 볼로냐계, 아바나계, 테네리페계가 있었지만, 귀족 사

비숑 프리제 데이터

크기	♂♀ 키 24~29cm, 무게 3~5kg
털·털색	겉털과 속털은 모두 숱이 많은 비단실 모양의 곱슬곱슬한 털. 속털이 좀 더 부드럽다. 털색은 흰색, 미색, 살구색. 귀와 몸에 회색이 약간 있는 것은 허용된다.
비고	꼬리는 털에 덮여 있고 등에 얹힌다.
별칭	비숑 아 폴리 프리제

KKC·AKC/Non-Sporting　JKC/제9그룹　KC/Toy

43 days

43 days

회가 몰락하면서 함께 쇠퇴의 길을 걸었다. 푸들도 가까운 계통의 견종이다.

■ 솜사탕 같은 컷팅

'비숑 프리제'라고 하면 솜사탕을 머리에 쓴 것 같은 특이한 모습으로 유명하지만, 그 스타일은 불과 20~30년 전에 미국에서 창작된 것이다. 여기에 개량이 가해져서 지금의 컷 모양이 됐으며, 현재 세계의 인기 스타일로 자리잡았다.

■ 털 손질법을 알고 나서 길러야

비단 같은 털이 곱슬거리고, 겉털은 5cm 이상으로 자란다. 우아한 털을 아름답게 유지하려면 꼼꼼한 손질이 필요하다. 그래서 미리 손질법을 알아 두는 것이 중요하다. 생후 8개월부터 2중 구조의 더블 코트가 되는데, 자칫 털이 엉키고 뭉치기도 한다. 털이 완성되기까지 1년 반에서 2년이 걸린다.

Boston Terrier
보스턴 테리어 미국 원산

테리어는 대부분 영국산인데, 이 개는 미국산이다.
게다가 캐치프레이즈도 '미국의 신사 개'다.
턱시도를 입은 개로, 강아지도 예복을 입고 태어난다.

보스턴 테리어 데이터	
크기	♂♀ 키 25~40cm, 무게 5~11kg
털·털색	광택 나는 짧은 털. 브린들에 흰색의 얼룩무늬가 이상적. 검정색에 흰색의 얼룩무늬도 괜찮다.
비고	박쥐 귀도 좋고, 귀를 잘라도 좋다. 짧은 꼬리는 곧은 형, 크랭크 테일, 스크류 테일

KKC · AKC/Non-Sporting JKC/제9그룹 KC/Utility

■ **태어나면서 보스턴 테리어 얼굴**
태어났을 때는 무게가 180~230g 정도. 성견의 표정을 앳되게 만든 것 같은, 이른바 보스턴 테리어 얼굴인데, 귀만은 성견과 달리 찰싹 붙은 채로 태어난다.
귀는 절반 일어섰다가 뒤로 젖혀지고, 다시 앞으로 늘어진 후 겨우 바로 선 귀가 된다. 귀의 크기와 두터운 정도에 따라 일어서는 시기가 다르다.

■ **강아지는 먹는 것이 서툴다**
퍼그처럼 아래턱이 위턱보다 안쪽에 붙어 있어서 강아지는 젖을 제대로 빨지 못한다. 젖을 뗀 뒤에도 먹는 것이 서툴다. 그래서 생후 1개월에서 1개월 반의 이유 시기에는 강아지에게서 눈을 뗄 수가 없다. 체중의 느는 정도에 따라 돌보는 즐거움도 그만큼 더해지는데, 필요한 양을 먹지 못할 때는 영양제 신세를 지는 경우도 생긴다.

■ **'불독 + 테리어'의 멋쟁이 미국개**
얼굴이 작은 깜찍한 '불독'으로 볼 것인지, 아니면 불독 얼굴의 '테리어'로 볼 것인지 망설여지는 개다. 테리어의 이름이 붙은 견종치고는 드물게 미국 원산. 이름 그대로 미국 보스턴 태생이다.
19세기 후반에 잉글리시 불독과 화이트 잉글리시 테리어로부터 태어났다. 옛날에는 더욱 대형이었는데, 프렌치 불독의 피가 섞이면서 지금과 같은 작은 개가 됐다.

28 days

37 days

37 days

37 days

37 days

28 days

■ 사람 마음을 사로잡는 개
애정이 두텁고, 사람과 함께 있기를 좋아한다. 또 머리가 좋고, 사람 마음을 금방 사로잡는다. 익살꾸러기에, 장난꾸러기다. 강아지 때부터 한 번 꾸짖고 세 번 칭찬해 주면서 좋고 나쁜 것을 가르쳐 줄 것.

■ 털 손질과 운동
윤기 나는 짧은 털은 손질이 쉽다. 가끔 헝겊으로 닦아 주는 정도면 된다.
운동은 매일 시키는데, 10~15분 정도의 짧은 시간으로도 충분하다. 강아지 때부터 코를 곤다.

■ 단이하느냐 안 하느냐
견종표준으로는 AKC는 단이를 하고, KC에서는 단이를 하지 않는다. JKC에서는 둘 다 인정한다.

Bulldog
불독 영국 원산

태어날 때부터 어미개를 축소시켜 놓은 듯한 복사판. 일찍이 흉포한 개의 상징이었으나, 지금은 사람의 좋은 동반자로서 애정이 깊고 온순하다.

■ 지난날의 '흉포한 개'
12세기 후반부터 영국에서 투견이 폐지된 1815년까지 불베이팅(Bull Baiting)의 투사로서 수많은 전력을 남긴 견종이다. 개를 흥분시켜 묶여 있는 황소를 공격하게 하는데, 코를 물어뜯고 고꾸라뜨리는 잔인한 스포츠로, 이를 위해 이 개의 몸이 대담하게 개량되어 왔다.
황소에게 물려도 호흡할 수 있는 쭈그러진 얼굴과 근육질의 몸. 성격도 투쟁심과 흉포의 덩어리로 만들어졌다.

■ 싸움은 끝나고 평온한 나날을
투견이 폐지된 후, 불독은 순하고 순종하는 성격의 개로 개량됐다. 지금은 영리하고 애교 있는 가정견으로서 인기가 있다. 시대가 바뀌어, 싸우기 위해 쭈그러뜨렸던 얼굴은 여전히 재미있는 얼굴로 고쳐졌다. 침을 많이 흘리고, 코를 고는 것이 흠이긴 하지만 훌륭한 가족의 일원이 된다.

■ 불필요한 것은 가르치지 말도록
기본적으로 성격이 밝고, 사람을 잘 따른다. 길들이기의 포인트는 불필요한 것은 가르치지 않는다는 것. 강아지 때부터 다른 사람이나 동물들과 친해지게 하는 것이 중요하다.

88 days

50 days

88 days

88 days

■ **출산은 제왕절개**
강아지의 머리가 커서 대부분 제왕절개로 출산한다. 분만시 사람의 도움이 필요하다.

■ **건강 관리**
털 손질은 간단하지만, 피부 관리에 신경을 써야 한다. 피부의 주름 사이를 닦아 주고, 눈곱과 흐르는 침도 닦아 준다. 귓속 청결도 필수. 주둥이가 짧아서 체온 조절이 잘 안 되어 날씨가 더우면 헉헉거린다. 산책은 그늘진 장소를 골라 시키고, 방은 덥지 않게 온도 조절을 해야 한다. 그 밖에 체중 관리도 필요하다.

불독 데이터

크기	♂ 키 30~40cm, 무게 약 25kg ♀ 키 30~40cm, 무게 약 23kg
털·털색	가늘고 짧은 털이 촘촘히 난다. 털색은 브린들, 흰색, 붉은색, 연한 황갈색, 흰색 & 붉은색, 흰색 & 검정색
비고	꼬리는 짧고, 밑 부분이 일직선을 이룬다. 크랭크 테일, 스크류 테일

KKC · AKC/Non-Sporting   JKC/제2그룹   KC/Utility

88 days

Chow Chow
차우 차우 중국 원산

막 태어났을 때는 250~400g 정도. 새끼 곰 같은 강아지들은
조용하고 장난을 잘 치지 않으며, 놀아 달라고 조르지 않는다.
성견이 된 뒤에도 역시 조용하고 귀찮게 굴지 않는다.
공연히 짖는 일도 없다. 위가 튼튼해서 기르는 데
별로 신경이 쓰이지 않는 개다.

39 days

39 days

■ 말 없는 사자인가, 곰인가

강아지 때부터 짖지 않는 개다. 형제끼리 장난칠 때도 컹컹거리지 않고 소리를 내지 않는다. 그리고 깜깜한 방에 혼자 있게 해도 쿨쿨 잘 자는, 배짱이 두둑한 개다. 성견이 되면 작은 산 같은 인상을 풍긴다. 목 주위에 사자 같은 장식털이 나오는데, 털색이 검으면 꼭 곰 같은 모습이다. 입과 혀는 검푸른색이다.

■ 오랜 역사에 맞설 개가 없다

항간에서는 3천 년의 역사를 가진 개라고 하며, 확실하게는 기원전 150년까지 그 역사를 거슬러 올라갈 수 있다고. 기원에 대해서도 다른 개와는 달리 식용견의 역사가 강조되는데, 그 밖에 사냥개, 썰매개, 번견 등으로도 활약하였다.

■ 성격은 중국의 '대인(大人)'

중국의 대인 같은 성격. 주인에게 순종하

39 days

■ 일직선의 다리

근육이 발달된 곧은 뒷다리를 가지고 있다. 거드름을 피우듯 걷는 모습이 느리고 뒤뚱거린다. 운동량은 개체마다 다르다.

■ 털 손질과 더위 대책

털이 두텁고 촘촘히 나 있어서 손질이 어려울 것 같지만, 의외로 털이 뭉치는 일이 없다. 보통 이틀에 한 번 정도 브러싱을 해주면 된다. 다만 털갈이 시기에는 예외. 차우 차우의 유일한 적은 더위로, 냉방 장치 등 더위에 대한 대책이 필요하다. 눈이 깊은 개 중에 간혹 속눈썹이 안쪽으로 나서 거북해 하는 경우가 있다.

지만 응석은 부리지 않는다. 다른 개가 싸움을 걸어도 무시해 버린다. 그러나 어떤 일이 벌어지면 주인과 가족을 지키기 위해 용감해진다. 다른 사람이나 동물들과 접촉할 기회를 많이 갖는 것이 필요하다.

차우 차우 데이터

크기	♂ 키 48~56cm, 무게 20~30kg ♀ 키 46~51cm, 무게 16~25kg
털·털색	거친 털이 촘촘히 난다. 속털은 양털 같다. 털색은 붉은색, 미색, 연한 황갈색, 검정색, 청색 등의 단색
비고	꼬리는 말려서 등에 올라붙는다.

KKC·AKC/Non-Sporting JKC/제5그룹 KC/Utility

Dalmatian
달마티안 구 유고슬라비아 원산

태어났을 때는 온몸이 순백색이며, 생후 10일부터
달마티안의 트레이드마크인 검은 반점이 조금씩 나타난다.
어떤 반점이 나올지는 예측 불가능. 그 결과를 기다리는 것도
이 강아지를 기르는 큰 즐거움이다.

41 days

41 days

■ 《101마리의 달마티안》
멋쟁이 무늬를 가진 개다. 월트 디즈니의 만화영화 《101마리의 달마티안》으로 유명해졌다. 태어났을 때는 순백이었다가, 희미한 반점이 나타난다. 그리고 성견이 되면서 선명하고 특이한 반점을 이룬다.

■ 계속되는 달마티안의 기원설
처음 구 유고슬라비아의 달마티아 지방에서 발견되어 이름과 원산지를 그에 따랐다. 단, 달마티안다운 개의 활약을 뒷받침하는 기록이나 소문은 유럽이나 서아시아 등 여러 곳에 남아 있다. 역사가 오래된 개라는 점은 알려져 있으나, 기원이나 계통에 대해서는 지금도 논란이 계속되고 있다.
이름도 지역에 따라 '코치 독(Coach Dog)', '캐리지 독(Carriage Dog)', '플럼 퍼딩 독(Plam Pudding Dog)', '스포티드 독(Spotted Dog)' 등 여러 가지다.

■ 직업의 가짓수로는 넘버 원
달마티안의 이력서에는 직업란에 다 쓸 수 없을 만큼 이력이 화려하다. 궁정마차 옆을 함께 달리던 반주견, 경호견, 서커스 곡예견, 군용견, 번견, 사냥개 등 아직도 이력을 계속 늘리고 있다.
특히 말을 리드하는 마차견으로서의 재능을 높이 평가받았는데, 말을 안심시키는 놀라운 능력을 가지고 있다고 한다. 유럽

달마티안 데이터	
크기	♂ 키 58~61cm, 무게 22~29kg ♀ 키 56~58cm, 무게 22~25kg
털·털색	뻣뻣한 짧은 털이 촘촘히 난다. 털색은 순백색. 검정색 또는 갈색의 반점이 있다. 반점은 작고, 둥글고, 짙고, 많을수록 좋다.
비고	꼬리는 늘어지고, 말려서는 안 된다.

KKC·AKC/Non-Sporting JKC/제6그룹 KC/Utility

41 days

41 days

41 days

에서 미국으로 건너간 뒤, 소방마차의 경호견이 되었고, 이러한 경력을 바탕으로 현재 미국 소방관을 상징하는 마스코트가 되었다.

■ 성격도 '신사'
기본적으로 영리하고 온순하다. 일을 하기 좋아하며, 무엇이든지 하고 싶어 하는 경향이 있다. 주인을 잘 따르지만 주인 이외의 사람에게는 쌀쌀맞다. 감각이 예민하고, 이상한 사람을 보면 짖어 댄다. 강아지 때부터 다른 사람이나 다른 동물과도 친해지도록 하고, 겁쟁이가 되지 않게 길들인다.

■ 쉬운 털 손질, 운동은 충분히
가늘고 짧은 털은 광택이 있으며, 손질이 간단하다. 몸도 튼튼해서 기르기 까다롭지 않은 개다. 운동량이 많으므로 장시간 뛰게 하고, 알레르기성 피부염에 주의한다.

French Bulldog
프렌치 불독 프랑스 원산

트레이드마크인 커다란 박쥐 귀도 태어났을 때는 누워 있다.
귀가 조금씩 빳빳해지고 섰다 누웠다를 반복하며
완전히 서면 마침내 프렌치 불독다워진다.

43 days

43 days

50 days

50 days

■ 박쥐 귀의 불독
큰 박쥐 귀(Bat ear)와 돔형의 머리가 트레이드마크. 최초로 견종으로 공인됐을 때는 박쥐 귀 외에 귀가 반쯤 늘어진 것도 있었는데, 지금은 박쥐 귀만 인정한다.

■ 기원은 영국? 프랑스?
영국 기원설에 따르면 18세기 후반에 영국인들에 의해 북 프랑스로 이주된 작은 몸집의 애완용 불독이 이 견종의 조상이라고 한다. 한편 프랑스 기원설에서는 17세기에 이미 프랑스에서 이 견종이 투견으로 번식되고 있었다고 주장한다.
어쨌든 조상은 잉글리시 불독에서 유래됐을 것으로 알려져 있다.

■ 프렌치 불독의 캐릭터
독특한 모습과 사랑스러운 성격이 호감을 준다고 말하는 애견가가 많다. 근육질에, 좀 무서워 보이는 인상이지만, 알고 보면 온순하고 대범한 성격. 기본적으로 사람과 같이 있는 것을 좋아한다.
머리가 좋고, 함부로 짖지 않는다. 칭찬과 꾸지람을 적절히 쓰면서 길들이도록 한다. 코 고는 소리가 약간 시끄럽지만, 그것마저 귀여워 보인다.

프렌치 불독 데이터

크기	♂♀ 키 약 30cm, 무게 8~10kg
털·털색	광택 나는 짧은 털. 털색은 짙은 색의 브린들, 브린들 & 흰색, 연한 황갈색 등
비고	박쥐 귀. 꼬리는 짧고, 스크류 테일
별칭	불도그 프랑세

KKC · AKC/Non-Sporting   KC/제9그룹   KC/Utility

50 days

43 days

■ **출산은 제왕절개**
강아지의 머리가 커서 거의 제왕절개로 출산하며, 출산시 사람의 도움이 필요하다.

■ **여름 더위에 주의**
더위에 약하며, 짧은 주둥이가 라디에이터 구실을 하여 체온이 올라가도 몸을 잘 식히지 못한다. 또 호흡 기관에 부담이 가지 않도록 여름 산책은 서늘한 시간을 택해야 한다. 운동은 무리하지 않도록. 특히 성장기에 무리한 운동을 피해야 한다. 피부질환에 주의하고, 식사 선택도 신중히. 털이 짧아서 손질은 쉽다. 털갈이 시기에는 꼼꼼하게 브러싱을 해 줘야 한다. 눈곱과 콧물, 흐르는 침은 닦아 주고, 귀가 더러워지기 쉬우므로 손질을 잊지 말 것. 발톱도 정기적으로 깎아 주어야 한다.

Japanese Hokkaido
저패니즈 홋카이도 일본 원산

'우- 우-' 하며 으르렁거린다. 서로 상대편 목을 물고 장난을 친다. 혈통을 자랑하는 사냥개의 DNA가 대대로 이어진다.

■ 큰 곰에 맞서는 '아이누견'

혹한 홋카이도의 자연 조건이 단련시킨 자존심 강한 견종이다. 홋카이도의 큰 곰에 맞서 싸웠던 피가 흐르고 있어서인지 강아지들끼리 놀 때나 어미개가 새끼를 데리고 놀 때도 약간 거칠다.

자기가 정한 주인에게만 순종한다. 자신의 영역 안에 들어온 다른 동물에게는 짖어서 경계하고, 번견의 역할을 충실히 수행한다.

1937년 일본에서 '홋카이도견'의 이름으로 천연기념물에 지정됐으며, '아이누견'이라고 부르기도 한다.

홋카이도의 원주민이었던 아이누족이 곰이나 사슴을 사냥할 때 쓰던 중형 사냥개가 바로 이 견종이었다. 여러 마리의 곰을 여기저기서 몰아세우고 일어서게 만들어 사냥꾼이 맞히기 쉽게 만드는 전법을 쓴다. 때로는 사냥감에 달려들어 물기도 하지만 상대 동물을 당황하게 만드는 것이 주특기.

40 days

28 days

■ 남쪽의 피가 흐르는 북쪽 지방의 개
혈액 단백질 유전자를 분석해 보면 저패니즈 홋카이도는 저패니즈 아키타나 저패니즈 시바보다 오키나와의 저패니즈 류쿠에 가까운 것을 알 수 있다.

선사 시대에 남방에서 일본 섬으로 들어온 개라는 것을 짐작할 수 있는데, 그 뒤 북쪽 대륙으로부터의 민족 유입에 따라 개의 혼혈이 이뤄지고 홋카이도에서 그 혈통이 유지됐다고 한다.

■ 45일 만에 어미개와 떨어진다
강아지는 생후 45일경에 어미개에게서 떨어지게 하는 것이 제일 기르기 좋다고 한다. 바로 그 무렵에 강아지는 건조 식품을 먹게 된다.

강아지를 고를 때는 이마 부분이 넓은 것이 좋다. 귀와 귀의 간격이 좁은 개는 눈 사이도 좁기 마련인데, 이런 개는 겁쟁이가 되는 경향이 있다고.

■ '기다려'의 지시가 중요
몸에서 냄새는 거의 안 나며 씻어 주는 것은 한 달에 한 번 정도면 된다. 강아지 때는 기본적으로 씻어 주지 않고, 더러울 때는 물수건으로 훔쳐 주는 정도로 충분하다.

가르쳐 준 것을 잘 기억해서 길들이기도 쉽다. 용변 가리기도 빠른데, 좀처럼 실수하는 일이 없고 설사 때도 참는 기색을 알아차릴 수 있을 정도. 주종 관계와 특히 '기다려'를 철저하게 가르쳐야 한다.

저패니즈 홋카이도 데이터

크기	♂ 키 48~51cm, 무게 약 20kg ♀ 키 45.5~48cm, 무게 약 15kg
털·털색	겉털은 깔깔하며, 속털은 부드럽고 촘촘히 난다. 털색은 참깨색, 브린들, 붉은색, 검정색, 흰색, 흑갈색 등
비고	말린 꼬리 또는 꽂힌 꼬리. 삼각형의 세워진 귀. 1937년 '홋카이도견'의 이름으로 일본 천연기념물로 지정
별칭	아이누견, 저패니즈 베어하운드 JKC에서는 홋카이도

AKC/미공인 JKC/제5그룹 KC/미공인

40 days

Japanese Kai
저패니즈 카이 일본 원산

일본의 산악 지대에서 자란 사냥개답게 몸이 유연하고 단단하다.
달리고 서로 엉기며 강아지 때부터 발이 재빠르고 가볍다.
야성미를 키워 주고, 말로 가르치면서 신뢰 관계를 쌓아 가야 한다.

45 days

45 days

■ **떠돌이 무사 같은 분위기**

떠돌이 무사 같은 빈틈없는 풍모. '카이 호랑이'라고 불릴 정도로 다른 일본개에서는 볼 수 없는 호랑이무늬 털이 매력적인데, 유황으로 표면을 그을린 것 같은 색감을 지녔다.
대대로 사냥개로 일해 온 견종이다. 사냥꾼의 일을 돕는다기보다 사냥꾼과 한 몸이 되어 사냥감에 도전하고, 사냥꾼의 오른팔 역할을 해 왔다. 원래는 일본의 남알프스 산악 지대에서 멧돼지와 사슴 사냥에 이용된 사냥꾼의 전용 개였다.
몸이 날쌜 뿐더러 담력이 있고, 빨리 달리다가도 급선회나 방향 전환, 점프 등을 자유자재로 구사한다. 경계심이 많고 빈틈없으며, 긴장하면 등골을 따라 호랑이무늬 털이 갈기처럼 일어선다. 털이 일어서는 다른 견종에 비해 살기가 느껴진다.

■ **타고난 사냥꾼**

태어났을 때는 검정색이나 흑갈색 또는 다갈색의 털이고, 자라면서 호랑이무늬 털이 된다.
다른 일본개에 비해 삼각형 귀가 크고 태어났을 때는 누워 있다가, 한두 달이면 일어선다. 귀가 작고 얇으면 일찍 일어선다. 강아지 때부터 눈과 귀가 밝고 냄새도 잘 맡는다. 사냥개로서의 자질은 어려서부

45 days

45 days

저패니즈 카이 데이터	
크기	♂ 키 50~56cm, 무게 11~23kg ♀ 키 45~51cm, 무게 11~23kg
털·털색	겉털은 곧고 뻣뻣하며, 속털은 짧고 부드러우며 촘촘히 난다. 털색은 흑호, 적호. 어렸을 때는 한 가지 색이다가, 커 가면서 호랑이무늬 털이 된다.
비고	말린 꼬리 또는 꽂힌 꼬리. 삼각형의 선 귀. 1934년에 일본 천연기념물로 지정
별칭	카이 이누. JKC에서는 카이

KKC·AKC/미공인 JKC/제5그룹 KC/미공인

터 번뜩인다. 형제들끼리는 물고 뒹굴고 쫓아가며 잠시도 가만히 있지 않는데, 그러다가도 나비나 도마뱀, 참새 등이 눈에 뜨이면 곧 그쪽에 관심이 옮겨져 쫓으려 든다. 마당 곳곳에 구덩이를 파고 어두컴컴한 구석에 들어가기 좋아한다.
어미개는 구멍을 파고 그 안에서 새끼를 낳고 싶어 하는데, 약한 새끼는 어미개에 의해서 도태되는 경우도 있다. 야성미가 짙게 남아 있는 개다.

■ 주인에게 충성을 다하는 성격
주인에게만 복종하고 다른 사람이나 다른 개에게는 쌀쌀맞다. 가까이 가지도 않고 때로는 공격적이 되기도 한다. 흔히 사납다고 하는데, 애정의 깊이와 순수함의 이면이라고도 할 수 있다.

■ 말로 길들이기
머리가 좋아서 주인의 눈을 똑바로 바라보고 이해한다. 길들일 때 머리를 때려서는 안 되며, 체벌보다는 칭찬으로 신뢰와 애정 관계를 쌓아 가야 한다.
강아지 때부터 말로 길들이고, 잘했을 때는 칭찬을 아끼지 않아야 한다. 이것이 반복되면 주인이 무서워서가 아니라, 주인을 좋아해서 명령에 따르는 관계로 발전한다. 질책 위주의 길들이기는 이 개의 특성인 야성미를 감퇴시킬 우려가 있다.

Japanese Kishu
저패니즈 키슈 일본 원산

소박한 멋을 지녔으며, 용감한 사냥개 출신이다.
강아지 때에도 두툼한 다리와 귀여운 얼굴에서
모험심과 투지가 엿보인다.

29 days

■ 소박, 용기, 재기
소박하고 순한 성격이지만, 때로는 사냥개다운 거친 면모를 보이기도 한다.
기원전부터 기이반도 구마노의 산악 지대에서 활약하던 중형 사냥개다. 특히 사슴 사냥에 쓰이던 저패니즈 키슈는 몸이 가늘고 다리가 빨랐다고 한다.
주인을 잘 따르고 멧돼지나 사슴에게는 과감하게 달려들었다. 보통은 헛짖지도 않는다. 긴장감이 넘치는 강인한 몸매, 뼈대가 굵은 다리, 사냥감을 물고 늘어지는 억센 목 힘 그리고 순발력과 지구력이 뛰어나다.
털색은 흰 털의 개로 알기 쉬운데, 옛날에는 후추색이나 붉은색 털의 저패니즈 키슈도 많았다. 산속에서 멧돼지 등과 같은 어두운 색깔의 사냥감과 쉽게 구별하기 위해 흰 털의 개가 인기를 얻으면서 지금은 다른 색깔의 개를 만나기 어려워졌다. 단, 전신이 흰색은 아니고, 귀의 털은 붉다. 그리고 '이리 발톱'으로 불리는 다섯 번째의 발톱을 가지고 있다.

■ 한 사냥꾼에 한 사냥개
일본의 전통적인 사냥 방법은 여러 사냥꾼이 함께 나가지 않고, 사냥꾼 혼자서 개 한 마리를 데리고 사냥을 떠난다. 멧돼지 사냥에 있어서 일본개 중 저패니즈 키슈를 따를 만한 개는 없다.
사냥으로 생계를 꾸리는 사람이 없어지면서 지금은 가정견이 주가 됐으나, 가끔 사냥에 쓰이는 개도 있다.

■ 적당주의를 싫어하는 개
사냥할 때나 놀 때 모두 어중간한 것을 싫어하는 성격이다. 언제나 주인의 눈과 행동을 예민하게 받아들이며, 적당주의로 넘기는 주인을 싫어한다. 신뢰 관계를 확실하게 유지하는 것이 이 개를 기를 때의 핵심.
일본개가 대부분 그렇지만 저패니즈 키슈도 주인 지상주의. 다른 개나 다른 사람에 대해서는 경계심이 강하므로 덤벼들지 않도록 항상 주의하고 길들여야 한다.

29 days

■ **운동은 충분히**

충분한 운동으로 튼튼한 체력을 유지시켜 줘야 한다. 평소에 주인의 말을 잘 듣지만 목줄을 풀어 주면 좀처럼 다시 붙잡히지 않을 때가 있다.
털 손질은 그다지 힘들지 않지만 털갈이 시기에는 예외. 새끼도 혼자서 잘 낳고 어미개가 자기 새끼를 잘 보살핀다. 반면 경계심도 강하다.

저패니즈 키슈 데이터

크기	♂ 키 49~55cm, 무게 11~23kg ♀ 키 42~49cm, 무게 10~21kg
털·털색	겉털은 곧고, 속털은 부드럽고 촘촘히 난다. 털색은 흰색, 붉은색, 참깨색 등
비고	말린 꼬리 또는 낫처럼 꽂힌 꼬리. 삼각형의 선 귀. 몸길이와 키의 비율은 100대 110. 1934년 일본 천연기념물로 지정
별칭	JKC에서는 키슈

KKC · AKC/미공인 JKC/제5그룹 KC/미공인

Japanese Shikoku
저패니즈 시코쿠 일본 원산

산책 도중 행방불명이 된 강아지가 직선거리 13㎞의 길을 헤매다가, 4시간 만에 물에 흠뻑 젖어서 집을 찾아 돌아왔다. 이 사진의 저패니즈 시코쿠가 바로 그 주인공이다.

43 days

■ **야성미가 넘치는 개**

대자연 속에서 존재감이 커지는 개다. 번잡한 도회지에서는 이 견종의 매력은 반감된다. 저패니즈 시코쿠는 일본개 중에서 가장 야성적이다.

예리하고 사나운 풍모, 빈틈없는 몸가짐, 타협을 거부하는 강한 성격, 날카로운 감각 등 겉으로는 조용하지만 깊고 날카로운 눈빛이 인상적이다.

시코쿠 일대에서 기르던 멧돼지를 잡기 위한 중형 사냥개였다. 시코쿠 지역의 가장 험준한 산악 지대에 남겨진 개의 후손들이다. 산골짜기의 교통 불편이 이 개의 혈통을 보전하는 데 기여했다고 한다.

■ **다른 이름은 '토사견'**

원래는 토사견으로 불렸다. 일본에서 천연기념물로 지정될 때도 저패니즈 시코쿠가 아닌 '토사견'이라는 이름으로 등록됐다. 그러나 토사 투견으로 알려진 견종과의 혼돈을 피하기 위해 일반적으로는 저패니즈 시코쿠라는 이름이 사용된다.

■ **성격은 강하고 몸은 날쌔다**

길러 주는 주인에게는 순종하고 일본개 중에서도 주인 절대주의가 가장 심하다. 경계심이 강해 산책 중에 다른 개나 고양이를 만나면 공격적으로 변한다.

강한 성격이므로 강아지 때부터 철저히 길들여야 한다. 긴장하면 목 부분부터 등골에 걸쳐 털을 곤두세우는데, 살기가 느껴질 정도다.

43 days

43 days

43 days

험준한 산악 지대에서 자란 용감한 피가 지금도 흐르고 있는 견종이다. 이 개를 기르려면 충분한 운동을 시킬 수 있는 여유가 필요하다.

■ 다채로운 털색

겉털과 속털이 있는 2중모로 되어 있다. 털색은 후추색이 가장 많고, 다음이 붉은색이다. 그리고 얼굴, 가슴, 다리, 배, 꼬리에는 흰색, 회색, 연한 갈색이 섞인다. 다른 일본개에 비해 털색이 다채롭다.

저패니즈 시코쿠 데이터

크기	♂ 키 49~55cm, 무게 18~24kg ♀ 키 43~49cm, 무게 15~20kg
털·털색	겉털은 곧고 뻣뻣하며, 속털은 부드럽고 촘촘히 난다. 털색은 후추색, 참깨색 등
비고	말린 꼬리 또는 꽂힌 꼬리. 짧은 꼬리는 좋지 않다. 삼각형의 선 귀. 몸길이와 키의 비율은 100대 110. 1937년 '토사견'이라는 이름으로 일본 천연기념물로 지정
별칭	JKC에서는 시코쿠

KKC·AKC/미공인 JKC/제5그룹 KC/미공인

Japanese Spitz
저패니즈 스피츠 일본 원산

무척 귀여운 첫인상이 마음을 사로잡는 강아지다.
스피츠(Spitz)란 독일어로 '뾰족하다' 는 뜻.
그러나 강아지 때는 귀도 꺾여 있고, 얼굴도 동그랗다.

36 days

36 days

■ 작은 사모예드

뾰족한 얼굴, 뾰족하게 일어선 귀, 장식털이 많은 꼬리, 순백의 푹신푹신한 털. 소형 사모예드를 만들려고 화이트 스피츠 등을 개량해서 만든 일본제 스피츠다.

사모예드가 화이트 스피츠의 조상견이라고 한다. 독일 원산설이 유력하지만 상세한 내용은 알려져 있지 않다. 저패니즈 스피츠의 역사는 얕아서 그 뿌리에 대해서도 여러 설이 있다.

근세에 들어서 미국이나 캐나다, 만주 등에서 왔다는 설, 독일 원산의 화이트 스피츠가 중국에서 일본으로 왔다는 설, 또 1920년대 초에 시베리아에서 들어온 사모예드를 개량했다는 설 등이 있다.

분명한 것은 1921년 일본에서 개최된 전람회에서 저패니즈 스피츠가 공식적으로 첫선을 보였다는 사실이다. 그리고 제2차 세계대전 후 그 새끼들이 개량되고 번식되어 하나의 견종으로 자리잡게 되었다.

■ 저패니즈 스피츠의 흥망성쇠

일본에서는 1955년경 인기가 높아지다가, 1990년대에 절정에 이르고 붐을 형성했다. 어디를 가나 스피츠의 캥캥거리는 소리가 들린다고 할 정도였다. 그러나 그 소리가 시끄럽다고 해서 인기가 떨어지기 시작했다. 1991년에 이르러서는 1천 마리 이하가 되어 멸종위기설마저 돌았다. 스피츠는 잘 짖고 공격적이라는 인상이 짙은데, 무리한 교배의 결과로 문제를 안은 견종이 나타났는지도 모른다.

■ 순백의 번견

지금은 그다지 짖지 않는 개로 개량되어 마치 다른 견종으로 오인될 만큼 순하고 기르기 쉬운 견종이 됐다.

그러나 주의력, 관찰력이 뛰어나고 경계심이 강한 것은 옛 그대로다. 청각도 아주 예민하다. 영리하고 기품 있으며 동작이 재빠르다. 이것이 본래의 저패니즈 스피츠의 특징인데, 요즘도 번견으로서 지킴이역을 잘 해내고 있다.

■ 실내도 실외도 좋다

몸에서 냄새가 나지 않고, 실내외 어디서든 기를 수 있다. 2중모로 겉털은 곧고 성기게 나며, 속털은 부드럽고 촘촘히 난다. 털갈이 시기에는 털 손질을 꼼꼼하게 해준다.

저패니즈 스피츠 데이터

크기	♂ 키 30~38cm, 무게 7~10kg ♀ 키 30~38cm, 무게 6~9kg
털·털색	겉털은 곧게 서고, 속털은 약간 부드러운 짧은 털이 촘촘히 난다. 털색은 순백. 턱에서 어깨까지, 앞가슴, 꼬리에 장식털
비고	꼬리는 위쪽에 붙어 있고, 등에 얹힌다. 삼각형의 귀

KKC·AKC/미공인 JKC/제5그룹 KC/Utility

36 days

Lhasa Apso
라사 압소 티베트 원산

행운을 가져다주는 개로 알려져 있는 라사 압소.
태어났을 때는 거무죽죽한 강아지이지만,
자라면서 털이 길어지고 털색이 점점 연해진다.

71 days

71 days

■ **신비의 나라를 지키는 개**

에베레스트가 거대하게 자리잡고 있는 히말라야, 곤륜산 등 장엄한 산들에 에워싸인 신비의 나라 티베트. 여기가 라사 압소의 고향이다. 매우 오래된 견종이며, 2천년도 더 되는 역사를 가지고 있다.
라사 압소는 행운을 가져오고 악마를 쫓는 개로서 라마교의 사원이 있던 라사에서 승려와 귀족들에 의해 길러졌다. 압소는 티베트어로 '산양을 닮은'이라는 뜻. '라사 압소 셍 계(Lhasa Apso Seng Kye)'라는 티베트어에서 견종명이 유래됐다고 한다. 라사 압소 셍 계는 '사자를 닮은, 잘 짖는 개'라는 뜻이며, 실은 '산양처럼 털이 많은 사자견'이라는 설도 있다. 일찍이 함부로 밖에 내놓지 않은 개였는데, 티베트의 통치자였던 달라이 라마가 중국 황제 등에게 헌상하면서 영국과 미국에도 전해졌다.

■ **집 지키기의 고수**

강아지 때는 조용하고 간혹 작은 소리로 우는 정도지만, 성견이 되면 이상하다고 느낀 것에 대해서는 높고 큰 소리로 계속 짖어서 주위에 알린다.
옛날부터 사원 등을 지키는 개로 일해 왔기 때문에 귀가 밝고 판단력이 뛰어나며 경계심이 강해서 든든한 동반자가 된다.

■ **자존심이 강한 개**

장난꾸러기이고 같이 놀아 주는 것을 좋아한다. 기본적으로는 밝고 명랑하지만, 한편으로는 자존심이 강한 성격이다. 사람에

라사 압소 데이터

크기	♂ 키 25~28㎝, 무게 약 7㎏ ♀ 키 23~26㎝, 무게 약 6㎏
털 · 털색	거칠고 곧은 긴 털. 적당량의 속털이 촘촘히 난다. 털색은 황금색, 모래색, 검정색, 벌꿀색, 그리즐, 회색 등
비고	장식털이 달린 꼬리를 등에 얹고 있다.
별칭	티베탄 압소, 압소 셍 계

KKC · AKC/Non-Sporting JKC/제9그룹 KC/Utility

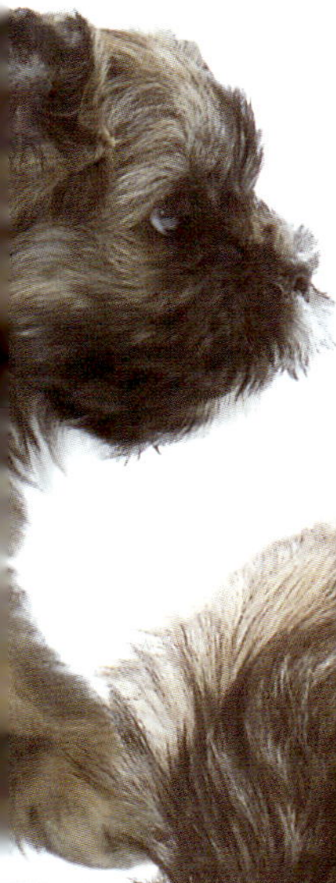

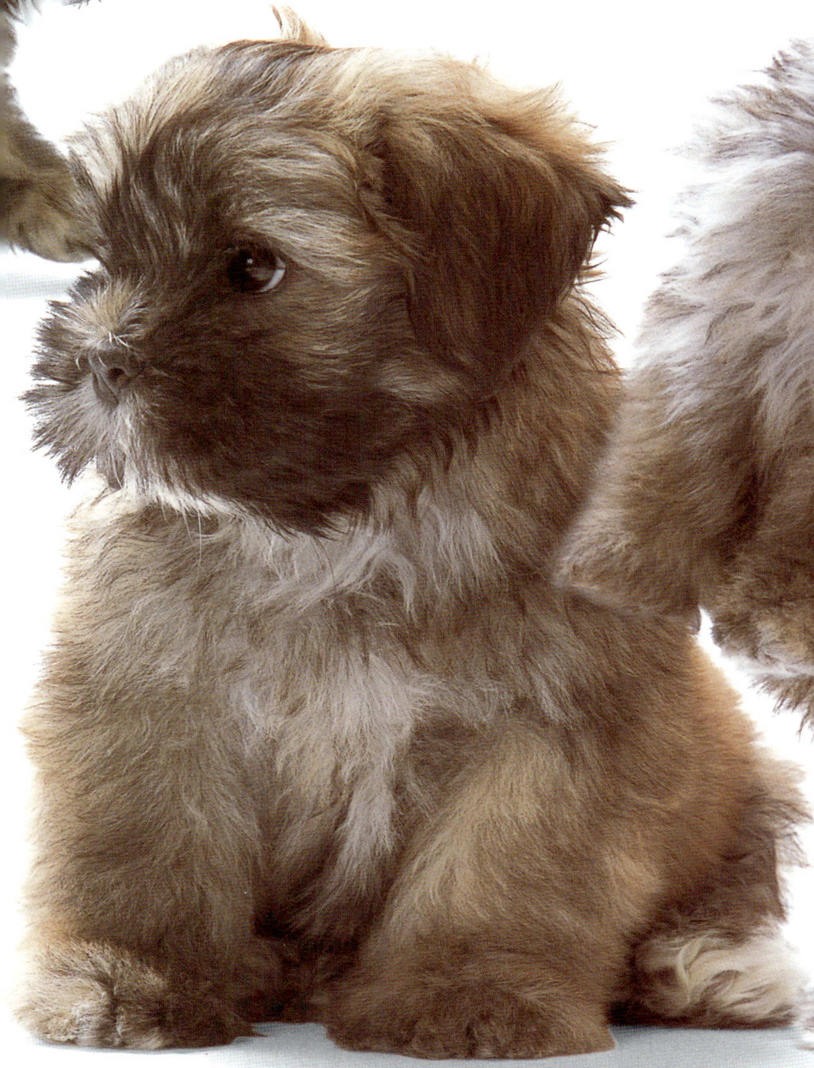

71 days

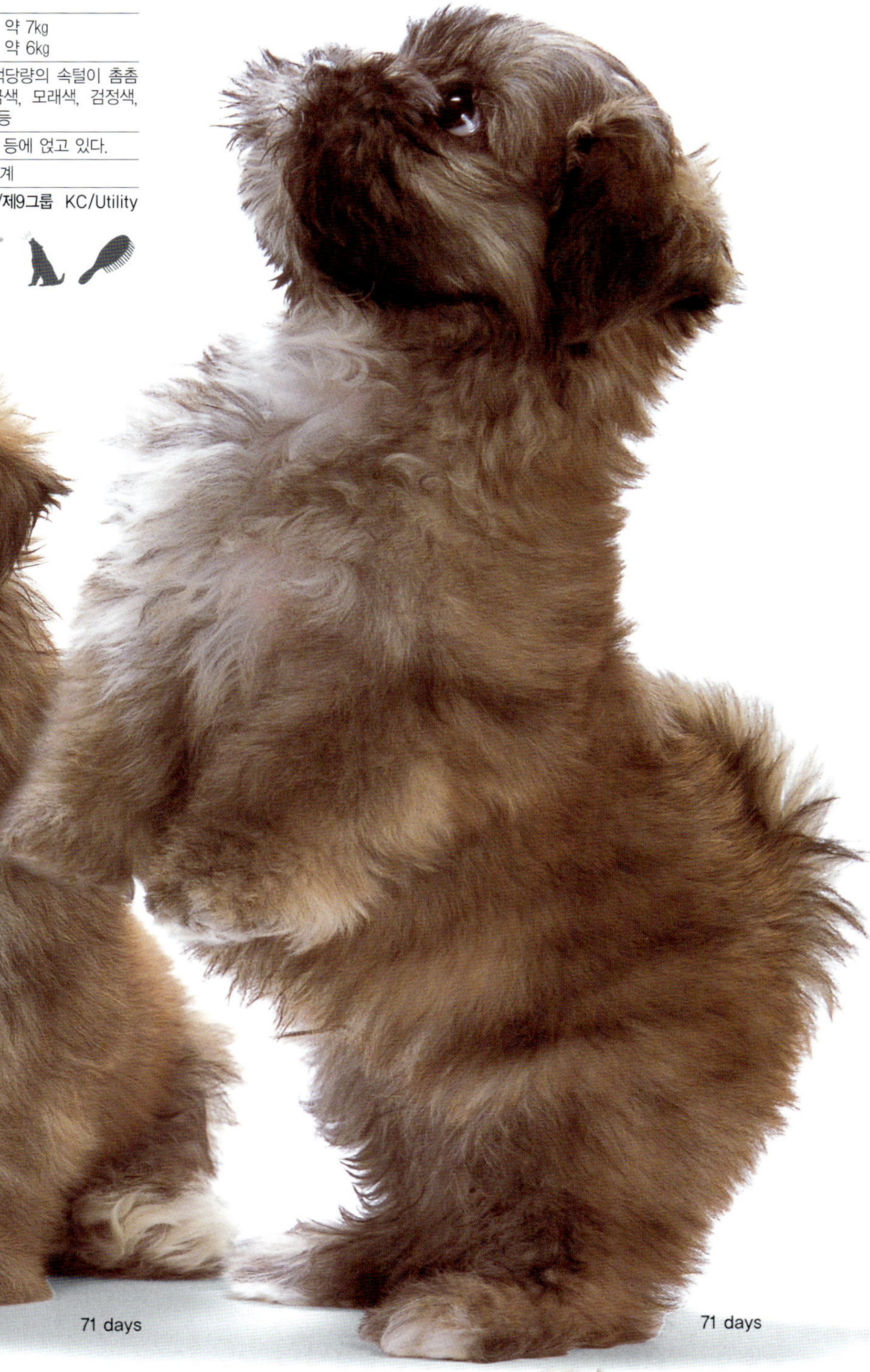

71 days

게 일일이 지시 받는 것이 마음에 들지 않는다는 듯이 문득 주인을 못마땅하게 쳐다보기도 한다고.

사자의 털

숱이 많은 긴 털은 티베트의 자연 환경을 견디기 위해 실용적으로 만들어진 것이다. 털이 엉키지 않고 윤기 있는 상태를 유지하려면 매일 꼼꼼하게 브러싱을 해 줘야 한다. 일주일에 한두 번은 털 손질을 대대적으로 하며 개와 친해지는 시간으로 삼는다.

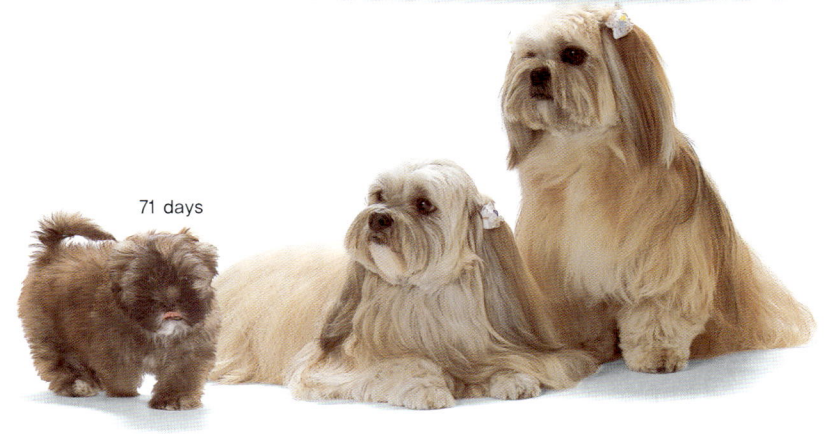

71 days

Poodle

푸들 (토이, 미니어처, 스탠더드) 중앙유럽 원산

크기에 따라 토이 푸들, 미니어처 푸들, 스탠더드 푸들의 3가지 견종이 있으며,
크기에서만 차이가 있을 뿐 영리하고 깔끔한 멋은 모두 같다.
곱슬곱슬한 털은 싱글 코트로 털갈이를 하지 않아서
개털 알레르기가 있는 사람에게 적당하다.

42 days(토이)

(토이)

33 days(토이)

42 days(토이)

(토이)

33 days(토이)

■ **프랑스가 자랑하는 팔방미인**

프랑스어로는 '카니쉬(Caniche, 오리 사냥개)'라고 부른다. 거드름을 피우는 듯한 분위기의 개인데, 물 속에서 잡은 사냥감을 찾아 오는 리트리버 출신.
대담한 트리밍도 사냥개의 전통이다. 단순한 겉치장이 아닌, 헤엄치기를 쉽게 하고 심장을 보호하기 위한 것이다. 부츠를 신은 것 같은 다리도 헤엄칠 때 다리지느러미와 같은 역할을 한다.

최근에는 몽실몽실하게 장난감 곰돌이 같은 새로운 컷팅으로 토이 푸들과 미니어처 푸들의 인기가 올라가고 있는 추세.

■ **독일 태생의 프랑스 멋쟁이**

역사가 오래된 견종이다. 기원이 분명치 않지만, 독일 출신으로 영어명 푸들은 독일어 '푸델(Pudel, '물장구 치는'이라는 뜻)'에서 유래됐다. 다른 이름인 '프렌치 푸들'은 프랑스에서 우아한 개로 발전하면서 붙은 이름으로 보인다.

■ 영리한 재능꾼
영리하고 뭐든 잘 해내서 프랑스에서는 서커스의 곡예견으로 활약했다. 지금도 서커스의 인기스타. 푸들은 팬들이 많으며, 특히 스탠더드 푸들은 최근 댄스를 하는 개로도 유명하다. 베토벤도 이 애견의 죽음을 슬퍼하고 곡을 남겼을 정도.

■ 성격으로 고른다면 '스탠더드 푸들'
경호견으로 데리고 있겠다든지, 스포츠나 댄스를 함께 즐기려면 스탠더드 푸들이 적격이다. 옛날에 독일에서는 우유 수레를 끄는 개였으며, 전쟁 중에는 물자를 운반하거나 전령견으로서 활약했다고 한다. 성격도 좋고 온순해서 아이들이 있는 가정에 적합하다. 소형의 푸들은 자칫 흥분하기 쉬워서 복종 훈련을 강아지 때부터 시켜야 한다.

■ 호화로운 털 손질이 만만치 않다
털이 빠지지 않고 빨리 자라므로 컷팅해 주지 않으면 계속 길어진다. 꼼꼼하게 브러싱을 하고, 정기적인 컷팅이 필요하다.

60 days(미니어처)

(미니어처)

푸들 데이터

크기	〈토이〉 ♂♀ 키 약 26cm 이하, 무게 2~3kg 〈미니어처〉 ♂♀ 키 28~38cm, 무게 3~6kg 〈스탠더드〉 ♂♀ 키 약 38cm 이상, 무게 6~10kg
털·털색	곱슬거리는 털은 숱이 많고 촘촘히 난다. 털색은 단색이 이상적. 검정색, 흰색, 살구색, 청색, 미색 등
비고	단미한다.
별칭	프렌치 푸들, 카니쉬

KKC · AKC/Non-Sporting(토이 푸들은 Toy 그룹)
JKC/제9그룹 KC/Utility

〈스탠더드〉

90 days(미니어처)

60 days(미니어처)

60 days(미니어처)

Schipperke

스키퍼키 벨기에 원산

새까만 털 속에서 호기심 가득한 두 눈이 반짝인다.
강아지들은 '안절부절', '두리번두리번'. 잠시도 가만히 있지 못한다.
성견이 되고 나서도 마찬가지로 언제나 분주한 개다.

■ 여우? 너구리? 아니면 고양이?

새까맣고 호기심 가득한 동그란 눈. 꼬리는 잘려서 없는 것처럼 보인다. 스키퍼키 강아지는 개가 아닌 다른 동물로 보일 때가 가끔 있다.
강아지 때는 기운이 넘치고 활발하게 움직인다. 기억력은 놀랄 만큼 뛰어나며, 기본적인 명령은 생후 2개월 정도면 알아듣는다. 귀를 옆으로 돌렸다가, 뒤로 눕혔다가, 다시 또 세우는 등 가만히 두질 않는다.

76 days

76 days

76 days

■ '작은 선장'
스키퍼키란 플랑드르어로 '작은 선장'이라는 뜻. 안트베르펜을 잇는 운하선의 거룻배의 마스코트로 귀여움을 받았었다. 스키퍼키의 꼬리를 자르는 관습이 시작된 것은 배 안에서 돌아다니기 편하게 하기 위해서라는 설도 있고, 훔쳐먹는 것을 들켜서 구두 고치는 선원이 잘랐다는 등의 이야기가 있으나 정확한 것은 아니다. 벨기에의 플랑드르 지방에서 기르던 검은 목양견을 소형화하고 개량한 견종이다. 이 목양견을 벨지안 셰퍼드 독(그루넌달)의 조상견으로도 보고 있다.

■ 침착하지 못한 '코미디언형'
길러 본 사람들의 말에 의하면, 침착하지 못하고 코미디언형의 개가 많은 것 같다고 한다. 스키퍼키는 온몸이 새까매서 쉽게 호감이 가지 않지만, 애교가 많고 응석꾸러기이다. 또 경계심이 강하고, 어떤 소리가 나면 꼭 깨어나 번견으로도 적격이다.

■ 길들이기는 강아지 때부터
사람의 말을 이해하는 것이 빠르고, 주인의 말에 곧 반응하는 영리한 개다. 길들이기는 강아지 때부터 시작해야 한다.

■ 털 손질
털이 새까맣고, 물에 젖지 않는다. 일주일에 한두 번 브러싱을 해 주면 된다. 단, 털갈이 시기에는 특히 꼼꼼하게 손질하고, 피부병도 주의한다.

스키퍼키 데이터

크기	♂우 키 약 30cm, 무게 약 8kg
털·털색	겉털은 거칠고 숱이 많으며, 속털은 부드럽고 촘촘히 난다. 목 뒤쪽의 털은 길고 촘촘히 난다. 털색은 보통 검정색의 단색. 단색이면 어떤 색도 허용된다.
비고	단미한다. 꼬리가 원래 없는 것도 있다. JKC와 KC에서는 검정색 이외의 단색 털도 허용하지만, AKC에서는 검정색만 인정된다.

KKC · AKC/Non-Sporting JKC/제1그룹 KC/Utility

76 days

Shar-pei
샤페이 중국 원산

강아지의 피부는 공기 빠진 인형처럼 쭈글거리고 헐렁인다.
그러나 성장하면서 살이 채워지고 주름이 펴지는데,
성견이 되면 몸의 주름은 거의 펴지고,
얼굴과 그 주변의 주름만 그대로 남는다.

28 days

■ 강아지의 미로 같은 주름살
강아지 때는 온몸이 주름살이다. 작은 눈마저 깊은 주름살의 미로 속에 묻혀서 잘 보이지 않는다. 가끔 겹쳐진 주름을 펴고 수건으로 닦아 줘야 할 정도.

■ 세계 제일의 진기한 개로 등장
샤페이는 1978년 세계 제일의 진기한 개로 기네스 북에 오르면서 알려졌다. 주름살 투성이의 몸, 작은 귀와 눈, 검푸른 혀 등이 특징인데, 그렇다고 선전 효과를 노리고 만들어진 견종은 아니다.
옛날부터 중국의 광동성 일대에서 사냥개, 가축의 번견, 투견, 때로는 식용견으로 사육되던 개였다. 당시는 지금보다 몸집이 커서 보통 40kg 정도였고, 그 중에는 70kg을 육박하는 샤페이도 있었다고 한다.

■ 유용한 주름살
주름살도 투견으로서는 이점이 많았다. 헐렁이는 피부는 물렸을 때 치명상을 피할 수 있었고, 주름살 속에 있는 눈은 서로 부딪쳐도 쉽게 상처를 입지 않았다.

■ 듬직한 성격
당당해 보이고 위엄 있으며, 가족에게는

28 days

28 days

28 days

깊은 애정을 나타내는 개다. 그러나 남에게는 쌀쌀맞고, 다른 개들과는 함께 있기를 싫어한다.
외모는 물론, 성격도 듬직하다. 약간 완고한 면도 없지 않다. 시간을 들여서 길들여야 하는데, 강아지 때부터 많은 사람과 접촉할 수 있는 기회를 만들어 주는 것이 중요하다.

■ 샌드페이퍼 같은 털의 손질

샤페이는 중국어로 '늘어진 피부', '모래 같은 살결'이라는 뜻이다. 털은 샌드페이퍼처럼 거칠거나, 구둣솔처럼 뻣뻣한 것도 있다. 솔이나 타월로 마사지하는 정도로 손질한다. 단, 주름진 부위는 꼼꼼히 닦아 줘야 한다. 매일 함께 걷는 운동이 필요하다.

샤페이 데이터

크기	♂ 키 46~51cm, 무게 18~23kg ♀ 키 41~46cm, 무게 16~20kg
털·털색	곧고 뻣뻣한 짧은 털. 털색은 단색. 붉은색, 검정색, 연한 황갈색과 미색의 그늘이 있는 것. KC, FCI에서는 흰색은 인정되지 않는다.
비고	꼬리는 굽어 있거나, 세게 구부려 등에 올린다.
별칭	차이니즈 파이팅 독. AKC에서는 차이니즈 샤페이. KC에서는 샤페이

KKC·AKC/Non-Sporting KC/제2그룹 KC/Utility

Tibetan Spaniel
티베탄 스패니얼 티베트 원산

강아지를 안으면 동그란 눈동자가 주인을 뚫어져라 바라본다.
안고 있을 때도 아기를 안은 듯한 느낌을 갖게 한다.
묘한 매력으로 사람의 마음을 사로잡는 개가
바로 티베탄 스패니얼이다.

57 days

57 days

57 days

■ **티베트 태생의 라이온 독(Lion dog)**
아주 오랜 옛날부터 티베트에서 길러 왔다고 한다. 계통적으로는 페키니즈와 공통점이 많고, 같은 조상으로부터 태어난 견종으로 보고 있다.
주로 사원에서 길러졌으며, 달라이 라마에게 귀여움을 받은 견종이다.
■ **마을을 지켰던 지킴이 개**
티베탄 스패니얼은 애완견뿐만 아니라 우수한 번견으로도 마을에서 없어서는 안 될 개였다. 사원의 사방이 잘 보이는 곳에서 날카로운 눈으로 마을 골목을 감시했다. 낯선 사람이나 늑대 등을 발견하면 크게 짖어서 경호견인 대형 티베탄 마스티프에게 알리는 일을 했다. 가정견으로 사랑받는 지금도 번견 역할을 잘 해낸다.
■ **주인의 눈을 본 후에 행동한다**
같은 조상견을 두었지만 궁중 깊숙한 곳에서 총애를 받았던 페키니즈에 비해 털이 실용적이어서 집 안이나 밖에서도 즐겁게 뛰어놀 수 있다.
성격은 기본적으로 밝고 영리하다. '한 걸음 뒤로 물러나서' 응석을 부릴 줄 아는 개인데, 주인이 집에 돌아오면 얼굴을 쳐다보기만 하고 다른 개처럼 좋아하며 달라붙지 않는다. 주인이 '이리 온!' 하며 불러야 그때서야 옆으로 다가온다.

티베탄 스패니얼 데이터

크기	♂♀ 키 약 25cm, 무게 4~7kg
털·털색	비단실 같은 더블 코트. 귀와 다리에 장식털. 털색은 황금색, 검정색, 흰색, 모래색 등 모든 단색과 혼색이 허용된다.
비고	꼬리에는 숱이 많은 장식털이 난다.

KKC · AKC/Non-Sporting JKC/제9그룹 KC/Utility

116 days

언제나 사람의 입 움직임을 주의 깊게 보고 먼저 재촉하지 않는다. 한 번 가르쳐 준 것은 잊어버리지 않아서 길들이기가 비교적 쉬운 견종이다.

■ 털 손질도 쉽다
트리밍이 필요 없어서 손질이 까다롭지 않다. 털이 엉키지 않게 일주일에 두세 번 정도 브러싱을 해 준다. 성격이 활발하여 매일 산책을 시키고 뛰놀게 하는 것이 좋다.

31 days

Alaskan Husky
알래스칸 허스키 미국 원산

'최강 최속의 썰매개'를 목표로 온갖 견종을 교배시켜서 개량되고, 실전에서 기록을 쌓아 온 알래스칸 허스키다. 모습에 규정이 없어서 강아지들도 가지각색이다.

알래스칸 허스키 데이터

크기	규정이 없다.
털·털색	규정이 없다.
비고	개썰매 경주에서 활약했다.

KKC · AKC/미공인 JKC/미공인 KC/미공인

■ 빨리 달리기 위해 개량된 개
알래스칸 허스키는 개썰매 경주계에서는 알려진 이름이지만, 일반인들에게는 그다지 익숙하지 않다.
이름만 보면 알래스칸 맬러뮤트와 시베리안 허스키에서 태어난 개로 오해하기 쉽다. 하지만 이 견종의 뿌리는 그렇게 간단하지 않다.
추위에 아주 강하고 힘이 센 알래스카의 썰매개를 래브라도 리트리버, 저먼 셰퍼드 독, 사모예드, 잉글리시 스프링거 스패니얼 등의 견종과 교배시켜 만든 개다. 오직 개썰매 경주를 위해서 튼튼하고 빨리 달리는 개로 현재도 계속 개량되고 있다.

■ 견종의 증명은 '스피드'
브리더가 발행하는 자필 혈통서만이 견종을 증명할 수 있는 유일한 문서. 개썰매 경주에서 빨리 달린다는 것만이 이 견종의 조건이다.
견종이라기보다는 '알래스칸 허스키'라는 우수한 썰매개의 브랜드라고 생각하면 이해가 빠르다.

■ 개썰매 경주가 있어서 인정되는 견종
개썰매 경주를 취미로 가진 사람에게는 매우 가치 있는 개다. 그러나 그런 분야에 흥미가 없는 사람에게는 아무 소용이 없고, 오히려 일반 가정에 경주용 기계를 들여다 놓은 격이 되고 만다.
달리는 기계와 같은 이 개는 경주에 나가면 정신적으로 긴장이 쌓여 사람을 물기

28 days

28 days

도 한다고. 물론 길들이기에 따라서는 가정견으로 함께 지낼 수도 있다.

■ **목적이 모습을 만든다**

현재도 교배가 진행 중이어서 '알래스칸 허스키'라고 불리는 큰 그룹 안에서 새로운 견종이 태어날 가능성도 있다. '스피드'라는 목적으로 썰매개를 개량하다 보면, 언젠가는 개의 모양도 기능적으로 변해져서 어떤 정해진 스타일이 만들어질 것이다.

Wolf Dog
울프 독

늑대를 길러 보고 싶다는 꿈을 꾸어 본 적 있는가?
그런 꿈을 실현시켜 주는 것이 울프 독일지 모르겠다.
늑대의 피가 짙은 강아지는 태어났을 때 까맣고,
후에 점차 색깔과 털 모습이 바뀐다.
교배한 상대 개의 피가 강하면 그 색깔로 태어난다.

44 days

44 days

44 days

44 days

■ 늑대의 피를 가진 개

늑대와 교배시켜 그 피를 직접 이어받은 개를 '울프 독'이라고 부른다. 개라는 이름은 붙었지만 기르기가 매우 어렵다. '늑대 모습을 한 개'라고 생각했다가는 큰코다치기 십상. '개를 닮은 늑대'라고 생각하는 것이 맞을 것이다. 늑대의 피가 짙게 배어 있다.

교배한 개에 따라 늑대에 보다 가까운 것, 개에 보다 가까운 것 그리고 그 중간의 것이 있다. 털 색깔과 무늬, 털의 길이는 달라도 일어선 귀, 늘어뜨린 꼬리, 길쭉한 다리, 큰 이빨 등은 공통적이다. 늑대의 피가 강할수록 불에 익힌 음식으로 배탈이 나기 쉽다고 한다.

■ 강아지의 성격

뒤뚱뒤뚱 걸을 때부터 허공을 보고 짖으며 교신신호로 삼는다. 강아지들은 기본적으로 신경질적이고, 낯가림을 한다. 무리 지어 살아가는 늑대의 피를 이은 탓인지, 혼자 있으면 불안해한다. 강아지 때부터 될 수 있는 대로 여러 사람과 사물 그리고 여러 장소 등에 익숙해지도록 한다.

■ 한 주인만 섬기는 개

성견도 기본적으로 낯가림을 하지만, 주인한테는 응석을 부리기도 한다. 주인이 아니면 가까이 오는 것조차 경계한다. 그래서 '한 주인만 섬기는 개'가 되기 쉽다. 자라는 환경에 따라서 성격도 변하는데, 어려서부터 규칙적으로 길을 들이면 순종형의 가정견이 될 수도 있다. 다만 잘 알아듣기는 하지만, 마음이 내키지 않으면 따르지 않는 경우도 있다.

■ 허공을 보고 짖는다

허공을 보며 짖어 대는데, 특히 발정 중인 암컷은 옆에서 보면 불안할 정도. 늑대의 피가 강할수록 성장이 느리며, 다 자라기까지 보통 2~3년이 걸린다.

발정은 늑대의 피가 짙으면 1년에 한 번. 개의 피가 짙으면 주기가 짧아진다. 산책을 시키는 일도 그 모습과 힘을 고려하면 어려운 편이다.

■ 늑대와 개를 동시에 경험한다

개가 크게 짖어도 문제가 안 되는 환경과 울타리가 있는 아주 넓은 공간의 개집이 있어야 한다.

무엇보다 이 개를 기르려면 가족들의 이해가 꼭 필요하다. 길러 보면 개가 사람과 함께 살게 되기까지 얼마나 어려움이 많았을지 생각하게 된다.

울프 독 데이터

크기	규정이 없다.
털·털색	규정이 없다.
비고	늑대의 피가 섞여 있다.

KKC·AKC/미공인 JKC/미공인 KC/미공인

놀면서 배우는 강아지 시절

장난치고, 싸우고, 탐험하고…. 강아지들은 놀면서 살아가는 데 필요한 여러 가지를 어미개로부터 또는 형제들 사이에서 배운다.

이렇듯 무리 지어 사는 동물들은 노는 과정 속에서 자기의 의사를 표현하는 방법을 익혀 나간다.

그래서 장난치는 것은 해서 안 되는 것이 아니라, 일종의 몸과 머리의 체조 같은 것이며, 꼭 필요한 것들이다.

머리를 바닥에 찰싹 붙이고서 궁둥이를 쳐들고 꼬리를 흔들면 '나하고 놀자!' 는 사인이고, 또 주인의 몸에 코를 부벼대는 것도 놀아달라는 표현이다.

강아지들은 놀면서 가정에서 지켜야 할 규칙들을 배우게 된다.

골든 리트리버 45 days

에어데일 테리어 70 days

개의 자는 습관은 사람이 만든다

개는 원래 새벽이나 초저녁의 어두컴컴한 시간대에 활동하던 반야행성 동물이었다. 그런데 사람과 함께 살게 되면서 낮에 활동하고 밤에 자는 습관을 갖게 된 것이다.

하지만 개는 사람처럼 정해진 시간 동안 숙면을 취하는 게 아니라, 자다 깨다를 반복하면서 대략 8시간 정도(강아지 때는 이보다 좀 더 길게) 잔다고 한다.

그리고 개도 꿈을 꾸는 것 같다. 자면서 짖어 대거나, 다리를 움직이고, 입을 움직이며, 꼬리를 흔들기도 한다. 이럴 때는 안구도 움직인다. 어떤 꿈을 꾸는 걸까?

그리고 불독처럼 코가 납작한 개는 코를 골며 잔다.

울프 독 44 days

뉴펀들랜드 60 days

차우 차우 39 days

기르는 법과 건강

강아지 기르는 법과 길들이기 ·················· 226
개 기르는 법 ······································ 226
　1. 강아지 기르기
　2. 개를 기르는 목적

개 길들이기 ······································ 228
　3. 개 길들이기란?
　4. 개도 성질과 성격이 있다
　5. 개가 주인이 될 위험
　6. 야단치는 법과 칭찬하는 법

건강하게 기르려면 ·························· 234
　1. 개의 건강이란?
　2. 기본적인 건강 유지법
　3. 응급시 가정에서의 대처법

견종별 특유질환 일람표 ······················ 237
애견 관련 용어 ································ 238

레이크랜드 테리어

강아지 기르는 법과 길들이기

고시마 레이코(애견 훈련사)

포메라니안

여기에서 설명한 강아지 기르기와 길들이기의 내용은 가정에서 기르는 개에 대한 이야기이며, 경찰견이나 맹도견 등을 기르는 방법에 관한 것은 아님을 밝혀 둔다.

제일 먼저 말하고 싶은 것은 개를 기르는 데에 특별한 비결 같은 것은 없다는 것이다. 개도 사람처럼 태어날 때부터 가지고 있는 성격(DNA)은 천차만별이다.

그런데 개를 기른다고 할 때 가장 중요한 것은 사람과 같이 살게 된 강아지를 좋은 성격이든 나쁜 성격이든 그 모든 것을 받아들인다는 전제가 있어야 한다는 것이다. 그리고 강아지의 성격에 맞는 길들이기를 시작해야 개는 물론 주인도 행복할 수 있다.

개 기르는 법

1 강아지 기르기

개 주인 = 개

'개 주인을 보면 개를 알 수 있고, 개를 보면 개 주인을 알 수 있다'는 말이 있다.

월트 디즈니의 만화영화 《101마리의 달마티안》의 시작 부분에 개 주인을 닮은 여러 개들이 줄지어 산책하는 장면이 나오는데, 이것을 보고 누구나 한바탕 웃게 된다.

그리고 주인과 개들이 표정은 물론, 내면적인 것까지 닮았다고 느끼게 된다. 디즈니의 세심한 관찰력을 엿볼 수 있는 부분이다.

POINT 사람이 개를 닮는 것이 아니라, 개가 사람을 닮는 것이다.

개 = 어린이

사람에 있어서도 마찬가지다. '부모는 자기의 됨됨이대로 자식을 기른다'는 말이 있고, 또 '아이는 그 부모의 거울'이라는 말도 있다. 결국 개를 기른다는 것은 자식을 기르는 것과 같다는 뜻이다.

그렇다면 자식을 기를 때 부모는 어떤 마음으로 아이를 대해야 할까? 그 마음이 어때야 한다는 것을 안다면, 자식을 훌륭히 키울 수 있을 것이다. 개를 키우는 것도 마찬가지다. 강아지를 기르는 것과 자식을 기르는 것은 조금도 다르지 않다는 것을 알아야 한다.

POINT 생명을 기르는 일에는 어떠한 차별도 있을 수 없다.

개(강아지) 기르기 = 인간 사회의 규칙을 가르치는 것

개 기르기와 자식 기르기는 다르다고 말하는 사람도 있을 것이다. 개가 따라야 할 것과 사람이 지켜야 할 규칙은 다르다는 전제에서다.

그러나 오늘날 개들은 인간 사회 속에서 살지 않을 수 없게 되어 있다. 현대 사회에서 개를 기른다고 할 때, 그것은 먹이를 주고 그저 커 가는 것을 옆에서 보고만 있는 것이 전부가 아니다.

그냥 두어도 아이들은 자란다는 말이 있긴 하지만 그 뜻이 같지는 않다. 분명 아이들도 먹여 주기만 하면 몸은 자란다. 그러나 좋은 습관과 필요한 지식을 습득하지 않으면 바람직한 사회의 일원이 될 수 없다. 결국 어린이는 부모와 형제, 선생님과 친구들 속에서 배우고 성장하는 것이다.

이와 마찬가지로 사람과 함께 살게 된 강아지 역시 인간 사회의 규범 속에서 사는 방법을 배우지 않으면 안 된다. 지켜야 할 규칙을 가르쳐야 할 주인이 '개니까…' 하는 식으로 대한다면 적당주의가 싹틀 수밖에 없고, 결과는 개에게 불행을 가져다 준다. 자신의 자식이라면 그런 마음가짐으로 대하지는 않을 것이다. 개와 자식 기르기가 같다는 이야기는 바로 이런 뜻에서다.

POINT '개니까…' 하는 생각으로 방치해서는 안 된다.

개 기르기는 자식 기르기

그럼 자식 기르기는 언제까지 계속되는 걸까? 부모는 평생 동안 자식을 염려하기 마련인데, 개를 기를 때에도 이러한 부모의 마음을 기본으로 해야 한다.

내가 아는 어느 개 엄마(나는 개 주인을 '개 아빠', 부인을 '개 엄마'라 부르고 있다)는 자기는 자식 키우기에 실패했다고 생각하는 사람이었다. 그래서 '내 자식도 제대로 키우지 못한 주제에 어떻게 개를 기를 수 있을까?' 하며 불안해했다. 그러나 주위의 도움으로 개 훈련을 시작하고 나서 얼마 후에 그녀는 이렇게 말했다. "기른다는 것이 별로 어려운 것이 아니었네요. 왜 내가 자식을 키울 땐 그걸 미처 몰랐을까요?" 그렇다. 답은 바로 여기에 있다.

POINT 개 기르기는 자식 기르기와 같다. 부모의 마음가짐을 지녀야 한다.

파피용

2 개를 기르는 목적

사람은 사람, 개는 개
흔히 "우리 집 개는 가족과 같다."고 말하는 사람이 있다. 개에는 경찰견이나 맹도견처럼 특별한 목적의 일을 하는 개와 가정에서 기르는 개가 있다.

앞의 이야기는 가정견을 두고 하는 말일 것이다. 사람은 개와 함께 있으면 피곤한 마음이 풀리기도 하고, 가족으로서의 연대감을 느끼기도 한다. 그래서 사랑스런 기분이 드는 것도 사실이다.

그러나 아무리 개가 사랑스럽다고 해도 개를 의인화할 수는 없다. 사람은 사람 그리고 개는 어디까지나 개일 뿐이다.

POINT '개를 기른다'는 것은 어미개 역할을 대신 하는 것이라고 이해한다.

살아가기 위한 동반자
개와 사람의 역사를 보면 먼 옛날부터 그 관계는 변함이 없다. 함께 살아가는 동반자의 관계다.

가장 대표적인 예가 오늘날에도 볼 수 있는 이뉴잇(에스키모인이 스스로를 부르는 이름)과 개와의 관계다. 그들은 서로 도와서 사냥감을 잡고 운반하며 그리고 그것을 나눠 먹는다. 이렇듯 개는 사람이 할 수 없는 일을 도우며 함께 살아왔다.

POINT 개와 사람은 순수한 동반자 관계에 있다.

동반자로서의 역할
개는 사람과 가장 가까이에 있는 동물이다. 여러 가지 일을 돕고 그 대신 먹이를 보장받는다. 이 관계가 인간 사회 속에서 이뤄지는 한, 그 주격은 어디까지나 사람의 생활이다.

개가 스스로 따라야 할 규범은 분명하다. 그 규범에서 벗어나면 서로 불편한 관계가 되고 만다. 개가 사람과 함께 살아가려면 사람이 바라는 것이 무엇인지를 개가 알도록 만들어야 한다.

한편 개가 바라는 것은 무엇일까를 사람도 진지하게 생각해야 한다. 물질적인 것만이 아닌 정신적인 것까지 포함해서 하는 말이다. 그러기 위해서는 서로 시선을 마주 보고 서로의 마음을 읽으며 생활해야 한다.

POINT 개를 보라. 개는 언제나 당신을 보고 있을 것이다.

가족과 동반자와의 차이
가족이기에 허락되는 일 또는 허락할 수 없는 일이 각 가정마다 있을 것이다. 어린이가 손가락으로 음식을 집어먹어도 화를 내지 않는 부모가 있다. 또 밤늦은 시간에 큰 소리로 음악을 듣고 있어도 그냥 두는 부모도 있다.

원래는 주의를 주고 못하게 해야 할 일이지만 '가족이니까', '자식이니까', '아이들이니까' 하며 주의를 주지 않는 것이다.

그러나 개의 경우는 허락되는 일과 그대로 둘 수 없는 일에 분명한 선을 그어야 한다. 그 경계선을 어디에 긋느냐가 문제다. 길바닥에 버려진 음식 찌꺼기를 먹을 때는 화를 내야 한다. 밤중에 울면 심하게 꾸짖고 못하게 해야 한다. 경계선을 긋는 기준은 간단하고 분명하다. 개의 건강 그리고 사람과 함께 사는 데에 장해가 되는 일은 그대로 둬서는 안 된다.

주는 음식 이외의 것을 먹는 버릇이 있어서 비만이 되는 개가 많다. 밤에 시끄럽게 짖어서 옆집에서 항의가 들어오는 경우도 많다. 개의 버릇이 나쁘면 결국 개 자신이 불쌍하게 되고 만다. 개가 마음 놓고 살 수 있게 도와주려면 제멋대로 자라도록 해서는 안 된다.

POINT 개를 동반자로 이해한다는 것은 일반적인 의미의 '가족'처럼 대하는 게 아니며, 엄할 때는 엄해야 한다.

좋은 동반자의 조건
동반자에 대한 조건은 사람마다 생각이 다를 것이다. 언제나 자기 곁에 있어 주는 것이 좋은지, 가까이에 있으면서 지켜봐 주는 것이 좋은지, 아니면 각각 독립해서 행동하다가 잠시 공통의 시간을 갖는 것이 좋은지 등 여러 가지가 있을 수 있다.

개에 대해서도 엉겨 달라붙는 것을 싫어하는 사람도 있고, 언제나 자기 곁에 앉아 있어 주기를 바라는 사람도 있을 것이다.

그러나 자기 마음에 꼭 드는 반려자를 고르는 것이 어렵듯이, 개를 고르는 것도 어렵다. 개도 저마다 개성이 있기 때문이다.

POINT 성격이 서로 맞는지 확인하지 않고 개를 기르면 두고두고 후회한다.

저패니즈 키슈

개 길들이기

3 개 길들이기란?

길들이기와 훈련은 다르다

가끔 잘못 알고 있는 이들이 있는데, 길들이기와 훈련은 전혀 다르다. 쇼나 경기에 나가기 위한 목적으로 가르치는 것이 '훈련'이며, 보통 살아가는 데 애먹지 않도록 버릇을 들이는 것이 '길들이기'다.

자기 집에서 개가 마음 놓고 살 수 있으려면 평소에 어떻게 해야 하는지를 가르쳐야 한다. 구체적으로는 가족 이외의 사람을 대할 때 필요한 규칙, 밖을 걸어다닐 때의 매너 등이다.

그렇게 생각하면 길들이기 자체는 그다지 어려운 일이 아니다. 그리고 이것도 착각하는 사람이 많은데, 길들이기는 억지로 강요해서는 안 된다. 강요하려 들면 개도 사람처럼 짜증이 나기 마련이다.

자칫 강요하게 되는 원인의 하나가 '길들이기 매뉴얼' 때문이다. '아침저녁으로 꼭 산책을 시켜라', '식사의 양은 주먹 크기 정도로', '짖지 않는 개가 영리한 개', '집 안에서 오줌이나 똥은 누게 하지 말 것' 등이 그것이다. 가정마다 어린이를 기르는 방법이 다르듯이 개를 길들이는 데도 어떤 정해진 틀이 있는 것은 아니다.

- **POINT** 길들이기의 매뉴얼을 무시한다.

규칙을 가르친다 = 길들이기

사람과 함께 살기 위한 규칙을 가르치는 건 개 주인의 책임이다. 무조건 훈련소에 맡긴다고 해서 되는 것이 아니다. 훈련소에서는 훈련사의 말은 잘 듣지만, 훈련사가 집에서 함께 생활하는 것은 아니기 때문이다.

집에서 개가 지켜야 할 규칙은 개 주인이 직접 가르치는 것이 제일 효과적이다. 각 가정의 실정에 맞는 내용과 방법으로 개를 가르쳐야 한다.

간혹 개 기르기의 매뉴얼을 보고 '우리 집 개는 이런 것도 못한다. 좀 모자란 개가 아닐까?' 하며 걱정하는 사람도 있는데, 그것은 틀린 생각이다. 매뉴얼에 나와 있는 내용이 전부 자기 집 실정에 맞는 내용일 수는 없다. 우리 가족에 맞는 내용을 가르치고, 또 가족 이외의 남과 만났을 때에 필요한 규칙이나 산책 중 매너 등을 가르치면 되는 것이다.

- **POINT** 각 가정의 실정에 맞는 규칙, 남을 대할 때의 규칙, 길을 걸을 때의 매너 등을 가르치는 것이 길들이기의 내용이다.

길들이기를 어렵게 만드는 것은 '개 주인'

길들이기의 기본은 사람을 물거나 다치지 않게 하는 일 그리고 개 자신의 생명을 지키는 일로 2가지뿐이다. 즉 서로의 건강과 생명을 지키기 위해 해야 할 것을 생각하고, 그것을 실행하는 것이 길들이기다.

개 기르기는 조금도 어려운 일이 아니다. 길들이기도 마찬가지다. 만일 어렵기만 하다면 그것은 개 기르는 사람 자신이 어렵게 만들고 있는 경우가 많다.

"문제가 있는 개는 문제가 있는 주인이 기르는 개일 때가 대부분이다."라고 한다. 개를 길러 보면 자신의 생활 태도를 반성하게 되는 일이 있다.

개 기르기란 결코 어렵지 않지만, 또 적당 주의로는 되지 않는다. 개는 살아 있는 동물이다. 생명을 기르는 데에는 그만한 각오가 필요하다는 것이다.

- **POINT** 하나의 생명에 대해 끝까지 책임을 지는 것. 그 책임에 대한 각오가 없으면 개를 기를 수 없다.

길들이기의 해야 할 것과 하지 말 것

자기 손에 개의 다리를 올려놓도록 시키거나, 광고에서처럼 두 발로 서서 걷게 하거나, 한 발을 들어 인사를 시키는 것은 길들이기와는 전혀 관계가 없는 일들이다.

개를 키우면서 빠지기 쉬운 심리 상태는 자기 개가 남의 개보다 뛰어나다는 것을 보이고 싶어 하는 마음이다. 개는 사람의 우월의식을 만족시키기 위해 살고 있는 것이 아니다. 물론 훈련의 일환이라면 이야기는 다르다. 쇼에 나가거나 경기에 참가하는 목적이라면 그것도 필요하지만, 그런 목적이 아니라면 해서는 안 된다. 개에게 스트레스를 주고 혼란에 빠뜨릴 뿐이다.

- **POINT** 될 수 있는 한 즐겁고 편안하게 생활을 즐기도록 해 줘야 한다.

파피용

필요한 최소한의 길들이기로 충분

길들이기는 보통 생활에서 어려움을 겪지 않을 정도면 충분하다. 우선 개의 하루 일과를 생각해 본다.

사람이면 아침에 일어나서 세수하고 이를 닦지만, 개는 아마도 하품 한 번 하고는 그것으로 아침맞이가 끝난다. 다음은 식사와 배설일 테고 그리고 주인이 직장에 나가고 없을 때는 아무 할 일 없이 가끔 몸을 움직여 걷거나, 아니면 대부분의 시간을 쉬고 있을 것이다. 집에 누군가 있다 해도 그 상황이 크게 다를 것은 없다.

강아지의 경우는 하루에 20시간을 잔다고 한다. 그리고 주인이 돌아오면 적당히 놀고, 운동하고, 배설하고, 또 잔다. 이것을 되풀이하는 것이니 필요한 길들이기 내용이라야 별것이 아니다.

가정견에서 필요한 내용이란 다음의 5가지 정도일 것이다. '뒤따라 걷기', '앉아', '기다려', '엎드려', '이리 와'. 이 정도가 되면 대부분의 것은 응용할 수 있다.(다음 페이지 *1 참조)

POINT 집에서 개가 안심하고 살기 위해서 어떤 길들이기가 필요한지는 자연히 알게 된다.

기본에 어긋나는 문제 행동

길들이기라 하면 아주 어려운 일들이 많을 것으로 짐작하고 미리부터 어렵게 생각하기 쉽다. 그러나 앞서 말했듯이 그 내용은 생명을 지키는 일과 주위에 불편을 끼치지 않는 일 뿐이며, 그러기 위해서 어떻게 해야 할지 생각하면 답은 곧 나온다.

제일 먼저 사람을 물지 않게 길들이는 것이 가장 중요하다.(다음 페이지 *2 참조)

그리고 개 자신이 생명을 잃게 되는 원인인 질병 이외에 길에 뛰어들어 차에 치이는 등의 사고를 막는 것도 중요하다.(다음 페이지 *3 참조)

그 다음은 배설. 집 여기저기에 배설을 하게 되면 곤란하다. 사람이 화장실을 쓰듯이 개도 자기 화장실을 쓰도록 길을 들여야 한다.(다음 페이지 *4 참조)

기본은 이 3가지다. 그 밖에 한두 가지가 더 있는데, 그 중 하나가 개 짖는 소리에 따른 일들이다. 개는 짖는 것이 정상이지만 인간 사회에서, 특히 도시 생활에서는 문제가 된다.(다음 페이지 *5 참조)

그리고 '개집'은 집 밖에서 기를 경우는 별 문제가 안 되지만, 집 안에서 키울 때 개가 자기 집에 들어가서 살게 하려면 어떻게 길들여야 할지 생각해야 한다.(다음 페이지 *6 참조)

알래스칸 맬러뮤트

남의 식으로 자기 개를 길들일 수 없다

앞에서 길들이기 방법을 매뉴얼 식으로 나열하지 않은 이유가 있다. 그것은 이 책을 매뉴얼 식으로 이해하지 말고, 먼저 문제를 생각하고 답을 스스로 찾기를 바래서다.

자신의 개는 자기가 책임을 질 수밖에 없다. 매뉴얼을 보고 기계적으로 적용하려 든다거나, 훈련사에 맡기는 방법으로는 결코 진정한 자신의 개로 만들 수 없다. 이러한 주인의 자세를 개는 민감하게 알아차리기 때문이다.

자기를 한없이 생각해 주는 부모 아래에서 자란 아이는 훌륭히 성장하기 마련이다. 개에 대한 길들이기(=자식에 대한 가정 교육) 또한 주인의 애정과 비례해서 그 결과가 나타난다.

POINT 개도 주인을 계속 지켜보고 있다.

이탈리안 그레이하운드

스탠더드 슈나우저

*1 기본적인 길들이기 방법

▶ 뒤따라 걷기
먼저 주인은 한 곳에 서서 리드줄을 낮추고 '뒤로' 하고 지시하면서 개를 자기 뒤쪽으로 가게 한다. 개가 앞으로 나오면 '뒤로' 다시 지시하면서 리드줄을 당기는 훈련을 계속한다. 개와의 끈기 싸움에서 져서는 안 된다.

▶ 앉아
앉게 하려면 '앉아' 하고 지시하면서 개의 허리 부위를 가볍게 눌러 준다. 제대로 하면 꼭 칭찬을 해 준다. 이것을 되풀이하면 지시에 따라 앉게 할 수 있다.

▶ 기다려
기다리게 하는 경우는 여러 가지가 있다. 산책 때인가, 식사 때인가, 긴급시인가. 한 번 기억하면 응용이 가능하다.
1. 리드줄을 매고 주인 옆에 '앉아' 라는 지시에 따라 앉힌다.
2. 개의 주위를 걸어다닌다. 개가 움직이려 하면, 개의 머리에 손을 대고 '기다려' 하고 지시한다.
3. 이번에는 개의 등에 손가락을 대고 뒤로 돌아가서 원위치로 되돌아오게 한다.
4. 이것을 반복해서 한 바퀴를 돌 수 있게 되면, 개에게 손이나 손가락을 대지 않고 반복시킨다.
5. 이 훈련이 가능해지면 리드줄을 길게 해서 떨어진 자리에서 지시만으로 할 수 있을 때까지 반복한다. 개가 움직이면 반드시 '기다려' 하며 지시하고, 해내면 '좋아' 하고 칭찬을 해 준다.

▶ 엎드려
먼저 '앉아' 를 지시하고 옆에 선다. '엎드려' 를 지시하면서 개의 목 뒤쪽을 가볍게 눌러 준다. 하지 못하면 개에 가까운 부분의 리드줄을 밟고 엎드린 자세가 되게 한다. 해내면 칭찬을 잊지 말 것. 이것을 반복한다.

▶ 이리 와
리드줄을 길게 해서 개와 마주 선다. 주인 쪽에 주의하도록 한 다음, 개 이름을 부른다. 다가오면 부드럽게 개를 맞아 준다. 약간 과장된 제스처도 좋다. 불러서 가까이 왔을 때 주인이 기쁜 표정을 하면 개는 주인이 자기를 받아들인다는 것을 알고, 그 다음은 스스로 가까이 오게 된다.

*2 물지 않게 하기
강아지 때는 주인 손끝을 살짝 물기를 좋아한다. 그때 '아파', '안 돼' 하며 개 코끝을 '톡' 하고 때려 준다. 이렇게 해서 사람을 물면 안 된다는 것을 가르친다.
의자의 다리나 전깃줄 같은 것을 무는 강아지가 있는데, 그것을 본 순간 '안 돼' 하며 역시 코끝을 때려 준다. 하던 짓을 안 하면 역시 칭찬을 잊지 말 것.
그리고 깨물어도 되는 뼈다귀나 장난감을 가지고 놀게 해 준다. 깨무는 욕구는 개에게는 전 생애에 걸쳐 계속되는 본능이다. 깨물어도 되는 것과 깨물어서는 안 되는 것을 구분하여 가르쳐야 한다.
또 사춘기까지 깨무는 버릇을 없애지 못한 경우는 그렇지 않아도 반항적인 시기이므로 턱 밑을 한 대 때려 주고, 단호하게 '안 돼' 하며 엄하게 가르치는 것이 필요하다.

*3 갑자기 달려 나가지 않게 하기
갑자기 도로에 뛰어들어 차에 치이는 사고를 당할 수 있다. 절대로 리드줄을 놓지 않는 것이 전제되어야 한다. 이런 경우를 대비해 '기다려' 의 지시를 반드시 훈련시켜야 한다.
번개나 자동차 소리에 민감하게 반응하는 개도 있다. 패닉을 일으켜 짖거나, 급하게 도망치기도 한다. 사람이 듣지 못하는 소리에 반응하는 경우도 있다. 겁에 질린 상태일 때는 꼭 안아 주고, 우선 앉게 한 다음 안심시킨다. 큰 개라면 목을 안아 주는 것도 좋다.
패닉에 빠졌을 때는 아주 위험하다. 정신 상태에 이상을 일으켜 물거나 공격적이 되는 경우도 있다. 이렇게 되면 속수무책이다. 그런 증상을 보이면 소리가 들리지 않는 곳으로 곧 이동해야 한다. 또 그럴 가능성이 있는 개라는 것을 미리 알고 기르는 것도 중요하다.

*4 배설 길들이기
개를 기르면서 제일 먼저 부딪치는 문제인데, 길들이기에 시간이 걸린다. 개가 화장실을 사용하게 되기까지 1백 일은 걸린다는 각오로 개를 기를 수밖에 없다.
이유식을 시작할 무렵 정해진 곳에서 배설을 시켜 주면 쉽게 습관이 들 터인데, 브리더나 애완견사육점에서도 그대로 누게 하는 경우가 많다.
배설 길들이기의 실패의 원인은 한마디로 사람이 포기해 버리는 데에 있다. 꼭 할 수 있다는 생각으로 훈련시켜야 한다.
강아지 때는 서클 안에서 기르는 것이 보통이므로 제일 좋은 방법은 화장실도 서클 안에 만들어 주는 것이다. 실내에 놔서 기르면서 화장실은 여기라고 이야기해 봤자 개한테는 무리한 요구다. 정한 장소에 배설했을 때는 칭찬해 주고, 몇 번 실패를 거듭하고 나면 개도 자기에게 바라는 요구가 무엇인지를 알아차리게 된다.
서클 밖에 나와 있을 때 실수해 버리는 경우도 있을 것이다. 그럴 때는 결코 화를 내거나 야단쳐서는 안 된다. 이런 경우 야단을 치면 배설 행위 자체를 금지하는 것으로 인지할 수도 있다.
서클 밖에 있을 때 개가 끙끙거리거나 여기저기 냄새를 맡으며 돌아다니면 배설할 곳을 찾는 것임을 알아차려 서클 안에 넣어 주어야 한다. 이런 도중에 실패하더라도 역시 야단쳐서는 안 된다.
서클 안에서 배설할 수 있게 되면 조금씩 행동 범위를 넓혀 주는 것이 좋다. 그리고 나서 또 실패하면 처음부터 다시 할 수밖에 없다. 배설의 길들이기는 느긋하게, 끈기 있게 그리고 확신을 가지고 해 나가야 한다.

*5 짖지 않게 하기
우선 왜 짖는지를 이해하는 것이 먼저다. 짖는다는 것은 개가 무엇인가를 알리려 하는 행위다. 그 뭔가를 아는 것이 중요하다.
밖에서 기르는 강아지가 밤에 계속 짖어 대면 집 안에 들여놓는 사람이 있다. 들여놓지 않으면 밤새도록 짖기 때문이다. 그러나 이것은 짖으면 안에 들여놓아 준다는 것을 알고 그렇게 하는 것이다.
먼저 밖에서 기를 것인지, 집 안에서 기를 것인지를 분명히 해야 한다. 그리고 밖에서 기를 계획이라면 짖는 것을 멈추지 않을 때 엄하게 꾸짖어야 한다. 주인이 들어가자 다시 짖으면 '안 돼' 하고 아래턱을 한 대 때려 주어야 한다. 이것도 개와의 '끈기 싸움' 이다.
이런 습관은 하루 만에 고쳐지지 않기 때문에 개와의 끈기 싸움에서 절대로 물러서지 않는다는 각오가 무엇보다 중요하다.
또 집 안에서 기르고 있는 강아지가 자기의 요구가 통하지 않는다고 해서 계속 짖어 대는 경우도 있다. 이때도 마찬가지로 '안 돼' 하고 엄하게 꾸짖고 아래턱을 때려 준다.
개를 꾸짖는 것을 주저하면 안 된다. 안 되는 것을 분명히 개에게 알리는 것이 중요하다. 그러기 위한 체벌이 필요한 것이다.

*6 개집
먼저 서클 등을 헌 담요로 둘러싸서 안이 어둡고 움막 같은 상태가 되도록 한다. 그리고 그 안에 개가 좋아하는 장난감이나 뼈 같은 것을 넣어 준다. 입구는 언제나 들락날락할 수 있게 열린 상태가 되어야 한다. 이렇게 해 주면 개는 들어가라고 하지 않아도 들어간다.
억지로 밀어 넣거나 하면 도리어 싫어한다. 개가 좋아하는 장소, 안심할 수 있는 장소, 잠자리 같은 느낌을 가질 수 있게 해 줘야 한다.
손님이 있을 경우에는 미리 들어가 있게 하는 것이 좋은데, 손님이 온 뒤에 들어가라고 하면 자기만 따돌림당한 기분이 되어 좋아하지 않는다.

포메라니안

4 개도 성질과 성격이 있다

크게 나누면 2가지 타입

'우리 개는 영리하다'고 자랑하는 사람이 있다. 개가 영리하다는 뜻은 무엇일까? 흔히 사람을 잘 따르고, 누구에게나 꼬리를 흔들며, 처음 보는 사람에게도 호의를 보이는 개를 가리킬 것이다(애완견이나 사냥개 중에는 이런 성향을 보이는 개가 많다). 한마디로 말하면 온순한 개를 가리킨다.

한편 고집스러운 개(일본개나 독일개가 많다)는 사람들이 그다지 좋아하지 않는다. 그러나 고집스러운 성격은 반대로 생각하면 자기만의 분명한 성질이 있다는 뜻이다.

이와 같은 2가지 타입이 개의 대표적인 성격인데, 어느 쪽이 좋은지는 한마디로 말할 수 없다. 기르는 사람의 취향도 있겠지만, 기르는 목적에 따라서도 달라질 수 있는 문제다.

POINT 온순함과 완고함은 성격의 차이일 뿐, 좋고 나쁜 구분점이 아니다. 이는 장점이 될 수 있고, 또 단점도 될 수 있다는 뜻이다.

아메리칸 코커 스패니얼

개의 표정

개에도 풍부한 표정이 있다. 자기가 잘못했구나 할 때는 '아차' 하는 표정이 된다. 기쁠 때는 꼬리로 그것을 나타내지만, 얼굴 또한 기쁜 표정이 된다. 그런 개의 표정을 통해서 사람은 그 개가 제대로 된 사육 환경을 가졌는지 아닌지를 느낄 수 있다.

● 표정이 없는 개

주인이 개를 무시하는 그런 환경에서 자란 개는 표정이 없다. 개는 자기가 원하는 것이 무시되면 달려들거나 체념하던가 둘 중 하나를 택한다. 표정이 없다는 것은 체념했을 때의 태도다.

● 눈을 반짝이는 개

경험에 의하면 눈빛을 반짝이는 개는 성격적으로 문제가 있는 확률이 높다고 한다. 공격적이거나 반대로 겁쟁이 개인 경우가 많다.

약아 빠진 개

개는 처음 만나는 사람도 아주 민감하게 그 사람의 성격을 알아차린다. 한 번 왔던 사람이 두 번째 왔을 때, 문 뒤에 숨어서 이쪽을 살피는 개라면 그 개는 십중팔구 '약아 빠진 개'로 보면 틀림없다.

그런 행동을 분석해 보면 '저 사람은 좀 만만치 않아. 빨리 가 줘야 내가 마음대로 놀 수 있을 텐데…' 하고 생각하기 때문이다. 대개 이런 개는 집에서 자기 마음대로 굴며 사는 성향이 있다.

개의 사회에는 서열이 있다. 평소에 응석을 모두 받아 주면서 기르면 주인을 깔보는 개가 된다. 약은 개는 그것을 잘 알기 때문에 방문자를 자기보다 강한, 만만치 않은 '보스'로 본다. 그래서 이제까지 자기 세상이던 터 안에 들어온 외부침입자로서 경계심을 가지고 대하는 것이다.

POINT 개도 인간의 자질과 성질을 정확하게 판단한다.

개도 인격이 있는가?

사람은 자기가 외부에 대해 표현한 것을 알고 사회적인 관계를 느낄 수 있게 되면서 비로소 인격이 생긴다. 갓난아이에게도 인격이 있다고 말하는 사람이 있으나, 여기에서 말하는 인격의 뜻은 인간의 존엄성을 강조하는 표현일 뿐이다.

인격은 자신에 대한 일체의 책임을 가질 수 있을 때에 형성되며, 그러기 위해서 부모와 학교가 있는 것이다.

인격의 기준은 사회적인 책임을 질 수 있는지의 여부로 결정된다. 그럼 개는 어떤가? 강아지에서 성견이 되기까지 어미개를 대신해서 개 주인이 잘 길들이고 인간 사회에서 살아나가는 데 필요한 규칙을 지킬 수 있는 개로 키웠다면 인격이 있다고 봐야 하지 않을까? 잘 길들여진 개는 주인은 물론 주위 사람들의 희로애락을 이해한다.

POINT 훌륭히 길들여진 개는 사람 이상으로 사회 규칙을 잘 지킨다.

미니어처 슈나우저

이탈리안 그레이하운드

5 개가 주인이 될 위험

개는 무리 지어 사는 동물, '보스'가 있다

개의 습성을 관찰하면 무리 속에서 보스가 생겨난다. 그것은 집단 생활을 위한 지혜이기도 한데, 개에 있어서는 DNA에 각인된 습성이다.

오늘날의 개는 인간 사회를 떠나서 살기 힘든 동물이 되었다. 그래서 스스로 사람 속에서 자기 서열을 정하고 살아 나간다.

예를 들어 5인 가족과 함께 살 때 개는 자기를 포함한 1번에서 6번까지의 서열을 정하고, 자기가 몇 번에 속하는지를 판단한다. 그리고 그 중에서 자신이 첫 번째라고 판단되면 개는 그 서열을 고집하려 든다. 즉 기본적으로 가족의 말을 듣지 않는 것이다. 이렇게 되면 길들이기나 훈련이 아무 소용이 없다.

POINT 개가 가족 중에서 서열 1번이 되면 (개의 판단에 의해) 누구의 말도 들으려 하지 않는다.

사람 머리 위에 앉는 개

가끔 산책 도중 사람이 개에게 끌려가면서 '안 돼! 달리면 안 돼!' 하며 개를 쫓아가는 광경을 보는데, 이런 경우는 대개 개가 산책의 동반자인 사람을 자기보다 서열이 낮은 자로 판단했기 때문이다.

또 집에서 누구의 말도 듣지 않으며 짖고 으르렁거리거나, 때로는 물려고 대드는 것 역시 개가 자기를 서열 1위라고 판단해서다. 짖거나 대들면 상대가 굴복할 것으로 믿고 있는 것이다. 이런 개를 데리고 있으면 애물단지를 안고 있는 셈이다.

인간 사회에서 사는 개는 야생동물이 아니다. 따라서 개에 관한 책임은 개 주인에게 있다는 점을 잊지 말고, 개가 사람 머리 위에 앉는 불행이 생기지 않도록 제대로 길들여야 한다.

POINT 개가 사람 위에 있게 되면 서로 스트레스를 느끼고 불행해진다.

개가 주인이 되지 않게 하려면

인간의 가정은 어디까지나 개의 활동 공간일 수는 없다. 개가 밥을 지을 리도 없고, 밖에 나가 사냥을 해 올 일도 없다. 이런 환경에서 개가 보스가 되었다 한들 개 자신이 불안할 뿐이다.

이에 길들이는 데에는 여러 기준을 생각할 수 있는데, 우선 개가 먼저라고 생각할 수는 없다. 기본적으로 인간의 생활이 주체이며, 개의 생활은 부차적이어야 한다. 인간의 생활을 희생시키거나 개의 요구를 그대로 허용하는 환경을 만들면 개는 곧 자기가 주인이 되려고 마음먹는다.

인간의 생활이 개에게 종속되는 지경에 이르면 개는 머지않아 사람을 물게 된다. 개가 자기 뜻을 관철하려 할 때 쓸 수 있는 의사 표시가 바로 무는 것이기 때문이다.

POINT 기르는 사람의 생활을 먼저 생각하고, 개는 돌봐 주는 관계가 되어야 한다.

마음 좋은 사람이 좋은 주인?

개를 정말 행복하게 만들려면 체벌을 주저해서는 안 된다. 체벌은 폭력이나 학대와는 근본적으로 다르다.

요즘 '체벌은 해선 안 된다'는 풍조가 주류를 이루고 있는데, 정말 그럴까? 폭력이나 학대가 체벌과 어떻게 같다고 보는가? 눈에 비치는 광경이 같다는 것으로 그런 판단을 한다면, 그 사람은 교육을 운운할 자격이 없는 사람이다.

처음 개를 기르면서 말로 해서 개가 알아듣는 경우는 거의 없다. 예를 들어 보자. 먹어서 안 될 것을 먹으려 할 때 '먹지 마'라고 말한다고 개가 먹지 않을까? 리드줄을 힘껏 잡아당겨서 가까이 가지 못하게 해야 한다. 또 도로에 뛰어드는 개에게 '위험해'라고 말한다고 알아들을까? 우격다짐으로 그쪽으로 못 가게 하는 것이 개를 위한 길이다. 단, 주인의 말을 알아듣게 된 후에는 체벌이 필요 없다.

POINT 애정이 있는 체벌은 필요하다.

인간이 주인이 되려면

물건을 망가뜨리면 사정없이 야단쳐야 한다. 위험이 따르는 어떤 실수에 대해서는 특히 철저하게 야단을 쳐야 한다. 다만 그 야단치는 시기는 그 일이 저질러진 직후여야 한다. 주인이 외출 중에 개가 집에서 어떤 물건을 깨뜨렸는데, 주인이 돌아와서 야단쳐야 소용이 없다. 개는 그 일을 자기가 한 일이라고 기억하지 못하니까. 오히려 물건을 개가 깨뜨릴 수 없는 장소에 미리 옮겨 놓지 못한 것을 후회해야 한다.

'우~' 하고 개가 사람에게 대들 때도 그대로 넘어가지 말고 분명히 대응해야 한다. 개의 이런 태도는 사람으로 말하면 말대답 또는 불응의 표시다. 그래서 개의 반항을 그대로 넘어가면 언젠가는 사람을 무는 개가 되고 만다. 이런 일이 벌어지지 않게 그때그때 분명하게 대응하고, 그것에 따르도록 길을 들여야 한다.

POINT 귀엽다고 잘못을 그대로 넘겨서는 안 된다. 혼을 내고 다시 반복하지 않게 길들여야 한다.

체벌

체벌을 할 때 무조건 마구 때린다고 되는 것이 아니다. 길들이기가 목적이므로 그 취지를 잊지 말아야 한다.

다른 개에 짖어 대는 개는 흥분 상태에 놓여 있다. 다른 개를 봤을 때 짖으면 안 된다는 것을 가르치는 것이 목적이므로 '안 돼' 하고 말리는 것이 우선이다. 그래도 효과가 없으면 목줄로 개가 움직이지 못하게 한 다음, 턱 밑을 한 대 때리되, 아프지 않게 때려서는 안 된다. '캥' 하는 비명이 날 정도로. 그 정도가 아니면 개의 흥분 상태가 가라앉지 않는다. 체벌로는 다음 2가지 방법이 효과적이다.

1. 턱 밑에 강한 쇼크를 가한다.
2. 주둥이에 강한 쇼크를 가한다.

발로 차거나 물건으로 때리는 것은 절대 안 된다. 상처를 내서도 안 된다. 사람의 의도가 개에게 전달되는 체벌은 '손' 뿐이다.

그리고 머리를 때리는 것도 금물. 머리를 맞는 것과 불쾌한 느낌이 연결되면, 그 후에 칭찬을 해 주기 위해 머리를 쓰다듬을 수가 없게 된다.

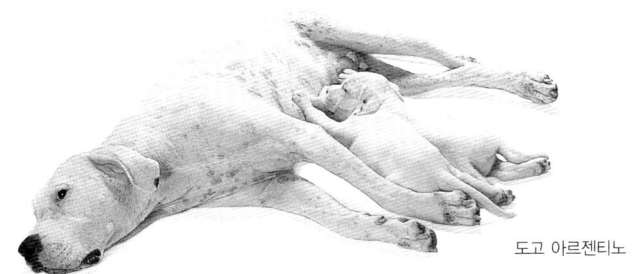

도고 아르젠티노

6 야단치는 법과 칭찬하는 법

강아지 시절에만 길들이기가 가능한가?

강아지 때에 길들이기가 쉬운 것은 사실이다. 그런데 이것을 오해해서 성견이 된 뒤는 길들이기가 어렵다고 그만두는 사람이 있는데, 그것은 잘못이다. 앞에서 이야기한 것처럼 개가 달라지지 않는 것은 주인이 달라지지 않았기 때문이다.

주인 자신이 달라지려는 노력을 하지 않고 결국 성견이 된 뒤에 훈련사에게 의뢰해서 길들이기를 맡겨 본들 개가 집에 돌아오면 다시 원점으로 되돌아가는 것이 보통이다. 그러다가도 훈련사를 집에 오게 했을 땐 개는 말을 듣는다. 왜일까? 훈련사는 개를 어떻게 하면 이해시킬 수 있는지를 알고 있기 때문이다.

POINT 개는 다루는 사람에 따라 태도를 달리한다.

왜 훈련사의 말은 듣는가?

중요한 것은 개에게 주는 용기다. 개 입장에서 보면 훈련사는 자기의 요구를 그대로 받아 주지 않는 존재다. 그렇다고 무섭기만 한 존재일까? 아니다. 오히려 개는 훈련사를 좋아한다. 훈련사는 자신을 애정으로 대해 주는 사람이라고 알고 있기 때문이다.

개와 함께 배우다

나는 개를 훈련시킬 때 개만 오게 하지 않고 개 주인 내외도 함께 훈련을 받도록 부탁하고 있다. 한때 나는 개 주인이 없어야 훈련시키기가 좋다고 생각했는데, 그것은 틀린 생각이었다. 그 이유는 그 개가 사는 곳은 개 주인집이며, 부부 또는 집안 식구들의 행동 범위 안에서 개가 생활하게 되기 때문이다.

그래서 훈련을 부탁하는 사람의 집에 가서 그곳을 훈련 장소로 삼고 가르치고 있다. 내가 가르치는 것을 식구들이 보고 그대로 하도록 부탁하는데, 이런 방법이 개는 물론 개 주인에게도 많은 도움이 된다는 것을 확신한다.

칭찬하고, 야단도 치면서 해도 되는 일과 하면 안 되는 일을 분명히 구분해 주는 존재이고, 그 기준에 따라 행동하면 된다는 것을 인지하고 있다. 또 한 가지 중요한 것은 자기가 하고 싶은 것이 무엇인지를 알아 주는 상대에게 친밀감을 느끼기 때문이다. 그래서 함께 하는 시간이 즐거운 것이다.

훈련사는 개와 같이 있을 때는 항상 개에게 신경을 쏟고 있다. 개에게 관심을 가져 주는 일은 훈련사가 아니라도 할 수 있는 일이다. '뭐?', '놀고 싶어?', '배고프니?' 이런 개의 요구를 알아차리고 그에 응해 주는 사람을 개가 왜 싫어하겠는가? 개는 자기 마음을 알아 주고 답하는 주인을 좋아한다.

POINT 개의 표정이나 행동을 매일 지켜보면 무엇을 표현하는지 알아차릴 수 있다. 개 또한 자기에게 관심을 가져 주는 사람을 따르고, 말의 뜻은 몰라도 말소리의 톤으로 사람과 의사소통을 한다.

개에게도 사춘기가 있다

사람과 마찬가지로 어른이 되기 전에 피해 갈 수 없는 사춘기가 개에게도 있다. 작은 개는 생후 5, 6개월~1세, 큰 개의 경우는 생후 7, 8개월~1세 반 때이다. 사춘기가 왔는지는 암컷이면 생리(암내)가 오고, 수컷이면 한 발(앞다리)을 쳐들고 오줌을 싸는 것으로 알 수 있다.

이 시기에는 어느 개이든 신경이 예민해진다. 그리고 본래 가지고 있는 성격이 드러난다. 개 주인은 정확히 개의 성격을 헤아려 둬야 하며, 이 시기에 개를 잘못 다루면 그 후까지 영향이 미친다. 예를 들어 싫어하는 일이나 놀란 일이 있으면 그것이 기억 속에 각인되어 그 후에도 예민하게 반응하게 된다.

그래서 이 시기는 개와의 신뢰 관계를 제대로 만드는 좋은 기회로 삼아야 한다. 내성적인 개에게는 안도감을 갖도록 해 주고, 공격적인 개는 강하게 제동을 걸어 준다. 주인한테는 순종하는 것이 좋다는 생각을 분명히 가지도록 가르쳐 두는 것이 좋다.

POINT 애매한 태도를 취하지 말고, 의연하게 분명한 태도를 보여야 한다.

끝으로 3가지

1. 환심을 끌기 위한 조치는 하지 않는다

개의 환심을 끌고 말을 듣도록 하기 위해 어떤 물건(먹을 것, 장난감, 공 따위)을 주지 않는다(그것 자체가 목적일 때는 별개). 이런 일이 습관이 되면 오히려 부작용이 생긴다. 마음과 마음의 직접적인 교류가 필요하다.

2. 즐겁게

고통스러운 것, 재미없는 것은 사람도 싫어한다. 예를 들면 비가 오든 바람이 불든 매일 산책을 가는 것은 정상이 아니다. 밖이 아니면 용변을 보지 않아서 나간다는 이도 있다. 그러나 이것은 좀 이상하다. 집에 적당한 공간을 만들어 주면 된다.

실내에서 기르든지, 밖에서 기르든지 개도 사람과 마찬가지로 생활 공간 안에 배설할 수 있는 장소가 따로 있어야 하는 것이 당연하다.

3. '~하지 않으면 안 된다'는 원칙은 없다

강아지를 기르는 데 정해진 규칙이란 있을 수 없다. 환경에 따라 개의 성격에 맞는 방법으로 기르면 된다. 그것을 정하는 것은 개 주인이다.

개 기르기에 매뉴얼은 없다. 여기에 쓴 이야기들도 어디까지나 참고 사항일 뿐이다. 개의 '웃는 얼굴'을 개 주인이 느낀다면, 그것이 잘 기르고 있다는 증거다.

아메리칸 코커 스패니얼

건강하게 기르려면

노야 마사히코(동물병원 원장)

1 개의 건강이란?

개가 건강한지 어떻게 아는가?

건강한 개와 건강하지 않은 개를 판단하기는 쉽지 않다. 건강하게 보이지만 몸속에, 예를 들어 간장을 앓고 있다든지, 신장에 이상이 있다든지를 판단하기는 매우 어렵다. 지나가는 사람이 지금 아픈 사람인지 아닌지를 겉으로 봐서 잘 모르는 것과 마찬가지다.

다만 가까이에서 늘 함께 있는 사람이면 개의 식욕 상태와 걸음걸이, 움직임 등이 여느 때와 다르다는 것을 기준으로 삼아 건강상태를 가늠할 수 있다.

- **POINT** 한마디로 '여느 때와 다른' 인상이나 움직임이 건강을 판단하는 출발점이 된다.

보통 어느 정도 관찰하고 있는가?

평소에 개를 얼마나 살펴보는지에 따라 건강을 판단할 수 있다. 그런데 이것이 의외로 제대로 안 되고 있는 개 주인이 많은 것 같다. 분명한 변화가 눈에 뜨이면 병이 이미 상당히 진행된 상태일 때가 많다.

누가 봐도 아는 상태가 아닌, 미미한 어떤 이상을 놓치지 않는 것이 중요하다. 매일 안아 주고 시중을 들어 주는 사람이라면 그 작은 변화도 금방 느낄 수 있을 것이다.

- **POINT** 개에 대해 얼마나 관심을 가지고 있는지가 문제다. 그리고 개를 자기 자식처럼 애정을 가지고 대하는 사람만이 그것이 가능하다.

건강 진단의 중요성

다만 내장의 이상이나 몸 안에서 일어나고 있는 일은 겉으로 봐서는 알 수 없다. 그런 경우에 정기적인 건강 진단이 매우 중요하다. 이것은 사람의 경우와 마찬가지인데, 몸체를 가진 존재라는 면에서 사람과 개가 똑같다는 것을 인지해야 한다.

사소한 변화를 놓치지 말고 개에 대해 신경을 써야 한다. 전문가인 수의사에게 정기적으로 건강 진단을 받는다면 마음 놓고 함께 살아갈 수 있을 것이다.

- **POINT** 개가 어릴 때는 그다지 자주 진단할 필요가 없지만, 나이 든 개라면 6개월 또는 1년에 한 번 정도 진단을 받는 것이 좋다.

견종의 특유질환

어느 개이든 저마다의 개성이 있다. 또 그 개가 속하는 견종에도 개성이 있다.

부록편에 '견종별 특유질환 일람표'를 실었는데, 개를 기를 때 알아 두어야 할 예비지식이다. 그것은 견종에 따라 '마이너스 특질'을 갖고 태어나는 질환 내용이라고도 볼 수 있을 것이다.

그 견종에 특유한 결함, 질환을 미리 알고 있으면 개를 기르는 동안 어느 모로나 참고가 될 것이다.

- **POINT** 기르기 시작하고 나서 '이런 결함이 있었다니!' 하고 처분한다면, 개를 기르는 사람으로서 그 책임을 포기하는 일이다.

치와와

2 기본적인 건강 유지법

건강을 해치는 원인
개가 건강을 해치는 원인도 인간과 다르지 않다. 역시 생명을 유지하는 음식 이상, 운동 부족, 스트레스 등이 원인이 된다.

건강과 음식
입에 넣는 것으로 무엇이 좋고 무엇이 나쁜지는 아직도 그 지표가 확실하게 나와 있지 않은 것이 현실이다.

예를 들어 물의 경우, 같은 물이라 해도 그 개에 적합한 물은 각각 다르다. 센물(경수)로 자란 견종에게 과연 단물(연수)이 맞는가? 도시에서 자란 강아지에게 지방의 물은 적합한가?

사람도 맛없는 물과 맛있는 물을 구별한다. 수돗물은 맛이 없다며 미네랄 워터를 사서 마시는 등 사람들은 스스로 판단을 하지만, 사람과 함께 사는 개는 자신이 그런 판단을 한다든지, 마시고 싶은 물을 선택하지 못한다. 그렇다면 결국 개를 기르는 사람의 판단에 따를 수밖에 없다.

음식에 대해서도 마찬가지다. 과연 '독 푸드'가 개에게 정말 좋은 것인가 하는 의문이 생길 때가 있다.

애완동물 산업에 있어서 그것이 돈벌이가 된다고만 하면 각종 사료를 새로 개발해서 팔게 된다. 개에게 좋은 것인지의 판단이 과제로 남는다.

원재료의 가격 절감을 꾀하는 것은 장사이기 때문에 어떻게 할 수 없는 부분도 있겠으나 메이커를 신용할 수 있는가, 표시와 내용물 사이에 차이가 없는가 등을 생각하면 개의 건강을 유지하는 음식에 대한 걱정은 끝이 없다. 결국 현실적으로는 전문 메이커의 독 푸드를 일단 믿는 수밖에 없다.

POINT 물이든, 음식이든 모든 개에게 안전한 것은 없다. 기르는 사람이 안전하다고 판단되는 것을 개에게 주고 있는 것이다.

건강과 운동
개의 운동 능력은 사람의 머리로 판단하는 기준에서 벗어나는 경우가 많다. 이 말은 인간이 개의 운동 능력을 제한할 수 있을 정도로 개의 운동 능력이 어중간하지 않다는 것이다.

이뉴잇(에스키모)들이 기르는 개들의 운동 능력을 보면 우리가 도저히 상상할 수 없을 만큼 뛰어나 놀라게 된다. 극한 지대에서 하루에 수십 킬로미터를 쉬지 않고 달릴 정도다. 특히 대형견의 운동 능력의 한계를 예상할 수 있는 길은 없다.

이처럼 한계를 알 수 없는 개의 능력을 인간은 어느 의미에서는 제한적으로 추측하고 함께 살고 있는 것이다. 인간 사회의 규칙 안에서 개들의 능력을 제대로 발휘시켜 줄 수 없기 때문이다. 또 다른 외국처럼 넓은 정원을 확보할 수 없는 우리의 실정이므로 개들에게는 어느 면에서는 미안하기도 하지만 부득이한 일이다.

POINT 제한적인 환경이지만, 그럴수록 산책 등을 통해 개가 만족할 수 있을 정도의 많은 시간을 함께 가져 주겠다는 마음가짐이 필요하다.

건강 유지를 위한 상식

1. 식사량
기준이 되는 식사의 양을 흔히 '주먹 크기'라고 표현한다. 그러나 어린이들이 밖에서 뛰놀고 돌아왔을 때 많이 먹고, 몸의 상태가 좋지 않을 때는 적게 먹는 것과 마찬가지로, 개도 그날의 운동량과 몸의 상태에 따라 식사량이 달라진다.

또 양이 적은 개도 있고 잘 먹는 개도 있다. 따라서 결론은 평소 개의 몸 상태를 참고해서 정해야 한다는 것이다.

2. 몸의 상태
개가 지나치게 살이 쪘는지를 쉽게 그리고 정확히 판단할 수 있는 방법은 개를 만져 봤을 때의 느낌이다. 개를 만졌을 때 갈비뼈가 손바닥에 약간 느껴질 정도가 제일 좋은 상태다. 또 허리뼈가 만져지면 상태가 좋은 것이고, 반대로 느껴지지 않을 때는 비만으로 보면 틀림없다.

3. 운동
앞에서 말했듯이 개의 운동량은 사람이 생각하는 것보다 훨씬 많다. 그래서 어느 정도 운동을 시키면 좋은지에 대해서는 다음 기준을 참고하기 바란다.

건강을 유지하며 오래 살게 하려면 매일 산책을 하되, 개의 체중과 같은 수치의 거리를 걷게 한다. 이것이 가능하지 않은 사정이라면, 특히 대형 견종은 기를 생각을 보류하는 것이 좋을 것이다.

같은 크기라고 해도 견종에 따라 필요한 운동량은 크게 다르다. 하루 종일 산속을 달려도 끄떡없는 사냥개 등을 리드줄로 묶어 뜰에 웅크리고 있게 하는 것은 말도 안 되는 일이다.

중요한 것은 기르는 개의 특성을 기르는 사람이 잘 알고, 그에 맞게 길러야 한다는 것이다. 그것이 개를 행복하게 하고, 사람도 개를 기르는 보람을 느낄 수 있는 길이다.

잉글리시 포인터

3. 응급시 가정에서의 대처법

한밤중에 개의 상태가 이상하다. '어떻게 하나?' 이럴 때 참고가 될 일들을 적어 보았다.

1. 열
상태를 살펴보는 것이 첫째다. 함부로 약을 먹이지 말 것. 열이 높으면 얼음주머니를 배에 대 주고, 아침까지도 열이 내리지 않으면 병원을 찾는다.

2. 설사
아무것도 먹이지 말 것. 기본적으로 개는 곡물 등을 쉽게 소화하지 못한다. 벌꿀 등을 먹이는 것도 피할 것.
개의 뱃속에 있는 균에게 영양을 주는 격이 될지도 모른다. 또 몸 안의 수분을 위로 모이게 해서 탈수를 촉진시키고 설사를 조장하는 결과를 낳기도 한다. 지방분이 많은 식사도 장내벽에 막을 만들어 수분의 흡수를 방해한다.
우선 12시간에서 만 하루 동안 아무것도 먹이지 말고 상태를 지켜본 뒤, 먹여도 될 것 같으면 곡물, 벌꿀, 지방분이 많은 음식, 우유 등을 피해서 조금씩 먹여 본다. 하루가 지났는데도 회복이 안 되면 다음날 바로 병원을 찾아야 한다.
그 밖에 피 섞인 변, 물 같은 변 그리고 설사가 잦을 때는 무조건 병원으로.

3. 변비
개에게 있어 변비는 그다지 염려되는 질환이 아니다. 단, 일주일도 넘게 오래 변비 증상을 보일 때는 관장을 해 주는 것이 좋다. 또 힘을 쓰는데도 변이 안 나오고, 그것이 괴로워서 비명을 지를 경우는 다른 질환이 있을 가능성이 높다. 곧 병원을 찾도록.
설사처럼 보이는데도 변비일 때가 있다. 이런 상황이 오래 계속될 때도 곧 병원으로.

4. 구역질
먹은 것을 토한 뒤 멀쩡하면 별 걱정이 없다. 그러나 일주일에 여러 번 반복할 때는 몸에 이상이 있다는 증거다. 되도록 빨리 병원을 찾아야 한다.
공복시에 위액만을 토하는 것은 위산과다의 경우가 많다. 이때는 식사의 양을 줄이고, 간격을 좁혀서 계속 위 속에 음식물이 있는 상태를 만들어 주면 대부분 회복한다. 이 경우 식사를 자주 하게 되므로 칼로리 과다가 되지 않게 신경을 써야 한다.
하루에 여러 번 되풀이해서 토할 때는 이물질에 의한 급성위염, 중독 등의 가능성이 있으므로 병원을 찾아야 한다.

5. 눈
녹내장, 각막염 등은 긴급 처치가 필요하다. 각막염은 되도록 빨리 그리고 녹내장은 72시간에 실명하게 되므로 빨리 병원을 찾는 게 상책이다. 이 이외에도 눈에 관한 질환은 빠르게 중증으로 악화될 수 있으므로 지체하지 말고 병원을 찾도록 한다.
가정에 있는 눈약은 절대 사용 금물. 그나마 항생 물질의 눈약이면 좀 나은데, 피로 회복용 시판품은 각막 질환이나 녹내장에는 절대 사용하면 안 된다.

*

동물은 어떤 질환이든 이상이 생기면 3일째가 생사의 갈림길이다. 토하고 설사하고, 그 다음날에 죽는 경우도 있다.
좀 이상하다고 느껴지면 벌써 증상이 많이 진행 된 뒤일 때가 많다. 요즘 개는 체질적으로 옛날 개와는 다르다는 것을 알고 병원을 일찍 찾는 것이 안전하다.

차우 차우

아차! 잘못 알았어

● **썸머컷**
원래 털이 긴 견종인데 여름이라고 털을 짧게 깎아 준 개를 가끔 본다. 더울 테니까 털을 짧게? 그러나 이것은 아주 위험한 착각이고 큰 실수다.
원래 개의 털은 몇 세대에 걸쳐 자란, 그 지역의 환경이나 기후에 맞는 모질과 양으로 갖춰진 것이다. 그 기본적인 역할은 체온 조절에 있다. 여름에도 긴 털은 직사광선을 피해서 피부를 보호하고 피부의 온도를 내려 주는 역할을 한다.
한편 겨울에는 체온을 유지해 준다. 이런 털을 짧게 잘라 주면 그 기능을 잃는 꼴이 된다. 착각도 이만저만 큰 착각이 아니다.

● **햇볕에서 샴푸?**
날씨가 맑고 햇빛이 좋으면 양지바른 곳에서 샴푸를 해 주자? 이것도 실수다. 빨리 마른다고 햇빛이 내리쬐는 곳에서 샴푸를 하면, 쉽게 마르는 듯 보이지만 털 밑에 수분이나 비누 성분은 그대로 남는다. 그래서 다음날이 되면 피부가 불어서 가렵고, 개는 그 부위를 핥아서 가려움을 멈추려 한다. 그 결과 사태는 더 어려워지고 만다.
왜 털이 있는지를 이해하지 못한 오해의 소산이다. 특히 물에 강한 털을 가진 견종은 서늘한 바람이 잘 통하는 그늘에서 샴푸를 하고 피부부터 완전히 건조시켜 주어야 탈이 없다. 샴푸 온도는 31~33℃ 정도의 미온수가 좋다.

견종별 특유질환 일람표

견종명	질병명
허딩 그룹	
벨지안 셰퍼드 독	간질, 임파부종
보더 콜리	원발성 섬모 기능이상(폐렴이 되기 쉽다)
부비에 데 플랑드르	후두마비
비어디드 콜리	간질
셰틀랜드 시프독	A형 혈우병, 갑상선 기능저하증
오스트레일리안 셰퍼드	배꼽 헤르니아, 소안구증, 난청
오스트레일리안 켈피	퇴행성 소안구증
올드 잉글리시 시프독	망막박리, 고관절 형성부전(중증)
웰시 코르기 카디건	진행성 망막위축, 망막 이형성증
웰시 코르기 펨부르크	피부근염, 망막 이형성증
저먼 셰퍼드 독	구순열, A형 혈우병
저패니즈 시바	반사성 토출, 아토피성 피부염, 슬개골 탈구
저패니즈 아키타	배꼽 헤르니아, 진행성 망막위축, 피부병
콜리	콜리 아이(시신경 형성장해)
	콜리 노우즈(코의 일광성 피부염)
스포팅 그룹	
골든 리트리버	고관절 형성부전, 백내장, 아토피성 피부염
	A형 혈우병
노바 스코샤 덕 톨링 리트리버	-
래브라도 리트리버	지루증, 갑상선 기능저하증
	시스틴뇨(결석이 되기 쉽다), A형 혈우병
바이마라너	A형 혈우병, 언더쇼트, 위확장증
브리타니 스패니얼	보체 결손증(혈액단백결손)
아메리칸 코커 스패니얼	산소결핍증, 슬개골 탈구, 지루증
아이리시 세터	약시를 동반하는 사지 마비
잉글리시 세터	관절 형성부전, 자궁무력증, 경련 발작
	A형 혈우병
잉글리시 스프링거 스패니얼	피부무력증
잉글리시 코커 스패니얼	잠재고환
잉글리시 포인터	범골염, 배꼽 헤르니아
클럼버 스패니얼	자궁무력증, 언더쇼트, 영구치 결손증
플랫코티드 리트리버	-
하운드 그룹	
닥스훈트	소안구증, 백내장, 추간판 헤르니아
	갑상선 기능저하증
도고 아르젠티노	-
바센지	서경·배꼽 헤르니아
바셋 하운드	혈소판 장해, 사지연골 형성부전
보르조이	임파부종, 진행성 망막변성증
비글	갑상선 기능저하증, 피부무력증, 전신성 탈모증
	추간판 헤르니아
살루키	망막박리
아이리시 울프하운드	팔꿈치의 활액낭수종, 비염 증후군
아프간 하운드	아프간 척수 연화증
프티 바셋 그리폰 방당	-
휘핏	-
테리어 그룹	
노퍽 테리어	-
레이크랜드 테리어	수정체 탈구, 언더쇼트, 잠재고환
미니어처 슈나우저	레그 파세스병, 갑상선 기능저하증
	방광결석
베들링턴 테리어	골 형성부전
보더 테리어	-
불 테리어	열성 배꼽 헤르니아, 서경 헤르니아
소프트코티드 위튼 테리어	후부 망막위축, 피부염
스코티시 테리어	위염전
실리햄 테리어	수정체 전위
에어데일 테리어	소뇌 형성부전, 배꼽 헤르니아
와이어 폭스 테리어	-
웨스트 하이랜드 화이트 테리어	아토피성 피부염, 고관절 형성부전
	백내장, 각막염
웰시 테리어	-
잭 러셀 테리어	폭스테리어 운동실조증, 중증 근무력증
케리 블루 테리어	소뇌 영양장해
케언 테리어	서경 헤르니아(위험성 높음)
한국개 그룹	
삽살개	-
진돗개	-
풍산개	-
토이 그룹	
몰티즈	수두증, 저혈당증, 안검 내반증, 심장질환
	기관허탈
미니어처 핀셔	어깨관절 탈구, 레그 파세스병
브뤼셀 그리폰	어깨관절 탈구, 눈썹 중생
시 추	신피질 형성부전, 구순열
요크셔 테리어	드라이 아이(건성 각막염), 기관허탈, 슬개골 탈구
	레그 파세스병
이탈리안 그레이하운드	간질
저패니즈 칭	구순열·구개염 증후군, 식도열공 헤르니아
차이니즈 크레스티드 독	-
치와와	기관허탈, A형 혈우병, 수두증
캐벌리어 킹 찰스 스패니얼	심장병, 당뇨병, 구개열, 슬개골 탈구
토이 맨체스터 테리어	당뇨병
파피용	전신부종, 슬개골 탈구
퍼그	구개열, 구순열, 연구개 과장증, 열사병
페키니즈	추간판질환, 서경·배꼽 헤르니아
포메라니안	기관허탈, 잠재고환, 탈모증, 슬개골 탈구
	심장질환
워킹 그룹	
그레이트 데인	시스틴뇨(결석이 되기 쉽다), 괴사성 척수염
그레이트 피레니즈	무안구증, 골다공증 증후군
뉴펀들랜드	심장질환, 관절 형성부전
도베르만	신피질 형성부전
레온버거	-
로트바일러	당뇨병, 고관절 형성부전
버니즈 마운틴 독	수초 발육부전
복서	심장병, 난청, 피부무력증
불마스티프	구개열, 이상 치아
사모예드	A형 혈우병, 당뇨병
세인트 버나드	관절 형성부전, A형·B형 혈우병
스탠더드 슈나우저	A형 혈우병, 백내장, 결막염
시베리안 허스키	심실 결손증, 각막 형성이상
알래스칸 맬러뮤트	열성 주맹(낮에 안 보이는 병), A형 혈우병
자이언트 슈나우저	고관절 형성부전(자주 있다)
논스포팅 그룹	
달마티안	요도결석, 아토피성 피부염, 요도감염증
라사 압소	뇌회 결손, 신피질 형성부전, 서경 헤르니아
보스턴 테리어	소뇌 형성부전, 다뇨증, 수두증
불독	시스틴뇨, 구개열, 피부염
비숑 프리제	간질, 슬개골 탈구
샤페이	외비공 협착, 빛 공포증, 고관절 형성부전
스키퍼키	레그 파세스병
알래스칸 허스키	-
울프 독	-
저패니즈 스피츠	-
저패니즈 시코쿠	-
저패니즈 카이	-
저패니즈 키슈	-
저패니즈 홋카이도	-
차우 차우	연구개 과장증, 고관절 형성부전
티베탄 스패니얼	-
푸들(스탠더드)	소안구증, 이형성 판누스, A형 혈우병
푸들(토이, 미니어처)	쿠싱증후군, 과민성 피부염, 연골 형성부전
	A형 혈우병
프렌치 불독	척추 일부 결손, A형·B형 혈우병

애견 관련 용어

■ 털 · 털색

검정색 & 황갈색(Black & Tan): 검정 바탕에 갈색의 작은 반점이 두 눈 위에 있고 주둥이 양쪽, 목, 뒷다리, 항문의 주변에도 적갈색이 있는 것.

겉털(Over Coat): 속털보다 길며 모질이 거칠고 굵다.

그리즐(Grizzle): 몇 가지 색깔이 서로 섞여 있는 털로, 푸른빛이 도는 회색과 붉은 색, 검정색이 혼합된 것.

꽂힌 털: 겉털의 군데군데에 꽂힌 듯이 나 있는 다른 색의 털.

더블 코트(Double Coat): 겉털과 속털이 있는 2중 구조로 된 몸털.

랜드시어(Landseer): 흰색 바탕에 검정색의 얼룩. 뉴펀들랜드의 털색.

로안(Roan): 흰색과 색깔 있는 털이 서로 섞여 있는 것.

롱 코트(Long Coat): 긴 털. 롱 헤어드. 장모종.

루비(Ruby): 진한 밤색의 털색. 캐벌리어 킹 찰스 스패니얼의 털색.

모래색: 모래 색깔의 털. '샌드' 또는 '샌디(Sandy)'라고도 부른다.

밀색(Wheaten): 옅은 황색 계열의 다 자란 밀의 색깔로 된 털.

벌꿀색(Honey): 투명한 빛의 엷은 적황갈색.

붉은색: 연한 갈색에서부터 진한 빨간색까지의 털색과 붉은빛을 띠는 오렌지색, 담적색, 황적색 등 여러 가지 붉은색 계열의 털색.

브린들(Brindle): 주된 바탕색에 다른 색의 꽂힌 털이 섞여 있는 것. 호랑이무늬.

블랙 마스크(Black Mask): 얼굴 앞면이나 주둥이 부분의 검은 것.

블레이즈(Blaze): 코끝에서부터 이마에 걸쳐서 그어진 기다란 흰 줄.

블렌하임(Blenheim): 붉은색 & 흰색. 짙은 밤색과 흰색이 섞인 캐벌리어 킹 찰스 스패니얼의 털색.

블루 멀(Blue Merle): 청회색 바탕에 검정색이 반점이나 줄 모양으로 섞인 털색.

살구색(Apricot): 붉은빛을 띤 황색.

섬마크(Thumbmark): 맨체스터 테리어의 앞발에 있는 검정색 얼룩무늬.

세이블(Sable): 은색, 금색, 황갈색 바탕에 털 끝이 검은 털색.

속털(Under Coat): 겉털과 속털의 2중 구조로 되어 있을 때의 속털. 겉털보다 짧고 모질이 부드럽다.

솔트 & 페퍼(Salt & Pepper): 진한 회색과 은색이 섞이지 않고 구별되어 색을 이루는 털색. 슈나우저의 털색.

스무드 코트(Smooth Coat): 짧고 누워 있는 매끄러운 털. 스무드 헤어드. 단모종.

싱글 코트(Single Coat): 2중 구조로 되어 있지 않은 몸털.

아스코브(ASCOB, Any Solid Color Other than Black): 검정색 이외의 단색. 아메리칸 코커 스패니얼의 털색.

알비노(Albino): 백변종. 색소 결핍증에 의해 생긴 현상으로, 피부나 겉털 등의 색소가 하얗게 바뀐 색.

오렌지색: 귤색과 주황색의 털색. 연한 황갈색도 포함된다.

와이어 코트(Wire Coat): 억세고 뻣뻣한 털. 와이어 헤어드. 강모종.

은색: 약간 회색이 낀 은색 털.

장식털: 귀, 목, 다리, 꼬리에 난 긴 털.

적호(赤虎): 빨간 바탕에 검정색 털이 꽂힌 듯이 여기저기 나 있고 검은 줄무늬를 이룬다.

참깨색: 보통 후추색보다 검은 색깔의 꽂힌 털이 많은 털색. 일본견의 용어.

트라이컬러(Tricolor): 검정색, 황갈색, 흰색 등의 3가지 색으로 이루어진 털색.

파티컬러(Particolor): 흰 바탕에 다른 색의 얼룩무늬가 분명히 나누어진 털색.

펜슬마크(Pencilmark): 발가락 위에 연필로 그린 듯한 세로의 검은 표시.

하운드컬러(Houndcolor): 흰색 바탕에 검정색과 갈색의 얼룩이 있는 털색. 하운드 그룹에 많이 나타난다.

할리퀸(Harlequin): 흰색 바탕에 불규칙하고 찢어진 듯한 검정색이 있는 털색. 그레이트 데인의 털색.

황갈색(Tan): 흔히 '탠(Tan)'이라 일컫는다. 연한 것은 라이트 탠(Light Tan), 진한 것은 리치 탠(Rich Tan).

후추색: 후추처럼 검정색과 흰색이 뒤섞인 털색.

흑호(黑虎): 호랑이 털(虎毛, 호랑이무늬)이나 적호(赤虎)보다 검은 털이 많은 거무죽죽한 털색. 일본견의 용어.

■ 털 손질

그루밍(Grooming): 트리밍, 브러싱 등 애견의 건강 유지를 위한 총체적인 손질을 일컫는다.

그리핑(Gripping): 트리밍 칼로 소량의 털을 골라서 뽑아내는 것.

브러싱(Brushing): 브러시를 이용해 털을 빗어 주는 것.

스트리핑(Stripping): 불필요하게 자란 겉털을 뽑아 주는 것. 뻣뻣한 털(Wire hair)의 손질에 필요하다.

컷팅(Cutting): 가위나 클리퍼로 전체나 부분적으로 원하는 형태를 만드는 것. 견종에 따라 다양한 컷팅 테크닉이 있다.

클리퍼(Clipper): 털을 깎는 미용 기계로, 수동식과 전동식이 있다.

클리핑(Clipping): 클리퍼를 이용하여 털을 깎는 것.

트리밍(Trimming): 아름다운 실루엣을 위해 필요 없는 털을 깎는 것.

플러킹(Plucking): 억센 털이 나오게 하는 털 손질법. 뻣뻣한 겉털을 같은 길이로 자르고, 죽은 털과 부드러운 속털은 뿌리째 뽑아내는 것. 트리밍(Trimming)과 스트리핑(Stripping)을 혼합한 방법.

■ 눈 · 귀 · 꼬리 · 주둥이

갈고리 꼬리(Hook Tail): 끝이 갈고리 모양으로 구부러져 늘어진 꼬리.

꽂힌 꼬리: 말리지 않고 늘어진 꼬리.

단미(斷尾): 강아지 때 꼬리를 짧게 자르는 일.

단이(斷耳): 강아지 때 귀의 일부를 잘라서 서게 만드는 일.

말린 꼬리: 등이나 엉덩이 부분에 말려 붙은 꼬리.

보브 테일(Bob Tail): 선천적으로 꼬리가 없거나, 잘려서 짧은 꼬리.

박쥐 귀(Bat Ear): 박쥐처럼 끝이 둥글고 세워진 귀.

스크류 테일(Screw Tail): 나선형의 짧은 꼬리.

스턴 테일(Stern Tail): 하운드나 테리어 그룹의 비교적 짧은 꼬리.

스톱(Stop): 동물의 주둥이와 이마 사이의 오목한 부위.

아몬드 아이(Almond Eye): 눈의 양 끝이 뾰족한 아몬드형의 눈.

오벌 아이(Oval Eye): 달걀형 또는 타원형의 눈.

주둥이(Muzzle): 동물의 입과 코 부위.

크랭크 테일(Crank Tail): 굴곡이 진 꼬리.

킹크 테일(Kink Tail): 밑동 부분이 기형으로 구부러진 짧은 꼬리.

트라이앵글 아이(Triangular Eye): 눈꺼풀의 바깥쪽이 올라가서 삼각형 모양을 이룬 눈.

찾아보기

ㄱ
골든 리트리버 ·················· 54
그레이트 데인 ·················· 168
그레이트 피레니즈 ·················· 170

ㄴ
노바 스코샤 덕 톨링 리트리버 ·················· 60
노퍽 테리어 ·················· 106
뉴펀들랜드 ·················· 174

ㄷ
닥스훈트 ·················· 74
달마티안 ·················· 194
도고 아르젠티노 ·················· 78
도베르만 ·················· 164

ㄹ
라사 압소 ·················· 208
래브라도 리트리버 ·················· 58
레온버거 ·················· 172
레이크랜드 테리어 ·················· 102
로트바일러 ·················· 176

ㅁ
몰티즈 ·················· 138
미니어처 슈나우저 ·················· 104
미니어처 핀셔 ·················· 140

ㅂ
바센지 ·················· 66
바셋 하운드 ·················· 68
바이마라너 ·················· 62
버니즈 마운틴 독 ·················· 158
베들링턴 테리어 ·················· 90
벨지안 셰퍼드 독 ·················· 14
보더 콜리 ·················· 18
보더 테리어 ·················· 92
보르조이 ·················· 72
보스턴 테리어 ·················· 188
복서 ·················· 160
부비에 드 플랑드르 ·················· 20
불 테리어 ·················· 94
불독 ·················· 190
불마스티프 ·················· 162

ㅅ
브뤼셀 그리폰 ·················· 126
브리타니 스패니얼 ·················· 40
비글 ·················· 70
비숑 프리제 ·················· 186
비어디드 콜리 ·················· 12

ㅅ
사모예드 ·················· 178
살루키 ·················· 84
삽살개 ·················· 124
샤페이 ·················· 216
세인트 버나드 ·················· 182
셰틀랜드 시프독 ·················· 32
소프트코티드 위튼 테리어 ·················· 112
스코티시 테리어 ·················· 108
스키퍼키 ·················· 214
스탠더드 슈나우저 ·················· 184
시 추 ·················· 150
시베리안 허스키 ·················· 180
실리햄 테리어 ·················· 110

ㅇ
아메리칸 코커 스패니얼 ·················· 38
아이리시 세터 ·················· 56
아이리시 울프하운드 ·················· 80
아프간 하운드 ·················· 64
알래스칸 맬러뮤트 ·················· 156
알래스칸 허스키 ·················· 220
에어데일 테리어 ·················· 88
오스트레일리안 셰퍼드 ·················· 10
오스트레일리안 켈피 ·················· 8
올드 잉글리시 시프독 ·················· 30
와이어 폭스 테리어 ·················· 118
요크셔 테리어 ·················· 154
울프 독 ·················· 222
웨스트 하이랜드 화이트 테리어 ·················· 116
웰시 코르기 카디건 ·················· 34
웰시 코르기 펨부르크 ·················· 36
웰시 테리어 ·················· 114
이탈리안 그레이하운드 ·················· 134
잉글리시 세터 ·················· 48
잉글리시 스프링거 스패니얼 ·················· 50
잉글리시 코커 스패니얼 ·················· 44
잉글리시 포인터 ·················· 46

ㅈ
자이언트 슈나우저 ·················· 166
잭 러셀 테리어 ·················· 98
저먼 셰퍼드 독 ·················· 24
저패니즈 스피츠 ·················· 206
저패니즈 시바 ·················· 28
저패니즈 시코쿠 ·················· 204
저패니즈 아키타 ·················· 26
저패니즈 칭 ·················· 136
저패니즈 카이 ·················· 200
저패니즈 키슈 ·················· 202
저패니즈 홋카이도 ·················· 198
진돗개 ·················· 120

ㅊ
차우 차우 ·················· 192
차이니즈 크레스티드 독 ·················· 132
치와와 ·················· 130

ㅋ
캐벌리어 킹 찰스 스패니얼 ·················· 128
케리 블루 테리어 ·················· 100
케언 테리어 ·················· 96
콜리 ·················· 22
클럼버 스패니얼 ·················· 42

ㅌ
토이 맨체스터 테리어 ·················· 152
티베탄 스패니얼 ·················· 218

ㅍ
파피용 ·················· 142
퍼그 ·················· 148
페키니즈 ·················· 144
포메라니안 ·················· 146
푸들 ·················· 210
풍산개 ·················· 122
프렌치 불독 ·················· 196
프티 바셋 그리폰 방당 ·················· 82
플랫코티드 리트리버 ·················· 52

ㅎ
휘핏 ·················· 86

사람과 개의 나이 비교

사람	개
1세	1개월
3세	2개월
7세	4개월
18세	1세
35세	5세
60세	11세
80세	16세

*대형견, 중형견, 소형견 등에 따라 또는 견종에 따라 연령 비교가 조금씩 차이가 있다. 이 비교표는 대략적인 기준이다.

저자 소개

사진 우에키 히로유키
1955년생. 광고사진계에서 9년 동안 활약했으며, 그 후 프리랜서 사진 작가로 활동하였다. 현재는 개, 고양이 등 동물 촬영에 전념하고 있다.
저서로는 사진집 《강아지의 마음, 어미개의 마음》, 《개의 주장, 고양이의 변명》, 《하운드 독》 등이 있다.

사진 후쿠다 도요후미
1955년생. 프리랜서 사진 작가로 활발하게 활동하고 있다. 현재는 주로 개와 고양이 등 동물들의 모습을 사진에 담고 있으며, 바닷고기 등의 사진 작가로도 유명하다.
저서로는 사진집 《강아지의 마음, 어미개의 마음》, 《개의 주장, 고양이의 변명》, 《하운드 독》 등이 있다.

글 나카노 히로미
주로 어린이를 위한 글을 쓰고 있다. 자연과학 관련 도서의 편집자이기도 하다.
공저 《응가》, 번역서 《인체탐험》 등이 있다.

감수 이마이즈미 타다아키
1944년생. 포유동물 분류 및 생태를 연구하고 있다. 후지 자연 동물원 협회연구원, 우에노 동물원 동물해설원이다.
저서로 《지구 멸종 동물기》, 《진화를 잊은 동물들》, 《야생 개 백과》 등이 있다.

번역 김창원
1929년생. 평양에서 태어나 고려대학교 대학원 정외과를 수료하였고, 현재 자유 번역가와 작가로 활동하고 있다.
번역서로는 《자연도감》, 《모험도감》, 《공작도감》, 《원예도감》, 《식물일기》 등이 있으며, 저서로 《할아버지 아주 어렸을 적에》, 《할아버지가 보내는 편지》가 있다.

강아지 도감

1쇄 – 2004년 8월 30일
12쇄 – 2024년 2월 26일
사진 – 우에키 히로유키, 후쿠다 도요후미
글 – 나카노 히로미
번역 – 김창원
발행인 – 허진
발행처 – 진선출판사(주)
편집 – 김경미, 최지혜
디자인 – 고은정
총무 · 마케팅 – 유재수, 나미영, 허인화
주소 – 서울시 종로구 삼일대로 457 (경운동 88번지) 수운회관 15층
　　　전화 (02)720-5990　팩스 (02)739-2129
　　　www.jinsun.co.kr
등록 – 1975년 9월 3일 10-92

*책값은 뒤표지에 있습니다.

ISBN 978-89-7221-430-4　13490
ISBN 978-89-7221-482-3　(세트)

THE PUPPY BOOK
First Published in Japan 2003. Copyright ⓒ 2003
Photographs by Hiroyuki UEKI & Toyofumi FUKUDA
and Text by Hiromi NAKANO, also Supervised by
Tadaaki IMAIZUMI. Published by Yama-Kei Publishers Co., Ltd.,
Tokyo, JAPAN
The Korean translation copyright ⓒ 2004
by Jinsun Publishing Co., Ltd.

*본문에 실린 한국개 사진은 임인학 선생님(애견전문 사진작가)이 협조해 주셨고,
한국개 관련 자료와 일부 감수를 한국애견협회(www.kkc.or.kr)에서 맡아 주셨습니다.
한국애견협회(KKC)는 애견전문가들로 구성된 국내 최대 규모를 자랑하는 전견종 애견단체입니다.

진선books 는 진선출판사의 자연책 브랜드입니다.
자연이라는 친구가 들려주는 이야기 – '진선북스'가 여러분에게 자연의 향기를 선물합니다.